印 顺 法 师 佛 学 著 作 系 列

以佛法研究佛法

释印顺 著

中華書局

图书在版编目(CIP)数据

以佛法研究佛法/释印顺著. —北京:中华书局,2011.10
(2022.11 重印)
(印顺法师佛学著作系列)
ISBN 978-7-101-08056-8

Ⅰ.以… Ⅱ.释… Ⅲ.佛教-研究 Ⅳ.B948

中国版本图书馆 CIP 数据核字(2011)第 127141 号

书　　名	以佛法研究佛法
著　　者	释印顺
丛 书 名	印顺法师佛学著作系列
责任编辑	陈　平
责任印制	管　斌
出版发行	中华书局 (北京市丰台区太平桥西里 38 号　100073) http://www.zhbc.com.cn E-mail:zhbc@zhbc.com.cn
印　　刷	三河市鑫金马印装有限公司
版　　次	2011 年 10 月第 1 版 2022 年 11 月第 4 次印刷
规　　格	开本/880×1230 毫米　1/32 印张 8⅜　插页 2　字数 172 千字
印　　数	5001-6000 册
国际书号	ISBN 978-7-101-08056-8
定　　价	38.00 元

“印顺法师佛学著作系列”出版说明

释印顺（1906—2005），当代佛学泰斗，博通三藏，著述宏富，对印度佛教、中国佛教的经典、制度、历史和思想作了全面深入的梳理、辨析与阐释，取得了一系列重要学术成果，成为汉语佛学研究的杰出典范。同时，他继承和发展了太虚法师的人生佛教思想，建立起自成一家之言的人间佛教思想体系，对二十世纪中叶以来汉传佛教的走向产生了深刻影响，受到佛教界和学术界的的高度重视。

经台湾印顺文教基金会授权，我局于 2009 年出版《印顺法师佛学著作全集》（23 卷），系统、全面地介绍了印顺法师的佛学研究成果和思想，受到学术界、佛教界的广泛欢迎。应读者要求，我局今推出“印顺法师佛学著作系列”，将印顺法师的佛学著作以单行本的形式逐一出版，以满足不同领域读者的研究和阅读需要。为方便学界引用，《全集》和“系列”所收各书页码完全一致。

“印顺法师佛学著作系列”的编辑出版以印顺文教基金会提供的台湾正闻出版社出版的印顺法师著作为底本，改繁体竖排为简体横排。以下就编辑原则、修订内容,以及与正闻版的区别等问题,略作说明。

编辑原则

编辑工作以尊重原著为第一原则,在此基础上作必要的编辑加工,以符合大陆的出版规范。

修订内容

由于原作是历年陆续出版的,各书编辑体例、编辑规范不一。我们对此作了适度统一,并订正了原版存在的一些疏漏讹误,主要包括以下几项:

1. 原书讹误的订正:

正闻版的一些疏漏之处,如引文、纪年换算、人名、书名等,本版经仔细核查后予以改正。

2. 标点符号的订正:

正闻版的标点符号使用不合大陆出版规范处甚多,本版作了较大幅度的订正。特别是正闻版对于各书中出现的经名、品名、书名、篇名,或以书名号标注,或以引号标注,或未加标注;本版则对书中出现的经名(有的书包括品名)、书名、篇名均以书名号标示,以方便读者。

3. 梵巴文词汇的删削订正:

正闻版各册(特别是专书部分)大都在人名、地名、名相术语后一再重复标出梵文或巴利文原文,不合同类学术著作惯例,且影响流畅阅读。本版对梵巴文标注作了适度删削,同时根据《望月佛教大辞典》、平川彰《佛教汉梵大辞典》、荻原云来《梵和大辞典》等工具书,订正了原版的某些拼写错误。

4. 原书注释中参见作者其他相关著作之处颇多，为方便读者查找核对，本版各书所有互相参见之处，均分别标出正闻版和本版两种页码。

5. 原书中有极少数文字不符合大陆通行的表述方式，征得著作权人同意，在不改变文义的前提下，略作删改。

印顺法师佛学著作对汉语佛学研究有极为深广的影响，同时在国际佛学界的影响也日益突出。我们希望"印顺法师佛学著作系列"的出版，有助于推进我国的佛教学以及相关学科的研究。

中华书局编辑部

二〇一一年三月

目　　录

一　以佛法研究佛法

来宝岛一年，对于佛教的近代作品，读了不少，而最使我同情的，引起非常感想的，是这样的一句："我们应以佛法来研究佛法。"这是绝对的正确！"佛法"，"佛法"，我们经常地在说着，写着，假如离开佛法的立场，本着与生俱来的俗知俗见，引用一些世学的知见，拿来衡量佛法、研究佛法，这还成什么话？还能不东倒西歪、非驴非马吗？"以佛法来研究佛法"，这是必要的，万分的必要！然而，什么叫"以佛法来研究佛法"？论题容易提出，而内容却还等待说明。趁这还山度岁末的余暇，不妨将我所理解的提出来贡献大家，作为新年的供养。但这是我所理解到的佛法一滴，不敢说绝对正确，不过贡献"以佛法来研究佛法"的同人作参考。

我，也是自以为"以佛法来研究佛法"的。我以为所研究的佛法，不但是空有、理事、心性，应该是佛教所有的一切——教、理、行、果。教，是一切经律论；也可包含得佛教的艺术品，六尘都是教体，这都有表诠佛法的功能。理，是一切义理，究竟深义。行，是个人的修行方法；大众的和合轨律。果，是声闻、缘觉与佛陀的圣果。这一切佛法，要以什么去研究，才算以佛法研究佛法？我以为：所研究的佛法，是佛教的一切内容；作为能研究的方法的佛法，是佛法的根本法则、普遍法则——也可说最高法则。佛所说的“法性，法住，法界”，就是有本然性、安定性、普遍性的正法。这是遍一切处、遍一切时、遍一切法的正法。大而器界，小而微尘，内而身心，一切的一切，都契合于正法，不出于正法，所以说：“无有一法出法性外”；“一切法皆如也”。这是一切的根本法、普遍法，如依据它、应用它来研究一切佛法，这才是以佛法来研究佛法。研究的方法、研究的成果，才不会是变了质的、违反佛法的佛法。

怎样是“法性”、“法住”、“法界”的正法？从相对而进入绝对界说，法是“空性”、“真如”，也称为“一实相印”。从绝对一法性而展开于差别界说，那就是缘起法的三法印——诸行无常性，诸法无我性，涅槃寂静（无生）性。因为无有常性，所以竖观一切，无非是念念不住、相似相续的生灭过程。因为无有我性，所以横观一切，无非是展转相关、相依相住的集散现象。因为无有生性，所以直观一切，无非是法法无性、不生不灭的寂然法性。龙树论说：三法印即是一法印。如违反一法印，三法印也就不成其为法印了。不错，真理是不会异样的。这是佛所开示的——一切法的究竟法，也是展开于时空中的一般法。研究佛法，应该把握这样的法则，随顺这样的法则来研究！我以为，这才算是以佛法来研究佛法，才能正确地体认不违反佛法的佛法。然而，我们果曾应用这佛法去研究佛法了吗？

一、诸行无常法则：佛法在不断的演变中，这是必须首先承认的。经上说：“若佛出世，若不出世，法性法住”，这是依诸法的恒常普遍性说。一旦巧妙地用言语说出,构成名言章句的教典,发为思惟分别的理论,那就成为世谛流布,照着诸行无常的法则而不断变化。至于事相的制度,表显佛法的法物等,更在不断演化中。

且以佛教的制度为例:释尊最初在鹿苑度五比丘出家,人数少,根性利,所以只简单地提示了师友间的生活标准。到出家的信众一多,不论从人事的和乐上看,修学的策导上看,环境的适应上看,都非有团体间共守的规约不可。十二年后制戒,组织也就一天天地严密起来。僧团的规律,因种种关系,制了又开,开了又制。佛灭后,弟子间因思想与环境的不同,分化为大有出入的僧制:有从严谨而走上琐碎的,如上座部;有从自由而走上随宜的,如大众部。佛教到中国来,虽没有全依律制,起初也还是依律而共住的。后来,先是律寺中别立禅院,发展到创设禅院的丛林,逐渐地产生祖师的清规。这清规还是因时因地而不同。到现在,又渐有不同于过去戒律中心、禅那中心,而出现义学中心的僧团。总之,佛法的思想、制度,流行在世间,就不能不受着无常演变法则所支配。若把它看成一成不变的东西;或以为佛世可以变异,后人唯有老实地遵守,说什么"放之四海而皆准,推之百世而可行";或以为祖师才能酌量取舍,我们只有照着做:这就是违反了佛法——诸行无常法则的佛法。

无常是生灭的。生是缘起的生起,不是因中有果而生,无果而生。我们得应用诸行无常的无性缘生,去研究理解佛法中某一宗派、某一思想、某一行法、某一制度、某一事件的产生。且以无著的唯识学为例:如果说,像无著所说的唯识学,在佛世已圆满而具体地成立,无著不过从慈氏那边听来,原样不动地把它传出而已。这等于说,本来成就了的东西,从新出现,这是“自生”,不是诸行无常的因缘生。若说:佛世根本没有,无著假托弥勒而独创的;或从某一学派直接产生的,这也不正确,这是“它生”。如果说:唯识学虽是本有的,但由种种学派的引发,种种环境的需要而出现的,这还是“共生”,而不是缘生。若说:自然而有,没有因缘可说,那更是“无因生”的邪见了。那到底是怎样产生、成立的呢?是缘生,缘成,是幻化无性的发展过程。先须理解:无著的唯识学,是发展中的成立阶段,到此时,充分而确定地成立了唯识学的特质、唯识学的精义。本没有不变的自体性,在不断的演化中成立,成立了也还是不断地演化。佛世,有唯识的倾向,有可以解说为唯识的章句。演化到无著学的阶段,是从种种问题、种种思想,经无限错综演化而来;这其中自然有主要的因缘。成立唯识思想的条件,在印度佛教界的某一角落里,发展到快要成熟;除了时代思潮或顺或逆的激发,特别是受了无著的师承,熏修,与个人的严密思想的融合发挥,才有无著唯识学的出现。成立了,经世亲、陈那、护法诸大师的传弘,还是在不断的演化中。然而,始终不曾离弃唯识学的特质,主要的意义,始终还是唯识学。如含有大量墨色素的流水,水虽不息地流变,而在不失墨色的特征以前,永远还是墨水一样。

再说到诸行无常的灭,在空行缘起的见地中,灭不是没有、断灭,是因缘和合中的一种现象,它与生是同样的存在。忽略了灭是缘起法之一,才说“灭不待因”。所以研究佛学,对于学派、思想与制度的衰灭废弃,都应一一研究它的因缘。同时,灭是缘起，所以它必然要影响未来，成为后后的思想制度生灭的因缘。的确，灭去的已经灭去，历史不会重演，但历史的事实，在缘起的演化中，对未来始终起着密切的影响。

现代的佛法研究者，每以历史眼光去考证研究。如没有把握正确的无常论，往往会作出极愚拙的结论。有人从考证求真的见地出发，同情佛世的佛教，因而鼓吹锡、暹式的佛教而批评其他的。这种思想，不但忽略了因时因地演变的必然性，并漠视了后代佛教发掘佛学真义的一切努力与成果。愈古愈真愈善的见地，把清代的汉学者送到孔子托古改制的最后一步，我想拙劣的原始佛教者，也必然要作出释尊是印度文明发展中的成就者的谬论。有些人，受了进化说的眩惑，主张由小乘而大乘，而空宗而唯识而密宗，事部行部一直到无上瑜伽，愈后愈进步愈圆满。这与上一类见解恰恰相反，但是同样的错误。从诸行无常生灭的见地去看：前一生灭系与后一生灭系，前因后果的钩锁演变，不是命定的进化与退化。不论是佛法全体，或其中某一思想、某一制度、某一行法，都在或上升或下降或维持现象中推移。在每一阶段中，还都有新的确立，旧的废弃。从个别观察到整体，是异样复杂的。愈古愈真者，忽略了真义的在后期中的更为发扬光大。愈后愈圆满者，又漠视了畸形发展与病态的演进。我们要依据佛法的诸行无常法则，从佛法演化的见地中，去发现佛法真义的健全发展与正常的适应。

三世如幻，没有前后隔别的刹那生灭，前因后果的相续，是缘起的、不即不离的相续。因此，因灭果生，不是从甲的断灭而生起截然不同的乙，甲乙间有着不可离的关系。所以研究佛法，要从无限错杂的演变中，把握它相续的一贯共同性。这或者是密教的共义，大乘的共义，出世法（三乘）的共义，世出世法（五乘）的共义；这或者是一时一地的共义，一宗一系的共义：这必须在新新非故的无常中去把握它。所谓共通一贯的理论或制度，近于变易中的不易，但它决非有一真常自体的存在，而是流变中的相对安定性，是唯识学所说的似一似常。这样的研究，佛法才能成为一贯的、有条不紊的。

二、诸法无我法则：诸法无我，是缘起三法印的中心，是完成学佛目的的枢纽。深入无我而体证的实义，姑且不谈，现在从两方面说明怎样把它应用到研究中。研究佛法，应有无我的精神。无我，是离却自我（神我）的倒见，不从自我出发去摄取一切。在佛法研究中，就是不固执自我的成见，不存一成见去研究。若主观的成见太强，就难得正见经论的本义。依佛法的见地，认识是能知所知间互相缘成的觉用，本没有离却主观的纯客观的认识，并且还是特别受着过去熏习的限制。但如能不有意地预存成见，那在构成认识时，能更逼近经论的本义；经论本是依着人类共许的假名而安立的。一般宗派的学者，固执他所宗的行解为标准，在研究讲说时，不问经的内容如何，只将自己所学的那一套凑上去。等于不问对方的头大头小，就拿自己头上的帽子去套。如果有了这种成见去治佛法，结果是可以想像的。这一步工夫不容易做到，但我们总得注意去学，渐渐地减轻自己的私见。减少成见的方法，这里不妨一谈：嘉祥大师说："将此等戏论扫尽，自见经论本意"，这实在是难得的名言。在研究一经一论时，切莫自作聪明，预存见解；也莫偏信古说，大翻注释。最好，在这一经一论的本身上去寻求解说，前后互相发明。若不能获得明确的定义与见解，再从与此经此论思想很接近的经论中去参考。如研究《般若》，可以参考《思益》、《持世》、《无行》、《无尽意》等经；《中观》、《智度》等论。如一时不能理解，这尽可由它不懂，应该"多闻阙疑"，把它笔记下来，再慢慢地求参考。勿穿凿附会，自以为然！只要知道没有懂，那将来见闻稍广，一定会恍然明白，于无意中得之。这样的研究，确乎要多用点思惟，但所得的成果，决不是那些背注解、抄注解、翻（文言为白话）注解的学者所可及的。"无我"，我们说得多也听得惯了，在治学办事中，也该多少拿出一点来！

再从法无我的见地研究：世间没有独立存在的东西，都与其他的一切有关，在展转的相摄相拒中，成为现实的一切。所以一切法无我，唯是相依相成的、众缘和合的存在。一切法如此，佛法当然不能例外。如中国的天台宗，是以龙树论意为中心的。在这个基础上，它融摄了北地的地论师与禅宗、南方的成论大乘与三论大乘，同时又批判它。若离了这些——禅宗、地论师、成论师、三论师的思想，就是悟到三智一心中得，也不会有五时、八教、四悉、六即、一念三千的妙论。北地的地论师，又在自己的根本思想上，取舍天台的思想，成立贤首宗。天台到荆溪以后，渐渐引用《华严》、《起信》的教义，这才演成了山外派。这展转相关，不但是异时的、内部的，也与同时的其他的学术有着密切的关联。这是无我诸法的自它缘成。还有，诸法的存在，是众缘和合的。是众缘和合，所以在那现起似乎整个的一体中，内在的具有多方面的性质与作用。像释尊的本教，不论从它的真实或方便适应上看,这融然一体的佛法,是无限深广的。因此,种种差别,必须从似一的和合中去理解;而一味的佛法,又非从似异的种种中去认识不可。这是无我诸法的总别无碍。也就因此,在佛法的演变中,真实与方便,都有偏重发展的倾向。从众缘和合的一体中,演为不同的思想体系,构成不同的理论中心,佛法是分化了。它本是一体多面的发挥,富有种种共同性,因之,在演变中又会因某种共同点而渐渐地合流。合而又离,离而又合,佛法是一天天地深刻、复杂。这里面也多有畸形的偏颇的发展,成为病态的佛教;这是无我诸法的错综离合。它虽离合无端,但依然很明显地表现出几个不同的思想体系,几个不同的理论中心。它不是单纯地从甲发展到乙,也不是本有甲乙两者不相关的平行发展,它是错综离合的。所以或想像佛法派别思想本来就有种种,或以为单纯一线地演进而成,如从小乘而大乘,从空宗而有宗等,都是不解无我诸法的错综离合的真相,颠倒说法。

三、涅槃寂静法则:涅槃,是学佛者的归趣所在。有的经中,从诸行无常去成立它,所以说"以生灭故,寂灭为乐"。有的从诸法无我去成立它,所以说"无自性故,不生、不灭,本来寂静,自性涅槃"。也有从无常到无我,从无我而显示这寂灭性的。总之,这是缘起法的寂灭性,是有情(缘起流转中的众缘和合体)离却颠倒戏论而体现到的真实自在的圣境。像波浪掀腾,而转为风平浪静的一池春水;像从炎热的骄阳,而移住露湿桂香的月明之夜。佛法研究,是为了它;它就是一一法离染的实相。它从没有离却我们,我们却不能理会它。凡是佛法的研究者,不但要把文字所显的实义体会到学者的自心,还要了解文字语言的无常无我，直从文字中去体现寂灭。古来多少大德，读一经，闻一偈，就廓然悟入这寂灭的圣境。像舍利弗的听说缘起偈，慧能的听“应无所住而生其心”等，都能直下悟入。“文字性空，即解脱相”，能具足深入这个见解，多闻正思，到工夫成熟时，也不难直入个中。文字研究，不一定是浅学，这在研究者的怎样研究用心罢了！

涅槃，有真实、解脱的意思。佛法研究者，在还没有直接接触到它的时候，也就该把它作为最后的归结，勇猛前进。所以，学佛者具备真理的探求、解脱的实现的信念，研究佛法，既不是学点谈话资料，又不是为自己的名誉利养作工具，是要想从修学中去把握真理。如释尊的为真理而牺牲一切；玄奘的去印度求法，不惮一切的危难；赵州的八十岁行脚，无不是为了真理的探求。研究佛法者，若有了这一念心，一切都有办法。佛法的探求真实，在解脱自他的一切苦痛，这需要兑现。如把真理放在书本上、口头上，不能净化自己的身心，治学、办事、待人、接物，还是从前一样，这显然没有把涅槃一事放在心中，并没有体验真理、实现解脱的企图。佛法研究，是不应如此的。

依缘起三法印去研究佛法，也就是依一实相印——法空性去研究。我以为这才是以佛法来研究佛法，这才能把握合于佛法的佛法。

二 佛教之兴起与东方印度

一 东方与西方

印度文明的开拓者,属于西方移入的阿利安人。印度的每一区域,都曾渗杂了阿利安人的血统;每一思想,都曾受过阿利安传统文化的熏陶。所以说到印度文化,即无异是广义的阿利安文化。西元前六世纪前后,阿利安文化在它的扩展过程中,曾遭遇到有力的反抗;东方的非婆罗门主义,如佛教、耆那教等,都脱离传统的婆罗门教,建立它独自的文化体系。此东方新宗教的勃兴,自有复杂的时地因缘;而非阿利安人(与不纯粹的阿利安人)承受西来的文化熏陶,唤醒自觉自尊的精神,要求宗教的种族的思想的平等与自由,实为此一时代的文化特征。印度文化而影响中国最深切的,即属于此。

"印度的东方",本为一不确定的名词。依《正法念处经》(卷六七以下)的四分法,印度东方即指东经八十度以东、北回归线以北的地方。依一般的五分法,东印度仅有今阿萨密、孟加拉、奥里萨地方。本文,依释迦时代东方人的看法。印度文明的重心，在恒河流域。恒河发源于雪山的南麓，东南向流到钵逻耶伽，与阎浮那河合流。此二河的上流，即西方阿利安人创开的婆罗门教大成的地方。从此一直向东流，到瞻波以东，又斜向东南流，会合了从西藏来的布拉马普得拉河，构成世界上最大的三角洲，流入孟加拉湾。此二河合流，即今孟加拉地方。依佛教的传说，实为东方非阿利安文化的孕育地。恒河中流的波罗奈，即现在的贝捺勒斯，可作为东西的交界处。

二 婆罗门眼中的东方

“婆罗门乎！勿去东方！免与婆罗门之尊严有损！”拘罗地方的婆罗门，曾在他们的典籍中，有过这样的告诫。因为在西方婆罗门国（即拘罗）的婆罗门看来，东方虽有阿利安人，但已失去血统上的纯粹，即曾与东方的土著相混合。如摩竭陀人、毗提诃人、毗舍离人，都不能算是纯正的阿利安人。波罗奈以东的民族，含有大量非阿利安的血统。因此，宗教、社会、语言等，都显出非婆罗门文明的倾向。东方的民族，无论是阿利安、非阿利安，都没有能像西方阿利安人那样的尊敬婆罗门。如婆罗门进入东方，必不能维持他无上的尊严；最好还是不去。不过，东方情调的印度文明，正在继长增高，婆罗门也不得不起而追求了。

婆罗门教的三大教纲，即是“吠陀天启”、“婆罗门至上”、“祭祀万能”。印度的东方人，对于吠陀，已缺乏坚强的信念。婆罗门教，以为吠陀是天（神）启的，由古代圣者传述下来。吠陀的语法，即是神的语法，即是阿利安人所用的语言。宗教与语言的密切结合,加强了宗教的信仰。然因阿利安人的散居各处,每与土著民族混合,语言上到处有很大的差别。当时,东方已不能说纯粹的梵语,如不能说 R 而代以 L。摩竭陀及毗舍离一带的方言,近人考证的意见,以为近于拍拉喀利语;后来又分化为拍拉喀利语与巴利语等。巴利语是佛教所用的语言;拍拉喀利是耆那教所用的。因到处方言的不同,影响了婆罗门教"吠陀天启"的权威。约在释迦时代的前后,西方的婆罗门学者已注意到此,开始语文的整理工作。如《式叉论》的声调学,《阐陀论》的音律学,《毗伽罗论》的文法学,《尼禄多论》的吠陀难句释:从西元前五世纪的耶斯卡开始,到前四世纪的波儞尼大成,种下了后来婆罗门教复兴的机运。这即是根据吠陀以来的语法而加以整理完成的雅语。当时,因语言的不同,摇动了吠陀的权威。如佛教,因到处流行,虽不禁止西方信徒的使用雅语,但对于各处的方言一样的尊重:"听随国音读诵,但不得违失佛意。"(《五分律》卷二六)释尊与摩竭陀一带信徒所使用的语文,在西方系(如舍卫城阿腊脾)的信众看来:"我诸圣者不闲声韵,逐句随文,犹如写枣置之异器。"(《根本说一切有部毗奈耶》卷四)然而这并不是佛教的遗憾,反之,对于雅语成癖的人,要加以呵斥。像阐陀音律的混入佛法,还要加以严格的禁止(《五分律》卷二〇等)。语言为婆罗门教的武器之一,但一到东方,便不能受人的尊重。

关于社会的组织,印度西方,依婆罗门四姓的规定,婆罗门至上,为一最高的特殊阶级,他是从梵天口中生的,宗教的权威,支配一切,决定一切。但在东方,四姓的阶级虽也已存在;宗教师婆罗门的地位却已被降落，由刹帝利的士族领导一切。这就是政治与权力第一，宗教与思想受政治的指导。这一变迁，是社会发展的必然阶段；同时也因为东方的民族复杂，东方的阿利安人呼吸到东方的空气，不大愿意接受婆罗门的支配。非阿利安人，也一族一村地在各自为政，且已走向王朝统一的路向。新宗教与新思想，都在东方王朝的爱护下兴起，射出反婆罗门教的光芒。就是早一期的奥义书，所有梵我不二论、轮回业感论的教义，也不是婆罗门教传统学者的产物，而与东方的王朝有关。如《布利哈德奥义书》（六·二）说："此义（轮回），直至今日，婆罗门犹未知之，故世界政治之权，归于刹帝利。"在这样的社会组织下，婆罗门阶级惟有屈服。为了保持尊严，只有不到东方去的一策。

婆罗门教主要的仪式，是祭祀。在《夜柔吠陀》中，已有祭祀万能的倾向；《梵书》的思想更极端。祭祀，主要是牺牲的血祭，这本是渔猎时代的遗制。但在东方，一方面是农业的发达；一方面，爱护生物的思想特别浓厚。所以传统的血祭，被看作不彻底，看作无意义，甚至看作不道德。"不杀生"已成为奥义书的德目之一。后来在东方兴起的佛教、耆那教、阿耆毗迦外道，都严格地禁止杀生。这重视宗教的实质，轻视仪式，与慈悲思想的发达，直接影响到婆罗门的宗教。离去宗教，负宗教专职的婆罗门也自然受到冷落。东方摩竭陀一带的文明，有它的特色，无怪乎正统的婆罗门把摩竭陀一带看作异教的地方。

三　瞻波中心的古印度

恒河下流，东南向流入大海。在恒河西南岸，有瞻波大城，这是古代央伽国的首府。释尊时代的瞻波，约在现在的 Bhagalpur 附近。然依《西域记》（卷一〇），佛世瞻波的亿耳因缘等，都被写在伊烂拏钵伐多国，瞻波还在东面三百里的地方。从此向东看，河流、气候、物产，都适宜于文明的孕育。东方最先出现的像样民族，传说在瞻波，这是早在西方阿利安文化未来以前独自开展的。印度从来就缺乏明确的历史，何况是古代？何况是向来被西方阿利安人忽略的东方？然依古代东方人的传说，还能了解东方的大概。如《长阿含·世记经》（卷二二）说："尔时，先造瞻婆城，次造伽尸婆罗奈城，其次造王舍城。……以此因缘，世间便有城郭、郡邑、王所治名。"（又见《大楼炭经》卷六，《起世经》卷一〇，《起世因本经》卷一〇）这是佛教所传的社会发展故事，以为此世界的城郭，瞻婆城最早，后造伽尸的波罗奈城，到最近才造王舍城。在说明世间初有夫妇的结合时，插入这开始建筑房屋的传说。这当然是印度东方民族所知道的世界，是他们的传说。这一古代的传说，不但透示了印度东方文化的孕育地，还说明了古代国族兴起的前后。从瞻婆而开展的故事，《西域记》（卷一〇）的瞻波国中，也有说到："在昔劫初，人物伊始，野居穴处，未知宫室。后有天女降迹人中，游殑伽河（即恒河），濯流自媚，感灵有娠。生四子焉，分瞻部洲，各擅区宇，建都筑邑，封疆画界。此（瞻波）则一子之国都，瞻部洲诸城之始也。"天女的传说，是民族起源故事的假托，以说明王族的尊贵。这一传说，也说明瞻波是城郭的最初建筑者。虽然瞻波是四国的一国，但它是城郭的初建者，又将这一故事叙述于瞻波国中，实可以看作：瞻波文化开启，引起附近城邦的分立。四国为同母的弟兄，表示四国间血统的同源。此一传说，直率地以瞻波为世界城郭的初建者，与西方的文化无关。传说者的意境中，东方国族，实从瞻波一带而开发自己的文化，这是东方的传说。《西域记》的著作虽迟，但这一传说，最迟在阿恕迦王时代（西元前三世纪）以前，已经存在，因为《长阿含》（卷五）的《典尊经》已有此记载，而且还更为翔实明白。经中假托梵天王的传说："过去久远时世有王名曰地主，第一太子名曰慈悲。"慈悲太子的登位为王，得六位大臣的助力不少，因此分封六大臣，总为七国。"分此阎浮提地使作七分，……王所治城村邑郡国，皆悉部分"的，是大典尊焰鬘。这一传说，与《西域记》大体相同。现在要注意的，是开始分王造城的传说，尤其是七国七城的偏于东方。虽慈悲王的治地，不知道是七国中的哪一国，然依宋施护异译的《佛说大坚固婆罗门缘起经》所说："中央境土多人聚处，黎努王（即慈悲 Reṇu 的音译）居"看来，七国的中央无疑是瞻波。现在把七国七城总叙出来，再分别考察它的所在地。七国，如经上说："檀特伽陵城，阿婆（一作波）布和城，阿槃大天城，鸯伽瞻婆城，数（一作薮）弥萨罗城，西陀路楼城，婆罗伽尸城，尽汝典尊造。"

檀特伽陵城，施护异译作"迦陵哦国捺多布啰城"。伽陵即羯陵伽，确为古代东方的大国，约拥有今 Mahānadi 河流域，延长到南北。阿恕迦王灌顶九年(西元前二六〇),曾举兵讨伐此国。《西域记》(卷一〇)说羯陵伽在乌荼国(奥里萨地方)西南二千多里。玄奘所见当时的羯陵伽,偏在 Godāvari 河以东,决非古代羯陵伽大国的全部。《正法念处经》(卷六八)叙述南方诸国的次第,迦陵伽与耽婆婆帝相接。《起世经》等说到古代的王统(参看下节),也总是在但摩梨多以后,接着说迦陵伽的檀特富罗城。耽婆婆帝,《西域记》(卷一〇)作耽摩栗底,即现在的 Tamluk,在 Selai 河与 Hughli 河的合口处。可见古代的迦陵伽没有《西域记》所说的那样深入西南;它的北部,约兼有奥里萨一带。此国的衰落,《西域记》(卷一〇)说:"羯餧伽国,在昔之时,氓俗殷盛……有五通仙,栖岩养素,人或凌触,退失神通。以恶咒术,残害国人,少长无遗,贤愚俱丧。人烟断绝,多历年所,颇渐迁居,犹未充实,故今此国人户尚少。"此仙人毁国的传说,《正法念处经》(卷六八)即作"复有一国,名檀荼迦,其土纵广二十由旬,空旷无人(昔仙人嗔故令国空也)"。檀荼迦即檀特,《念处经》虽把它看作另一国土,但它曾为古代迦陵伽的首都所在地。它的所以毁灭,大抵是遭受地震或火山爆发的厄运。然迦陵伽的没落,不仅是天灾,还有人祸,阿恕迦王的征伐迦陵伽,实造成惨绝人寰的痛事,如《摩崖训》十三说:"征服羯陵伽时,系虏十五万,杀者十万,死者倍之。……羯陵伽往有无数人民,杀伤、死亡、系虏,存者百一千一而已。"此古国虽已没落,然在摩竭陀王朝统一以前,曾有过一期的繁荣。依传说看来,迦陵伽实为东方民族南迁的一支。

阿波布和城,与阿槃大天城,施护异译作"摩湿摩迦褒怛那城，晚帝那国摩呬沙啰城”。阿波，在佛典中并不是生疏的。十六大国中也有：如《长阿含·阇尼沙经》（卷五）作“阿湿波”，宋法贤异译的《佛说人仙经》作“阿说迦”，又《中阿含·持斋经》（卷五五）作“阿摄贝”，宋代异译的《优陂夷堕舍迦经》作“阿波耶”。十大王族中也有：如《长阿含·世记经》（卷二二）作“阿叶摩”，晋法立等异译的《大楼炭经》（卷六）作“阿波”，《四分律》（卷三一）作“阿湿卑”。在这些音译中，惟《人仙经》的阿说迦，合于巴利文的 Assaka。其他，原文即显然不同，应是 Assapu 或 Assapuka。P 转为 M 音，所以作“摩”。阿槃，即阿槃提，十六国中也有，尤为佛教界熟悉的地方。阿湿波与阿槃提，本为两国，十六国中也如此。它虽是同源异流，但确已分为两国，分头发展到彼此不通了。上座系的律师们把阿湿波与阿槃提看作一处，于是古代阿湿波的地位被遗忘了，这是不可不辨的。《杂阿含》（卷九）二五五经与（卷二〇）五四九经，说到摩诃迦旃延游化到阿槃提。上座系的广律，有摩诃迦旃延教化亿耳的故事，地点即在阿槃提。巴利《大品》的阿槃提，汉译的《五分律》（卷二一）作“阿湿波阿云头”；《四分律》（卷三九）初作“阿槃提”，下文又作“阿湿婆阿槃提”；《十诵律》（卷二五）作“阿湿摩迦阿槃提”；《根本说一切有部毗奈耶皮革事》（上）作“阿湿婆兰多迦”。上座系律典把“阿湿波”与“阿槃提”看作一地，已明白可见。所以律典所说的“阿湿婆阿槃提”等，实在是指摩诃迦旃延所住的阿槃提，与布和城所在地的“阿湿波”国无关。《善见律毗婆沙》（卷二）说：阿恕迦王时，派遣传教师昙无德到阿波兰多迦去布教。此阿波兰多迦，即是律家所传的阿湿婆兰多迦（即阿槃提)。羽溪了谛的《西域之佛教》,以为"阿婆兰多迦,盖指旁遮普以西,印度西陲之地"。他大概依《大唐西域记》(卷一一)所说,把阿夆荼国看为佛世的阿槃提了。邓永龄的《阿输迦王传略》,以为"阿波兰多迦在孟买北岸"。然详考律家的本意,阿槃提即阿波兰多迦,不但不在旁遮普以西,而且还应该远在孟买的东北。如《僧祇律》(卷一)说:"有城名波罗奈,国名迦尸;时南方阿槃提国。"波罗奈即现在的贝拿勒斯,阿槃提却在此地以南。《佛本行集经》(卷三七)说摩诃迦旃延的故乡时,也说:"阎浮南天竺地,有一国土,名阿槃提。"《佛本行集经》属于昙无德部,也就是出于派往阿波兰多迦布教的昙无德之后。昙无德部与大众部,都说阿槃提在南方,这实在是值得尊重的。阿槃提在南方的哪里?《佛本行集经》(卷六)曾说:"彼摩波槃提国(十六国之一),有优阇耶那城。"此摩波槃提,即是阿槃提,因为《佛本行集经》(卷三七)起初说摩诃迦旃延是阿槃提人。又说:"时(迦旃延家乡的)南方有一城,名优禅耶尼。去城不远,山名频陀。"综合这两节文,知道阿槃提就是摩波槃提,是国名。优阇耶那即优禅耶尼,是阿槃提的王都,地点在频陀山以北。优阇耶那,或译作优禅尼、优善那。莲花色比丘尼的故乡,也是在那边。她与迦旃延同样的从那边先到波罗奈,再到王舍城。《增一阿含经·五王品》(卷二五),说五王共论五欲的胜劣,其中有优陀延王。《听法品》(卷二八)也说到五王,有"南海之主优陀延",优陀延王,就是南方优禅尼城的王。《大唐西域记》(卷一一)中,南印度有邬阇衍那国,这是以都城为国名,即是阿槃提邬阇衍城,即现在的 Ujjenī。这就是释迦时代的阿槃提与优阇耶尼城了。从方位看,它在频陀山北麓,在南印度,在波罗奈的西南。从地理看,邬阇延那的"土宜风俗同苏剌侘国"(即现在的苏拉特),而苏剌陀国的"地土咸卤",与律典中阿槃提的"多有沙石棘刺",也完全相合。律家所说的阿波兰多迦,即阿槃提,起初确是指此地而说的。等到佛法盛行到西北方,才误以西印边陲的阿耷荼为阿槃提,以为就是迦旃延教化亿耳的地方。然这还是释尊时代的阿槃提;七国七城的阿槃提,应该以大天城为首府。《西域记》(卷一一)说:邬阇衍那国东北千余里,有摩醯湿伐补罗。摩醯湿伐,意译大自在(天),恰好是大天的对译。古代阿槃提的重心,应即是此地(古代的大国,《西域记》每分为数国,如央伽即是一例),约在今中央印度的东部。阿槃提族,是沿恒河南岸,频陀耶山北麓而西进的一支。

上座系的律者,虽把阿湿波看作阿槃提,但阿湿波的所在地,应在阿槃提以外,另行求索。道宣《释迦谱》说:阿湿波的意译是"马",马国与马邑,确也是经中所说过的。《中阿含·马邑经》(卷四八)说:"佛游鸯骑国,与大比丘众俱,往至马邑。"马邑,巴利文作 Assapura,即 assa(马)与 pura(城)的结合语,也即是阿湿波。鸯骑,即鸯伽或央伽,为恒河下流的大国,瞻波城是它的首府,所以《典尊经》说"鸯伽瞻婆城"。如《西域记》(卷一〇)的伊烂拏钵伐罗、瞻波、羯朱嗢祇罗等国,释尊的时代,都泛称"央伽人间"。阿湿波(马邑)在释尊的时代,也是属于央伽的。但在古代东方七国的时代,与央伽分立。据此,可推知阿湿波在恒河下流的地方了。阿湿波在东方,经中还有可以引证的。《正法念处经》(卷六八)说到东方的诸国中,除鸯伽等以外,有

“安输摩”，安输摩即阿湿波（阿叶摩）的异译。此外，《长阿含·大会经》（卷一二）中说：“毗波蜜神，住在马国，将五百鬼，皆有神足。”这住在马国的毗波蜜神，巴利文作 Vessamitta，对音应作毗沙密多。《增一阿含·高幢品（二）》（卷一四），有释尊降伏“毗沙”恶鬼的故事。佛把毗沙恶鬼降伏了，反成为佛教的护法神。此毗沙，应即是马国的毗波（沙）蜜神。《增一阿含经》说毗沙鬼在拔祇国中，似乎与马国不同。然拔祇族为恒河以北、雪山以南的主要民族（下详），它向东伸展，确与央伽相接。此古代独立的阿湿波国，佛世属于央伽，或也曾属于拔祇。它在恒河下流的东北（在河南，即不能与拔祇相关），是可以断言的。向恒河下流的北方看，今有阿萨密（Assam），与阿湿波（阿叶摩）的原音全合，东方的古国，这是其中重要的一国。

鸯伽瞻婆城，上面已有说到。施护译作“摩伽大国瞻波大城”。释尊的时代，鸯伽属于摩竭陀，所以说摩伽瞻波城。但此东方古代的七国，远在摩竭陀兴起以前；宋施护的译本，是后人妄改的，不可信。

“数弥萨罗城，西陀路楼城”，施护译作“苏尾啰国劳噜迦城，弥体罗国尾提呬城”，彼此略有出入。依经中常见的国名地名来说，宋译较为妥当。苏尾啰即数弥；十六大国中也有，异译作“苏摩”、“速摩”。此苏尾啰，即梵语须弥山（Sumeru）的音译，古人也有译为苏弥罗的，即现在的喜马拉耶山（此山，理想化为须弥山，为世界的中心；实际的即译为雪山）。然此中所说的数弥，不指山而指山国的部族。阿恕迦王派遣的传教师中，有末示摩等到雪山边地（苏弥罗是梵语，巴利语作 Himavant），即是此国。此国即今尼泊尔(应在尼泊尔东南境),已成学界的定论。又如《长阿含》(卷一五)的《种德经》、《究罗檀头经》,所说六族信佛的记述中,也有此族。六族是"释种、拘利、冥宁、跋祇、末罗、酥摩"。此信佛的六族,并在恒河以北,沿雪山一带。而且六族的叙述,也还是从西而东的。酥摩族即苏弥国族,在十六国等叙述中,总是叙在末罗以后。末罗,即拘尸那城的民族,地近雪山,维逊(Wilson)以为在现在 Gorakhpur 河东三十五英里处。苏摩国族更在其东,这很可以明白它的地位了。此雪山边地国族的大城劳噜迦,未详。但此外另有一修摩,《药叉名录舆地考》说:"考十童子赞卷六,恒河口著名的海港耽摩栗底,即在修摩境内。"这修摩是三摩咀吒的简称,与雪山国族的苏摩,决不可相混。《杂阿含经》(卷三〇)八六〇经也曾说到:"从殃伽至修摩,从修摩至分陀罗。"分陀罗在今孟加拉与奥里萨的边界。分陀罗与殃伽之间的修摩,应该也是三摩咀吒。至于弥体罗国(即萨罗),十六国中译作密咻沙,实即有名的弥绨罗,异译作寐洟罗、弥尸罗、弥尸利、弥悉利、寐须罗等。依《中阿含·梵摩经》(卷四一)所说,弥绨罗是城名,属于毗提诃国。它的地点,依《西域记》(卷七)所说的大天捺林,可知它在毗舍离西北不到二百里,即今 Tirhut 地方。此一国族,即摩竭陀国的前身,它的领域,可能伸展到恒河以南。宋译的弥体罗国尾提呬城,似为尾提呬国弥体罗城的误译。尾提呬,实即毗提诃(或作韦提希)国,此为古代文化灿烂的古国。经律中常传说古代大天王的故事,即是毗提诃国,弥绨罗是它的政治中心。八万四千王的古国,是东方国族中富有政治传统的国家。解体以后,政治力量缩小到弥绨罗城（印度的政治，每每大王国解体以后，仍能保持它固有的小国，不过转而属于另一大王国。限度内的政治自由，仍然存在），所以在十六国中，就称为弥绨罗国。七国七城为更古的国际局面，我以为这必是毗提诃国的弥绨罗城。

伽尸婆罗城，宋译作“波罗奈国迦尸大城”，在恒河中心，即东西的交流点。此七国七城，作一综合的观察，即看出它为纯东方的。所谓七国分王世界的传说，实只是早期东方人所知的世界。这一幅国际形势图，还在摩竭陀、释迦、跋耆诸国族兴起以前，根本没有理会阿利安人的西方。自然，在此传说中，还是带有西方文明的痕迹，如刹帝利、婆罗门等名词，但此可能是传说中间所羼入的。从这瞻婆中心而分王造城的传说，去理解此东方民族分布的情况，即可以看出古代东方国际的清晰面目。恒河下流为中心的是鸯伽；东北是阿湿波（向东）、苏摩（北而西向），西南是迦陵伽（沿海岸南下）、阿槃提（沿频陀耶山北麓西进），沿恒河西进的是迦尸（南）与毗提诃（北）。古代的迦陵伽与阿槃提，上来已证明它没有后来那样的深入西方与南方。阿湿波，直到释尊的时代，还离鸯伽不远，属于鸯伽，似也还没有深入到现在的阿萨密。自西方的威力东来以后，沿恒河的东方国家受阿利安文化最深；而南系与北系，被逼得更南更北，居住于山林或沙卤地带。这一传说，系东方人所传说的古代东方，是毫无疑问的。

四　东方王族的兴衰

七国七城的传说，以瞻波为中心，为东方开始城郭时代同时存在的国族。如竖的说明国族的兴起，佛典中有十大王统的传说。这十大族的传说，要比七国七城迟一点，传说中已有西方的王族了。此项传说，本为说明释迦族的源流，直从古代的东方，说到与西方王族的关涉，至近古释迦族的西迁而止。它所包含的时代，约始于西元前十八九世纪，到西元前八九世纪止。此十大族，在后出的《起世经》、《起世因本经》、《佛本行集经》、《众许摩诃帝经》，把它敷衍为异常繁长的王统，不但埋没了十大族的古义，反而使人疑信参半。这东方人古代史的早期传说，实有值得注意的价值。十大王统的名称，是：

（《长阿含经》）（卷二二）		（《楼炭经》）（卷六）	（《四分律》）（卷三一）
一	伽瓷遮——五王	迦奴车	伽瓷支
二	多罗婆——五王	多虑提	多楼毗帝
三	阿叶摩——七王	阿波	阿湿卑
四	持地（地一作施）——七王	犍陀利	乾陀罗
五	伽楞伽——九王	迦陵	伽陵迦
六	瞻婆——十四王	遮波	瞻鞞
七	拘罗婆——三十一王	拘猎	拘罗婆
八	般耆罗——三十二王	般阇	般阇罗
九	弥私罗——八万四千王	弥尸利	弥悉梨
十	声摩——百一王	一摩弥	懿师摩（百王）

先略说此十大王族的位置。一、伽瓷遮，二、多罗婆，这都是不大常见的国名族名。《起世经》等与此相当的，有“迦那鸠阇”、“葛那鸠遮”，与多摩梨奢、多摩婆颇梨多、怛摩梨多。因此

可以知道，多罗婆就是《西域记》与《法显传》所说耽摩栗底，在瞻波东南，为古代出海的海口。伽瓮遮，古译义为“箭”。虽不能确定它的位置，然《起世经》等都在瞻波（《本行集经》作波波，误）以后说到它；本文又说在多罗婆以前，所以推断它也在恒河出海处的附近。现在的加尔各答（Calcutta），与迦那鸠遮的音相近，或即是此地的古代民族。三、阿叶摩，即七国中的阿湿波，上面已有详细的考察。四、持地，依《四分律》等，知道是犍陀罗的意译。犍陀罗，或译作乾陀越。在古代，一直到阿恕迦王时代，乾陀罗都包括怛叉翅罗城在内。从开伯尔山隘而进入印度的，即先到此地。区域虽时有差异，大抵沿迦毕尔河东达印度河东岸，即是古代的犍陀罗了。此一王族，即是阿利安人的初来印度，从此而东入五河地方的全境。依一般的意见，约为西元前十五世纪时。五、伽楞伽；六、瞻婆，上面都已说过。七、拘罗婆，指西方阿利安人的拘罗族。拘罗族所住的地方，即经中的拘楼瘦。《中阿含·教昙弥经》（卷三〇），说到拘楼瘦的高罗婆王；（卷三一）《赖吒和罗经》，有拘楼瘦的拘牢婆王。此高罗婆与拘牢婆，都就是拘罗婆。阿利安人的进入印度，其初就有种种支族。其中，Śakuntalā 的儿子 Bhārata（意为持供献者）以后，名婆罗达族，负起全阿利安人扩展的领导责任。渐渐南下，移住于恒河与阎浮那河的上游，即今德里一带，自称为婆罗达国。《西域记》（卷四）说：萨他泥湿伐罗国的大城四周，称为“福地”；此福地，即拘罗。古代婆罗达族中的拘罗族与般荼族，曾在此福地大战。记载此大战史的，有《摩诃婆罗达诗篇》。此两族的战争，约在西元前千年。十大王统中的拘罗婆，即指阿利安人到达了拘罗地方。八、般耆罗，十六国中也有，异译作般荼、般拏等。赤松佑之以此为与拘罗族相争的般荼。的确，拘罗与般耆罗，在十大族与十六国中，总是连说的。拘罗族的王，称拘罗婆；般荼罗的王，称般荼婆，如《方广大庄严经》（卷一）说："般荼婆王，都在象城。"象城在今德里东北约五十七英里。此与拘罗族，其初是同出于婆罗达族的，经过十八日的大战，胜利属于般耆罗。拘罗地方，为婆罗门教的中国，即是拘罗族领导东进的时代；但不久，又被他的同族般耆罗，取而代之。九、弥私罗，即弥绨罗。在西方的传说中，弥尸罗与迦尸，一样的从雅利安族分出而进入恒河中流的。但东方的传说，却以此为由东方分流而西进的，这大抵都是事实。西方阿利安人进入恒河中部，东方人也在那里滋长了。东西文化结合，种族互婚，造成西方式的国家；然非阿利安人的成分，依然存在。所以在西方婆罗门学者看来，弥绨罗人，不能算是纯粹的阿利安人。末了，声摩，异译作懿师摩、一摩弥、懿摩、郁摩；即释迦族的祖族。佛典一致的传说，释迦族出于褒怛那城的懿摩王族。褒怛那，即七国七城中"阿波布和城"的布和；异译作逋多罗、补多落迦等。依七国七城的解说，阿波即阿叶摩。但在此十大王族中，阿叶摩（即阿波）以外别有懿师摩族，实是非常可疑的。依我看，懿师摩即阿叶摩一音之转：从 a 而变作 i，即成懿师摩、一摩（声摩的"声"，即懿师的师）；从 a 而转作 u，即成郁摩。至于巴利文（懿师摩）的原音 Okkāka，当然是"阿说迦"（Assakā）的变音了。后来移入西部的释迦族，似乎还就是 Assakā 的略去前音。释迦族的祖族懿师摩，实即古代阿湿波族的复兴，音声微有古今的不同罢了！释迦族，后面还要说到。

此十大王统的代兴，我们不能过受文字的拘束。凡古史的传说，是应该这样去理解的。印度王族，就是东方，自然也不止十族。如依文解义，看定为前后相接而代兴，把此十族看作古代王族的分化（从东方分出），即不能合于实际。此前后的代兴，不过说明某一时代，何处有王族强盛；以前既不妨已有，以后也不妨存在。这如中国夏、商、周、秦的代兴一样。虽然如此，仍不失此王统的前后性。此一传说，没有谈到南方印度，仍是以东方王族为重的；西方王族的插入，可看作东西各自发展中的异地而同时的存在。如伽尧遮、多罗婆、阿叶摩，传说自远古的王统传来。到此，东方的部落国家，才有彼此代兴的现象。这三族，都在恒河下流的三角洲地带，从种种方面看，都适宜于初民文化的启育。这一带民族，从何而来，还是土著？这可以姑且不管。东方阿叶摩王族兴起时，西方的阿利安人到达乾陀罗。传说者的意境，东方的王统，实比西方的早。这约在西元前十五世纪时。东方的王族，接着有伽楞伽、瞻波；这民族的渐向西南移，也即是到了有城邑建筑的国家了。瞻波中心的七国七城，比较此十大王统，也还是看出一种共同性。接着，西方的阿利安人已进入拘罗地方，即拘罗婆与般耆罗王统，约西元前千年左右。东方民族更西进到恒河中部，有弥私罗兴起，绵延地持续它悠久的王统。留于东方的，恒河东北，有懿师摩王统兴起；后来沿雪山西进，即是释迦族，这约是西元前八世纪以后的事了。东方的西进，西方的东进，发生接触；古代十大王统的传说，即止于此。

阿利安人的势力伸展到东方，直达恒河的下流；其时代，约在婆罗门教扩张大成的时代，即（从《夜柔吠陀》到《梵书》）西元前千年到八百年左右。东方独自开展的古文化，接触西来的势力而衰落，接受西方式的文物制度；经过的史实，不大明了。然依佛典透示的消息，大体是以战争开始，结束以和平的合作。东方固有的宗族政治，并没有全部被取消。这可以举三点来说：一、化敌为友：如拘娑罗的长寿王，为迦尸的梵摩达王（即婆罗达）所败，被俘而死。长寿王的儿子长生，以无限的容忍饶恕他的敌人；梵摩达王被感动，长生恢复了祖国（《中阿含》卷一七《长寿王品》等）。梵摩达王，为西方系的国王。这一传说，应该有古代史实作底本的。二、种族互婚：如罗摩本是阿利安族崇拜的圣人。《梨俱吠陀》已有他的名字，出于阿瑜陀的日族甘蔗王统。但传说：央伽国大旱，国王引诱白足羚角仙人进城，才解救了旱灾。国王于是乎以王女悉他嫁给他，这便是罗摩的父母。所以，《罗摩衍那》的文学，富有东方的情调。白足羚角的故事，在佛教中传说得各式各样的，总与仙人、女人、鹿三者有关，这是东方的故事。阿利安人的传说（《摩诃婆罗多》与《罗摩衍那》），以为此西方王族的王子，出于仙人与东方王女的血统；这是阿利安人到达东方以后，因种族互婚与思想结合而产生的传说（罗摩的妻子悉他，传说是东方毗舍离的王女）。又如《西域记》（卷七）毗舍离国中，说到鹿足女的故事（这也是女人、仙人、鹿）。鹿女生千子，千子被弃而为恒河上流乌耆延王的养子。后来，乌耆延王与千子来攻伐毗舍离，由鹿女出来说明亲属的关系而和解了。这也是西方王子出于东方血统的故事。三、接受西方法制的指导：传说轮王威服四洲的故事，诸方小王，接受他的法制。这一国际关系的传说，本与阿利安文明的扩展有关。以佛教的传说来看，东方民族，以和平坚忍的精神与西方同化。阿利安人的血统与文化遍及东方，实为阿利安人的大成功。但东方非阿利安的血统与文化，承受西方的启发以后，要展开更高的文化，起来与西方一争上下了。

五　奥义书与东方王朝

约在西元前七〇〇到五〇〇年，印度传统（阿利安）的宗教进入奥义书时代。奥义书的深奥哲理，形式是传统宗教的发挥；然而寻绎它的思想根柢，实在是凌驾传统宗教的产物，使印度宗教进入一更高的阶段，促成一种新的机运。从区域的文化特性说，这是阿利安文明在东方环境中洗炼出来的成果，不能忽略它的东方性。为了说明传统宗教的变质，关于传统的宗教应有简略的叙述。起初，阿利安人到达五河地方，创开吠陀的宗教文明。古典的宗教赞歌，即使用于祭祀，颂赞天神的伟大与给予人类的恩惠，申说自己的愿求。这些，经后代编集而流传下来的，有《梨俱吠陀》十卷、《娑摩吠陀》二卷。《娑摩吠陀》系苏摩祭的赞歌，为了实行祭仪的需要，从《梨俱吠陀》中编集出来。新作的赞歌，仅七十五颂而已。《梨俱吠陀》第十卷的创造赞歌，即有关于宇宙人生的哲学的思考。等到进入拘罗地方，阿利安人的势力大大扩展，传统的宗教也达于非常的隆盛。祭师阶级——婆罗门，成为时代的骄子。当时的宗教，为繁琐的祭祀仪式、神秘的咒术所笼罩。保守的、神秘的、形式的、功利的宗教抬头，或者也可说是宗教精神的堕落。《夜柔吠陀》约产生于西元前千年到八〇〇年间。它偏重祭祀仪式，渐有祭祀万能的倾向，天神几乎是可以祭祀去操纵的。祭祀时，神秘的咒法也开始引用。继承此一作风而发展的祭祀中心的宗教，产生前三吠陀的《梵书》，规定祭祀的仪式，解释祭仪及祭词的意义，兼有关于哲学的说明。给予宗教行为以神学的解说，以祭祀为宗教唯一的目的。婆罗门教三大纲（吠陀天启，婆罗门至上，祭祀万能），种族的（四姓）严格划分，都确立于此时。咒术为中心的宗教，产生《阿闼婆吠陀》。咒术，为阿利安的事火僧族——阿闼婆央耆罗传述下来，本为阿利安人流俗的信仰。信赖咒术有非常的能力，可以利用低级的精魅，达到利己或损人的目的。《夜柔吠陀》已开始引用，现在更因宗教精神的堕落（也是文化普及到民间）而特别发达起来。《阿闼婆吠陀》是"关于本尊与行者间的感应"。从它流出的续吠陀——本续，也是"记述对于本尊诸神咒的六用法，使诸神咒所生的神验无效等法，以及其他种种仪轨及修法等"（并见莎柯罗《人伦学》第四章第三节）。古代巫术师所掌握的医卜星相，也属于此。《阿闼婆吠陀》编集的年代，约与《梵书》的时代相当，在西元前八世纪顷。因此，前三吠陀的《梵书》中，《阿闼婆吠陀》还没有显著重要的地位。繁琐的祭仪，神秘的咒术，使恒河上流的婆罗门教走向没落。另一方面，阿利安文明到达恒河下流，开化东方。东方民族在接受西方式的文物制度下，孕育新机运；恒河中流的温和的宗教革新，发达起来——奥义书。

奥义书的思想，远承《梨俱吠陀》的创造赞歌，经《夜柔吠陀》及《梵书》而开展的。这或者与印度的气候有关，阿利安人自到了恒河流域，苦行与隐遁者即渐渐地多起来。但还是属于阿利安人的老年，摆脱人间事（他已尽了人事）去专营宗教的生活。苦行本为身心的锻炼，充满精进、忍耐、严肃的精神。隐遁者，不再作形式的祭祀，也不为衣食住而分心；从第一义的立场，直探自我的本真。这种看来消极的宗教，不但哲理的深入，实有非常积极的作用，即对于固有的迷信仪式能除旧更新。然而此种机运，不能在宗教传统深固的恒河上流发展；在传统不深的东方，开始活跃起来。奥义书的开展，与东方（恒河中部）及东方王朝有关。如迦尸的阿阇世王，以"梵"教授吠陀学者跋尼迦（《布利哈德奥义书》二·一）。尤其是韦提诃的耆尼迦王庭的学者，以耶耆尼伐尔克为中心，召开哲理的讨论会（《布利哈德奥义书》三·六）。东方奥义书的勃兴，获得王家的赞助，王族领导思想界与婆罗门阶级相抗，这是真的。但这不完全是王族与祭师间的政教相争，是东方与西方的思想分歧。东方由王族领导思想，使"婆罗门至上"不能不退处第二，处于受教者的地位。奥义书重视真我的智识，祭祀已不成万能，所以"行祭祀苦行者入天界，于其中轮回；惟住于梵者能得不死"（《圣德格耶奥义书》二·二三、一）。"吠陀天启"的教权也不被尊重，吠陀不过是名目的学问，与真我无关。此等东方国家，在佛典（东方）的传说中，并渊源于东方。如韦提诃王族，壮年致力政治，衰老即专心宗教，有他悠久的传统（《中阿含》卷一四《大天捺林经》）。这些国家的王族，即使不是非阿利安，至少也杂有非阿利安的血统。如韦提诃，婆罗门看来，算不得纯正的阿利安人。

像东方奥义书的大学者耶耆尼伐尔克，即为西方的婆罗门学者不满（见“古代印度文明者那教”一文）。东方兴起的奥义书，虽没有揭起反婆罗门教的旗帜；然对于繁琐的祭仪、神秘的咒术、阶级制度等，确乎透露对立的姿态，给以相当的威胁。

奥义书的重要建树，有二：一、真心的梵我论；二、业感的轮回论。如从思想的渊源上说，这不外吠陀以来思想的发挥。然而它的结论，可能达到传统宗教的否定。创造赞歌以来，一元倾向的创造神话，经理性化而成为宇宙的本原，为一神秘的大实在。在奥义书中，称之为梵。如显现为人格的神，即梵天。有情的生命本质，即人们的真体，称之为我。在生死的历程中，人类虽似乎是迷妄的、虚幻的；然探索到自我的当体，到底与真常本净的梵是同一的。所以直探宇宙的本体于自我中，见我即见梵，高揭“我即梵也”（《布利哈德奥义书》一·四、一〇）的梵我一体论。直探自我的本真，在以直觉的理智照破虚妄，冥悟人生的奥秘；所以探索自我的结果，超过物理的、生理的、心理的现象，到达真净常乐的唯心论。即自我的本体，为超经验的纯粹主观，所以是“不可认识的认识者”。此认识者，一旦脱离世间的一切束缚，即完全地实现自我。此“唯一不二的主观，即是梵界，即是最高的归宿，最上的妙乐”（《布利哈德奥义书》四·三、三二）。论到业感轮回论，生命在无限的相续中，依自己的行为，创造自己未来的身份。从此，人类的运命，不操纵于神而属于自己。这本是神权的否定，因人类的自觉与自信而创说的人力论。业即人类的行为，所以说：“人依欲而成；因欲而有意向，因意向而有业，因业而有果。”（《布利哈德奥义书》四·四、五）不过奥义书的业力说，与真我论相结合，即“我”为自身的行为所限制、拘缚，从此生到他生，不断地流转于生死中。此业感说，对照于自我的真净妙乐，特别地显出迷妄与悲惨的姿态。这样，业感论的悲观，促进了自我解脱宗教的隆盛。此中的真我论，虽到达万化同体的理境；神秘唯心的基调，不失为阿利安文化正常的发展完成（《梵书》已大体确立）。而业感轮回说，确是时代的新声。吠陀以来的婆罗门教，以为阿利安族有诵习吠陀与祭祀的权利，可依宗教而得新生命，到达列祖的天国，所以称为再生族。非阿利安的首陀族，仅此一生即归于消灭，与宗教无关，所以称为一生族。善人（某一阶级）永生于天国，恶人（被征服者）永灭于地狱，实为（狭隘的种族的）婆罗门教的根本思想。自业感说发扬，一切有情都在随业受报的轮回中；首陀罗如此，阿利安人的诵习吠陀，也不过如此。反之，诵习吠陀，不能获得永乐；如依智而悟真我，才能入于不死的梵界。即在生死的轮回中，阿利安人可以堕落，非阿利安人可以上升；也决不是婆罗门教所说的那样，有再生族一生族的差别。业力思想的完成者，即奥义书大家耶耆尼伐尔克等。《布利哈德奥义书》（三·二、一三）说：有人请问死后的归宿，耶氏说：“此不可于众人中说，惟两人间可传耳。”他所说的即是业。业在当时，还是新颖而不大公开教授的，所以嘉伐利王对阿尔尼说：“此（轮回的）教义，直至今日，婆罗门未曾知之。”（《布利哈德奥义书》六·二）此业感轮回的思想，由耶耆尼伐尔克等弘扬而确立，这也难怪西方的婆罗门要对他不满了。业力轮回说，是人力而非神力的；机会均等而非种族独占的；自由而非命定的；道德而非祭祀的；实为融洽东方精神而起的温和的宗教革新。一般学者，忽略东方民族的要求平等，否认阿利安民族宗教（婆罗门教是阿利安人的宗教）的特质，所以对业力轮回不能给以正确的评价。有人以为是印度的气候关系；有人以为是印度土人的信仰，是低级的野蛮的（这是欧洲神学的遗毒）。以我们的理解：善人永生天国，恶人永灭于地狱，是一般的宗教信仰。它根源于人类向善向上的要求；人类无限生存的意欲，实为永生思想的根源。求生存，求进步，为人生不可否认的现实。无限生存与至善的欲求，也是人同此感的现实。天国永生论，即是此种意欲的原始形式。古代的宗教，都是种族的宗教，宗教与一切生活是融合不分的。此等宗教下的被压迫民族，没有宗教的权利，他们是被咒诅的，结果是永死的毁灭。这以进步的宗教看来，是如何的残酷不仁？"一失足成千古恨"，在人生的历程中是很平常的。或者环境恶劣，或者意志薄弱，不能自己振作。创伤的内心，正需要宗教温暖的安慰，引向不断向上的道路，谁能忍受永死的宣判？所以从适合人类共欲的宗教感说，业感轮回论以宽容的同情，予一切人以新生的机运，实为进步宗教的合理发展。确立必能到达至善的信念；在现实的行为中，创造进步的自己。它可以与东方的土著有关，可以是被压迫民族的不甘永久沉沦，相信从自己的行为中创造自己；决不能看作低级的信仰。

奥义书时代的东方，开始复兴，以温和的宗教革新为前导。接着，将是反婆罗门的宗教，统一西方的东方王朝的来临。

六　释迦族来自东方

阿夷罗婆提河，即现在的哥格拉河；发源于雪山的北麓，经尼泊尔，东南流入于恒河。在此阿夷罗婆提河以北，雪山以南，有释迦族。佛教的大师释迦牟尼，即出于此族的迦毗罗城。释尊时代的释迦族，城邑很多，如天邑、黄枕邑、弥留利邑、石主邑等；迦毗罗是其中的首府。当时的释迦族是城邦制的国家，一城一聚；都有高度的自治权，总名之为舍夷国。舍夷，或作释阙搜、释翅或释翅提，与释迦同一语原 Sak，是以族名为国名而多少变化它的尾音（舍夷是女声）。自佛教发扬以后，迦毗罗城的光荣，代表了舍夷国。晋法显与唐玄奘们，也就总称之为迦毗罗国了。西元一八九八年一月，法人 W. C. Peppa 在尼泊尔南境的 Piprava（北纬二十七度三十七分，东经八十三度八分），掘得释迦族所供养的释尊舍利瓶；古代释迦族居住的区域，因此得到了更确切的决定。

经律一致的传说，释迦族是从别处迁来的。据说：有一位生长在甘蔗园中的懿师摩（异译作懿摩、郁摩、一摩、声摩、鼓摩），是瞿昙仙的子孙，所以姓瞿昙。等到作了国王，就称为甘蔗王。甘蔗王有四位庶子，为王大夫人的谗言嫉妒，逼得与母亲姊妹们离开祖国，到处流离。渡过了傍耆罗河，到雪山下，就住下了。造了迦毗罗城，渐渐地繁荣起来，这就是释迦族起源的故事。它的所以称为释迦族，传有两种解说：一、如《阿摩昼经》（《长阿含经》卷一三）说：“声摩王闻其四子与女共为夫妇，生子端正，王即欢喜而发此言:此真释子!真释童子!能自存立,因此名释。"这是称赞四子的能力,能自己独立地生存。释迦的意义是"能",父王赞他们能干,他们就自称为释迦族。二、也如《阿摩昼经》说:"到雪山南,住直树林中(注:释,秦言立言直)。"直树,巴利文作 Sakāsaṇḍa,与释迦的音相同。此外,如《五分律·受戒法》(卷一五)说:"在雪山北(?),近舍夷林,筑城营邑。"《佛本行集经》(卷五)说:"以释迦住大树蓊蔚枝条之下,是故名为奢夷耆耶。"舍夷,即奢夷耆耶,系一种树名。释迦族住居在舍夷林边,因此得名。此两说中,第二说应该是更妥当的。如《五分律·衣法》(卷二一)中说:"琉璃王严四种兵,往伐诸释。世尊闻之,即于路侧坐无荫舍夷树下。王遥见佛,下车步进,头面礼足,白佛言:世尊!好树甚多,何故乃坐此无荫树下?世尊答言:亲族荫乐。"释尊以枝叶零落的没有荫蔽的舍夷树,象征被压迫的释迦族,这是释迦族从住处有舍夷林得名的确证。本来因住处有舍夷林而称为释迦族,等到释迦族一天天繁荣起来,这才"因文思义",称赞释迦族的不愧为释迦(能),产生了"能自存立"的第一说。然从释迦的语原来说,这实即是阿说迦(Assakā,阿湿波的巴利语)的略去前音,这已在前面说过的了。

叙述释迦族的源流与迁徙的事迹,要算《长阿含·阿摩昼经》(卷一三)、《五分律·受戒法》(卷一五),最简要而近于事实。其次,如《长阿含》(卷二二)的《世记经》(异译有西晋法立等译的《楼炭经》;巴利文的《长阿含经》缺此),《四分律》(卷三一)的《受戒犍度》,更进一步地追溯到劫初的王族。等到《佛本行集经》、《众许摩诃帝经》及《起世经》、《起世因本经》(此二经，也是《世记经》的异译），所说的更远。这些典籍，如《五分律》是属于弥沙塞部的；《四分律》与《佛本行集经》，是属于昙无德部的。弥沙塞与昙无德部，都出于分别说系，而《长阿含经》也是分别说系所特别重视的。其他，属于萨婆多部的《十诵律》，属于大众部的《摩诃僧祇律》，都没有说到。因此，我们可以这样的假定：关于释迦族的源流，起初是分别说系的学者所传说的。分别说系，阿恕迦王时代已经成立；四阿含经的编集，此时也已完成。所以此项传说，应该在迦王的时代（西元前三世纪）已有了，这真是可珍贵的古说！

释迦族出于懿师摩王族，从别处迁来，这是一致的传说。依《佛本行集经》（卷五）等说：懿师摩王住于褒怛那城。懿师摩即阿湿摩的音转，褒怛那即"阿波（的）布和城"，这都已说过。释迦族的故乡，在阿湿摩的褒怛那。他属于东方系，还可以提出种种的证据。

一、《杂阿含经》（卷四）一〇二经说："尔时，世尊入王舍城乞食。次第乞食，至婆罗豆婆遮婆罗门舍。时婆罗门手执木杓，盛诸饮食供养火具，住于门边。遥见佛来，作是言：住！住！领群特！慎勿近我门！……佛为说偈言：……不以所生故，名为领群特；不以所生故，名为婆罗门。业为领群特，业为婆罗门。"婆罗豆婆遮婆罗门，呼释尊为领群特，并且拒绝他进门；他以释尊为卑劣不洁的民族，是明白可见的。释尊为他说"领群特及领群特法"，凡思想行为的不道德，即是领群特（经中所说很多）。婆罗门（净行者）与领群特，应以思想及行为（业）去判别，不能从种族去分别。婆罗门从种族（血统的，职业的）的立场，自以为高贵而呵斥释尊为领群特，释尊却从道德的立场去答复他，这是经文的大意。在别译《杂阿含》（卷一三）二六八经中也有此文，但领群特一词，却译作旃陀罗。依包达耶那派《法经》的意见，旃陀罗族是首陀罗男与婆罗门女的混合种，多从事皮革屠宰等职业，为一卑贱不洁的阶级。所以领群特与旃陀罗，译名虽然不同，但被视为卑贱不洁的阶级，却是完全一致的。此经，在巴利文系的圣典中，被收在《经集》一之七。关于领群特一词，又别作 Vasalaka。考毗舍离城（异译毗耶离），巴利文常作 Vesāli；但也有作 Vasalaka 的，如律文七百结集中"毗舍离诸跋耆比丘"的毗舍离。所以巴利文的 Vasalaka，即是毗舍离。婆罗门称释尊为 Vasalaka，意思是毗舍离人。依后代的解说，毗舍离的意义是"广严"，并无卑贱的意味。这与婆罗门口中的毗舍离带有卑劣不净的意义不合。毗舍离，即今 Besarh 村，在北贝哈尔的 Muzaffarpur 区。正统的婆罗门学者，对这一带的民族，无论在血统上、文化上，素来是轻视的。所以"毗舍离人"本意很好，但在婆罗门口中说起来，就有点轻视诬辱的意味。这如东夷的本为仁人，在从前中国人的口中说起来就有点鄙视一样。释尊是舍夷国的释迦族人，这是没有问题的。他与毗舍离一带民族有血统与文化上的共同性；婆罗门这才称释尊为毗舍离人，释尊也不否认。汉译的旃陀罗，是毗舍离通俗的意译，一望而知是贱族。至于领群特一名，大抵是指领群的特牛。牝牛（vasā）与毗舍离的声音相近；释尊的教化众生，如领群的大牛一样。译者的译作领群特，或许如此。总之，领群特一名，在婆罗门口中，是意味着种族的卑劣。

二、《长阿含·阿摩昼经》(卷一三)说:婆罗门子阿摩昼,在佛面前说:“彼释(族)断细,卑陋下劣。”释尊反指他“是释迦奴种”,等他理解血统的已有混合,然后又为他解说,“灭其奴名”,恢复他的尊严。婆罗门的轻视释迦族,确为当时的事实。又像《中阿含·婆罗婆堂经》(卷三九)说:有两位婆罗门族而从佛出家的比丘,被他的同族痛责:“汝等舍胜从不如,舍白从黑。……汝等所作大恶!极犯大过!”这也是种族贵贱论的谬见在作怪。

三、佛灭百年,毗舍离举行“七百结集”,这是佛教史上有名的事件。有耶舍比丘游行到毗舍离,对“毗舍离诸跋耆比丘”的作为大大的不满,引起了争执。结果,被跋耆族的比丘摈了出来。耶舍得到了波利邑比丘一百二十人的赞助(《五分律》卷三〇),往西方去召集西方的比丘到毗舍离来集会,公决是非。当时跋耆系比丘也四出活动,争取同情。跋耆比丘的说辞中,有值得注意的话:“大德!彼波夷那、波梨二国比丘共诤;世尊出在波夷那,愿大德助波夷那比丘。”(《四分律》卷五四)《十诵律》(卷六〇)说:“毗耶离比丘是有法语;阿槃提、达傺那、婆多国诸比丘不是法语。一切诸佛皆出东方,长老上座莫与毗耶离中国比丘斗诤。”“佛出东方”,“佛出波夷那”,这是毗舍离诸跋耆比丘(即波夷那比丘)的所以自信为更能窥见释尊真谛的地方。当时东方系比丘《五分律》(卷三〇)作“毗舍离诸跋耆比丘”;《四分律》(卷五四)作“毗舍离跋阇子比丘……波夷那比丘”;《十诵律》(卷六〇)与《僧祇律》(卷三三)作“毗舍离诸比丘”。波夷那比丘,是毗舍离一带的跋耆族比丘,确实无疑。

《五分律》说耶舍“往波旬国”，此波旬即是《四分律》波夷那的异译。《长阿含·游行经》(卷三)说：释尊在临入涅槃那一天，曾在波波城受纯陀最后的供养。此波波城，在西晋白法祖异译的《佛般泥洹经》(卷上)、东晋失译的《般泥洹经》(卷上)，即作波旬国。波旬的地点，在从毗舍离到拘尸那城的中间，离拘尸那不远。经中说释尊为了拘舍弥比丘相争，离开他们，去看阿那律等三比丘。阿那律们所住的地方，《中阿含》(卷一七)的《长寿王本起经》，说是般那的蔓阇寺林，般那也即是波夷那的异译。同样的事实，《增一阿含经·高幢品》(卷一六)的第八经，说在跋耆国的师子园。这可见波夷那即波波，是跋耆族的一城。波夷那比丘们，当时领导跋耆族系的比丘，以毗舍离为中心，发扬佛教东方系的特色，与西方比丘对立。释尊为舍夷国的释迦族人，为无可怀疑的事实。而毗舍离的跋耆族比丘，偏要说释尊出于波夷那。上面说到的婆罗豆婆遮婆罗门，要称释尊为毗舍离人。如不是释迦族与东邻的毗舍离一带民族有血统与文化上的共通性，是决不会有此事迹的。考毗舍离的贵族为离车，而释迦族中也有离车，如《五分律》卷一一说：“时释种黑离车女丧夫”，可知释迦族与毗舍离实有血统上的关系。至于西方的波利邑比丘(异译作婆多国、波罗利邑)，有人以为是波吒厘城，这是不对的。西方系比丘，波利国比丘以外，都从西方来。《五分律》(卷三〇)提到摩偷罗的阿呼山，阿腊脾(在舍卫与拘舍弥之间，属于憍萨罗国)，拘睒弥；《四分律》(卷五四)说到僧伽赊(即《西域记》的劫比他)，阿吁恒河山(即阿呼山)；《十诵律》(卷六一)有摩偷罗，阿槃提，达傺那(即德干高原)；《僧祇律》(卷三三)

说到摩偷罗，僧伽舍（即僧伽赊），羯闹耆（即《法显传》的罽饶夷，《西域记》的羯若鞠耆），舍卫，沙祇。这些，都在恒河上游与阎牟那河流域及西南一带。波利邑，论理是不应该在东方的。《五分律》说：佛在毗兰若邑吃了三个月的马麦，贩马者是从波利国来的（卷一）；又说波利国比丘，要到舍卫城安居，赶不上，就在娑鞞陀（即沙祇）安居（卷四）；又说波利比丘到舍卫城来，半路上被盗（卷四）；有估客从波利国到拘舍罗（卷二〇）。波利国在西方，也明白可见。在此东西二系的对立中，释迦族是属于东方的。

七　释尊时代的印度国族

释迦族为东方的，这不但考察他的故乡，从他在东西国族中的地位，也可以明白地看出来。释尊的时代（西元前五世纪），恒河流域诸国族的分布，最好把它分为三区：甲、阿夷罗婆提河东南流，入于恒河而东流，在此两河的北岸，雪山以南，一直向东分布的民族。乙、此二河下流的南岸，波罗奈以东的国族。丙、波罗奈以西的恒河上流的国族。此三区中，甲与乙是东方的；甲区与释迦族的关系最深。乙区也有大量的非阿利安人，所受阿利安的传统文化要深一点（沿恒河东下，交通便利些）。丙区是阿利安人东进的大本营。

甲区中，舍夷国的释迦族，最在西北，与丙区的憍萨罗国接壤。舍夷国以东，有罗摩伽（《西域记》作蓝摩国）的拘利族。拘利，异译作俱利。《杂阿含》（卷二一）五六五经所说的桥池人间、《中阿含·波罗牢经》（卷四）的拘丽瘦，也就是拘利的异译。拘利族的童子来听法，佛称他们为“苦种”。罗摩国以东，有拘尸那国的末罗族，异译作满罗，所以也称满罗国。经中常见的“力士人间”，就是末罗的意译。拘尸那向东南行，有波旬国，即波波，也是末罗族。再向东南走，到毗舍离城。城中的豪族，叫离车，异译作“利昌”等，奘译作栗呫婆。毗舍离一带，大半是跋耆族，经中常称为跋耆人间。如毗舍离城，或即称之为跋耆国毗舍离（《僧祇律》卷一）。跋耆，或译作金刚。如向阿难说偈的跋耆子比丘，《中阿含·侍者经》（卷八），即作金刚子。比丘厌苦自杀，律中作毗舍离的跋求摩河边；《杂阿含》（卷二九）八〇九经，即作“金刚聚落跋求摩河侧”。“金刚”，Vajji 或 Vajra，都就是跋耆的对译。在毗舍离与波旬的中间，有负弥城，释尊曾在此说四大教法。巴利《大般涅槃经》中与此相当的，为 Bhoganagara。此负弥城，乃梵文 Bhūmi 之意译。《中阿含·地动经》（卷九），作“金刚国城名曰地”；《杂阿含》一三三一经的“金刚地”，也是 vajji-bhūmi 的对译。这可见负弥城也是跋耆族了。波旬国，经中说它是末罗族，但在七百结集的事件中，说波夷那比丘也就是跋耆比丘。阿那律等三人在这里修行，被赞叹为“跋耆国得大利”（《增一阿含经》卷一六）。依《西域记》卷七说：毗舍离的东北，有“弗栗恃”国，“东西长南北狭”，即在恒河北岸与尼泊尔东南的地方。此弗栗恃，即是跋耆梵文 Vṛji 的对音，古来也有译为佛栗氏（《根本说一切有部律杂事》卷三五）的。这可见跋耆族分布的广阔了。跋耆族的区域，在恒河以北，雪山以南，离车、末罗、拘利、释迦族，都不过是它的一支。如舍夷国的释迦族，素有不与异族通婚的习惯（《五分律》卷二一），但与东邻拘利族的天臂城却是通婚的。此天臂城，《杂阿含》（卷五）一〇八经，即作"释氏天现聚落"。释尊的夫人，是拘利城主善觉的女儿；释尊的母亲摩耶与姨母波阇波提，是拘利城主阿㝹释迦的女儿；而释尊的外祖母岚毗尼，又是释族的女儿。依《众许摩诃帝经》说：天臂城也是释迦族造的。释迦族与罗摩伽国的拘利族，显然为同族的别支。释迦族与拘利族有如此的亲密关系；释迦族又被跋耆系的波夷那比丘（末罗）认为同族，释尊又被婆罗门唤作毗舍离人。这一区民族的自成一系，实在明白可见。这一区的民族，在释尊的时代，自然已有阿利安人杂居，且已经受阿利安文化的教育。但毗舍离（一带）的人，还被婆罗门鄙视。当时虽已文化大启，但还是"质胜于文"，充满勇悍朴质的风格。如释族，传说为非常勇武的；拘萨罗王子毗琉璃，曾到释族受学射法（《五分律》卷二一等）。末罗族，即有名的力士族。跋耆族曾侵害摩竭陀，阿阇世王不能取得胜利，所以筑波吒利城来防御他（《长阿含》卷二《游行经》）。毗舍离的离车童子，阿难曾夸赞他射法的"奇特"（《杂阿含》卷一六·四〇五经）。释尊曾赞叹他们的勤劳："常枕木枕，手足龟坼。"（《杂阿含》卷四七·一二五二经）这一带后进的民族，所受阿利安的传统文化不深，所以能兴起朴实无华的新宗教，向抽象的思辨、繁琐的祭仪、神秘的咒术作战。东方新宗教的勃兴，都以这一带地方为策源地。所以开创佛教的释尊，也特别受这一区民族的信奉。《长阿含》（卷一五）的《种德经》、《究罗檀头经》，都有六族奉佛的传说，六族即"释种、俱利、冥宁、跋祇、末罗、稣摩"。此六族，都是属于这一区的。除冥宁族而外，都已在上面说到过。《长阿含·阿㝹夷经》（卷一一）中，曾说到“冥宁国阿㝹夷土”，“冥宁国白土之邑”。此冥宁，在巴利圣典中，即作末罗（Mallā）。六族中，冥宁与末罗并列；再从汉文异译的“弥尼搜国阿奴夷界”（《四分律》卷四）、“弥那邑阿㝹林”（《五分律》卷二）看来，冥宁的原语似乎是Minasu；可能是末罗族的别支，即从末罗的音转而来。冥宁族的居住地，即在释尊出家时打发车匿回宫的地方。在拘尸那与罗摩伽之间。依《西域记》（卷六）说，属于蓝摩国的东南境。此六族，即释尊时代甲区的主要民族；六族奉佛，实有推尊本族圣者的意味，与种族文化的共同性有关。

再说乙区：从毗舍离南行，渡过恒河，就是摩竭陀国，首府是王舍城。恒河下流，有央伽国，首府是瞻波城。但在释尊的时代，央伽已附属摩竭陀了。这一区域，经中没有说到它的种种民族，但泛称为摩竭人间、央伽人间。摩竭与央伽，似乎都是种族名而化为国名的。此区所受阿利安的文化与血统的渗杂，比甲区要深一点。然据包达耶那派《法经》的意见，摩竭陀人不是纯净的阿利安人，是首陀罗男与吠奢女的混合种。阿阇世王，经中常称他为鞞陀提子，即是鞞陀提夫人的儿子。鞞陀提本是古国，即鞞提诃，但当时也是附属摩竭陀的。经律中常传说古代大天王的故事；大天王的国都，即在弥萨罗的大天棕林中。正统奥义书的开展，韦提诃是大有功绩的。阿阇世王的母亲，即是韦提诃族人。此韦提诃人，包达耶那派《法经》也不承认他是纯正的阿利安人。东方民族西进到恒河中部，起初是韦提诃与迦尸，不久即受西方的统治，很快地西方化。自韦提诃衰落以后，摩竭陀才新兴起来，它可说是继承韦提诃的政教传统而复活的。摩竭陀王族不但与韦提诃通婚，依《普曜经》（卷一）的“此维提种摩竭国土”，与异译《大方广庄严经》（卷一）的“摩伽陀国毗提诃王”看来，即明白摩竭陀人与韦提诃族的关系。传说摩竭陀的建国很早，甚至说西元前二千年即已经存在，然而这是难以证实的。摩竭陀大抵是韦提诃的支族，部族的早已存在，是可能的。不过在韦提诃国没有衰落以前，它在印度古代的国际中，被视为化外（《印度哲学宗教史》），毫无地位。摩竭陀的兴起，约在西元前七世纪，即尸修那伽王朝的初创，释尊同时的瓶沙王，才是第五世。起初，摩竭陀是服属于央伽大国的。《根本说一切有部毗奈耶出家事》（卷上）说：频婆沙罗（即瓶沙）王子时代，起来拒绝央伽人的收税，反抗央伽人的统治。举兵攻破瞻波城，央伽这才反属于摩竭陀了。这新兴的东方王朝，在释尊的时代，欢迎恒河北岸（甲区）的新宗教，竖起反阿利安文化传统的旗帜；且常与西方的憍萨罗作战。释尊的出家修学，即在摩竭陀。传说当时的瓶沙王曾劝释尊罢道，愿与释尊共治国政。释尊成佛后，瓶沙王即首先作了释尊的信徒。后代佛教的开展，也在摩竭陀王朝的护持之下。恒河南岸的政治、北岸的宗教，两者提携而结合起来，促进印度东方的勃兴，走上印度大一统的新世界。

说到丙区，这是纯粹的阿利安人或准阿利安人。释尊的时代，憍萨罗最强大。此时似已开始衰退，但迦尸还作它的臣属。它领地相当大，如僧迦舍、沙祇，都在它的领土以内。它在东北，与释迦族毗连；东南与摩竭陀接壤，它站在对抗东方的前线。憍萨罗东南，有婆蹉国，首府即拘舍弥。西南有阿槃提，这是系出东方而完全西化的，释尊时已满布阿利安族了。憍萨罗的西北，有拘罗国，拘罗以南有摩偷罗国，这都是阿利安人。恒河上流的大国，即是这些。《根本说一切有部毗奈耶出家事》（卷一），说有四国；《增一阿含经》的《五王品》与《听法品》，说有五国；《瑞应本起经》说有八国：除摩竭陀的王舍城以外，都是这一区的国家。其中与东方关涉最多的，要算憍萨罗。憍萨罗的首都，佛世在舍卫城，国王名波斯匿。释尊晚年，憍萨罗王毗琉璃死了以后，即缺乏有力的王统。后来，希腊人与钵颠阇利，都说憍萨罗的都城在沙祇，这是佛后的事了。

恒河流域的三大区，已作一简略的叙述。当时的释迦族与憍萨罗的关系，再略为说明。东方民族的西进，向西南的阿槃提，向西的迦尸，已为阿利安人所同化，不可辨认。沿雪山边而西进的，最接近西方阿利安族的释迦族，也已深受阿利安的文化。它的来自东方，虽没有忘记，然在同化的过程中，甚至也自称为憍萨罗的同族了。如憍萨罗出于日族的甘蔗王，释迦族也自称甘蔗王的子孙。然而并不是同族，这不过释族或佛弟子的托辞，仰攀阿利安贵族的传统而已。这里有一点要附带说明：婆罗门教的四姓制，起初确是从阿利安人的职业不同（古代职业多世袭），分为宗教的、军政的、农工的三类；加上征服的奴隶——首陀罗，即成为四姓。然以后，阿利安人东进，称一切非阿利安人为首陀罗（又创为种姓分化说）。然首陀罗并不都成为奴隶，他们也有政权，也有田地（现在南印度的非阿利安人中，还有此现象）。不过在接受阿利安文化熏陶以后，加以种族间的互婚，有政权的，或不免自称刹帝利；有田地的，自称吠奢，这如鲜卑族的高欢，自称出于渤海的高氏一样。释迦族从东方来，又自称刹帝利甘蔗王以后，这是不可通的，释族久受阿利安文化的熏陶，政治上附属于侨萨罗，然决非同族。这可以从释迦族与侨萨罗族的关系去说明：侨萨罗王波斯匿登位，凭借武力，强迫地向释迦族索婚。释迦族有不与异族通婚的习惯，却又不敢得罪他，只得"简一好婢有姿色者，极世庄严，号曰释种而以与之"（《五分律》卷二一）。末利夫人冒充释女去下嫁，完全看出了侨萨罗与释迦族的血统不同。当时的释迦族，处在侨萨罗的威胁之下，也是明白可见的。

在佛教的传说中，释尊曾自认为侨萨罗人，所以释尊的长在舍卫城，为了"报生身恩"（见《大智度论》）。"诸释下意爱敬至重供养奉事于波斯匿拘娑罗王"（《中阿含》卷三九《婆罗婆堂经》），这是当时的事实。所以在政治的关系上，释迦族是依属侨萨罗的。等到波斯匿王的儿子毗琉璃王举兵向释族进攻，如真的以为是为了报复幼年被骂为"奴种"的侮辱，自不免错误。然种族斗争的事实，也可以得一明白的暗示。当时的释族，内部没有能做到团结为一。在此东方崛兴而西方势力未衰的时代，释族内部有了西倾与东向的两派。传说琉璃王兵临城下时，主和派与主战派的议论不决。结果开门迎敌，但仍不免侨萨罗军队的残杀。释族中有执杖释，曾与释尊抗论（见《中阿含》卷二八《蜜丸喻经》）。婆罗门中有执杖梵志。此执杖释，大抵是被婆罗门教所同化的。当琉璃王纵兵大杀的时候，有很多的"释（种）皆捉芦（而）出言：我是提芦释。屯门者信，放令得去"（《五分律》卷二一）。侨萨罗所厚待的提芦释，大概就是执杖释，是释族中倾向阿利安人的一系。琉璃王利用了亲憍萨罗的释族，予释迦族以重大的打击。释迦族与憍萨罗族的种族不同，很可以从此等事实中得到结论。

从释尊游化的情形说，也看出佛教的接近东方。憍萨罗国的舍卫城，虽是释尊久住的地方，但常受婆罗门的逼害。佛在王舍城与毗舍离，主要的是与极端的苦行者、纵欲者的新宗教抗辩（提婆达多的逼害佛教，也还是出于释族的）。而在舍卫城，如旃阇婆罗门女的带盂谤佛；孙陀利女的自杀诬陷；健骂婆罗门的骂佛：受婆罗门的逼害，圣典中是随处可见的。即佛在鞞兰若邑的三月食马麦，也还是受了婆罗门的欺骗（鞞兰若属憍萨罗）。根本圣典中，虽也有波斯匿王信佛的传说，其实是信心微薄，常常怀疑佛教：他怀疑释尊的年轻（《杂阿含》卷四六·一二二六经）；怀疑"有爱则苦生"的教说（《中阿含》卷六〇《爱生经》）；见十七群比丘的嬉戏，因而讽刺末利夫人的信佛（《五分律》卷八）；尤其是把佛弟子谶比丘尼留在深宫十二年，犯了佛教所认为不可容恕的罪行——"污比丘尼"（《增一阿含》卷四三《善恶品》）。这与瓶沙王信佛的事实对照起来，完全是另一气象。然而在释尊长期的教化下，舍卫城到底成了佛教的重镇。释尊教化的情形，虽不一定与释迦族有必然的关系，但也可窥见释沙门文化的接近于东方。

八　东方新宗教的勃兴

西元前五六世纪，东方印度新宗教的勃兴，实为世界文化史上重要的一页。如从阿利安的文化传统说,从此时起,即进入修多罗时代。新宗教勃兴以前,传统宗教的动态,先略为叙述。

拘罗地方的正统婆罗门教,在东方的奥义书与新宗教的勃兴中,没落了。说它没落,意思是说它不能成为印度文化的时代主流,它的保持固有壁垒与强韧的反抗,其实还是有力地进行。不过,它在东方,确乎是失败了。拘罗地方的《梵书》,通常分为三部门,即仪规、释义、吠檀多。吠檀多的意义,即吠陀之终极。《梵书》中的森林书,阐述吠陀的精义,即理智与理性的;奥义书从此流出,大大地在东方发展。关于仪规与释义,即行为的与事相的,为婆罗门教祭典的重心。努力弘扬,引出吠陀支、如是所说、往世书、诗篇。吠陀中的祭仪、祭词,需要解说、规定,因此直接促进吠陀六支论的产生。六论中,第一《劫波经》,有三类:即《法经》、《天启经》、《家庭经》。继承三吠陀的梵书系统,以祭司主持的祭典为对象的,是《天启经》。根据民族的宗教习俗,以家庭祭仪为中心而规定说明的,是《家庭经》。以社会法制为中心而说明规定的,是《法经》(法论又从此产生)。这三者,包括个人、家族、社会、国家的一切生活,把它安放在宗教的基础上,完成坚强传统的礼教。六论中的《式叉论》、《毗伽罗论》、《阐陀论》,是发声学、文法学(雅语即从此确立)、音律学。《尼鹿多论》是关于吠陀难词难句的解说。《树提论》是天文学。这虽为了研究宗教古典而产生,然对于婆罗门教的未来复兴,影响极大。这一点,中国学术界也有此现象。如汉代经学的昌明,就有许氏《说文》等出现。清朝汉学复活,也附带地促进了《说文》及音韵的研究。此六论,渊源都很早;它的成为专科研究,约与东方新宗教同时发生，而完成得迟一点。文法音律等学科的发达，促成雅语文学的通俗化。根据吠陀、梵书等古代史的传说，作成宗教化的史诗，即“如是所说”的《摩诃婆罗多诗》。作成宗教化的史话，即往世书的《五相书》（宇宙的创造，宇宙的破坏与再建，神统与王统的世系，古代诸王治世的情形，月族的历史）。作成宗教的言情诗，如《罗摩衍那》。这些，都有部分的古代传说作底本，因古典研究，文学发展而发达起来。这宗教的语文与文学，唤起了古代的宗教与民族的热情，普遍地深入民间，成为传统宗教的有力支持者。不过，这是情感的、通俗的，它自然与人格神的宗教合流，与低级的迷信合流；它不能成为古风的婆罗门教，转化到印度教的阶段。这雅语文学的兴起，与新宗教的时代相近；但它的大开展，一直要等到孔雀王朝衰退，佛教被摧残以后（中印法难，在西元前一八〇年顷）。

另一方面，东方奥义书的玄理冥悟，本已露出革新的倾向，当然还是婆罗门教的。循此作风而开展的，不免分化：有近于古典的；有注重冥悟的；有倾向有人格神的（与史诗合流），产生了多少新奥义书。其中，僧佉耶瑜伽的兴起，更与东方的思想界有关。僧佉耶与瑜伽，本为理性的思辨与直观的体悟，是奥义书一流的宗教哲学的思想方式。依此开展，才成为特殊的学派。僧佉耶派（即数论）自理性的思辨，观察宇宙人生的开展，指出开展中的必然序列，依此说明生起与灭无。接受此思辨的成果，专从直觉体验的方法以说明的，即是瑜伽派。此后代兴起的学派，传说数论的第三祖般遮尸诃，到弥绨罗城见耆尼迦王，为王说数论的教理（《解脱法品》）。《解脱法品》所说，虽不必是事实，然暗示了数论与韦提诃国王庭的关系。数论仰推的初祖是迦毗罗。无论迦毗罗是金胎神话的人格化,或者确有其人,他与释迦族的迦毗罗城,应有一种关系。佛教的传说,迦毗罗城即是因迦毗罗仙人旧住此地得名(《佛本行集经》卷五等)。《中阿含·优陀罗经》(卷二八)与《罗摩经》(卷五六)等说:释迦最初所参访的阿罗逻迦蓝与郁陀迦罗摩子,都是专心瑜伽的教徒(也有说为释迦说数论教义的)。从后代传述的数论教义看来,它轻视祭祀仪式;重视个灵(否认一元的大梵,但也有承认的);否认阶级,甚至说首陀罗、女人、鬼神,都可以学数论得解脱。它虽被摄为婆罗门教的统系,实有接近佛教的地方。韦提诃王庭学者与奥义书的关系很深,而奥义书大家耶耆尼伐尔克,也是瑜伽派的大师(他不重传统,连祭牛也要吃)。恒河北岸的奥义书思潮,实透露东方的特色。此种学风,可以很早,而分化出的新奥义书、瑜伽、数论,完成学派的形式,组织经典,那还比东方新宗教的兴起要迟得多。佛教与此学风有深厚的因缘,但它却成为更东方的新宗教。佛教与数论等,同样的孕育于此一学风中。如以为佛教渊源于数论,那是根本错误的。

上述婆罗门教两大系统的新开展,虽然完成在后,但已在进行中。新宗教的勃兴,自然有与它或正或反的关系。论到东方新宗教的兴起,从时间说:在古奥义书中期,东方的新宗教已开始发展。如释迦参访郁陀迦罗摩子,已是代领他父亲的门人。六师(新宗教)之一的散惹耶毗罗胝子,释迦弟子舍梨弗与目犍连,曾从他修学,而且也已是代领徒众了。六师之一的尼犍子若提子,即耆那教的教主摩诃毗卢,也要比释尊大几岁。所以在释尊以前的数十年中，东方新宗教已风行一时，释尊是后起之秀。古奥义书比新宗教要早，但新宗教的开展，并不在古奥义书结束以后，这是应该知道的。从地点说，新宗教以恒河南岸的摩竭陀、北岸的跋耆国为中心，比奥义书的东方更为东方。这些地方，素来被看作化外的边地，半野蛮的土人，但现在是被称为中国了。它比奥义书更东方，所以与西方传统宗教的对立也更尖锐。此新宗教的勃兴，原因当然复杂，与政治、文化、经济等有关；然而主要的，在于后进的非阿利安民族的勃兴。在后进民族的开化过程中，常是先有宗教的革新；以后与政治、经济等相互推进，达于文化灿烂的阶段。这在世界宗教的革新运动中，尽多实例。中国的唐代，禅宗深入南方山地，开始宗教的革新（南禅）。宋代的新政新学，都直接间接承受它的精神，即是很好的例子。传统的婆罗门教，规定再生族（阿利安人）的四期修行法：即少年修学的梵行期，壮年主持家务的家住期，老年专心宗教生活的林栖期与遁世期。也可以终身从事宗教生活，称为终身行者。但这是阿利安人的特权，与非阿利安人无关。然此种风气到达东方，东方人不愿意接受婆罗门的规定，没有四姓的差别，谁都可以从事宗教的生活。于是乎游行乞食、专心宗教的沙门团在东方出现。沙门，专心于宗教的思辨与体验；因之，当时的思想界，除传统的婆罗门而外，别有沙门。种族平等的沙门文化，必然地成为反婆罗门教的。当时的东方社会，政治倾向统一集中，王力增强；所以刹帝利至上，婆罗门退居第二。至于思想，属于国王护持下的沙门团。释尊与耆那教主，都出身王族。在耆那教的传说中，摩诃毗卢起初托胎于婆罗门家。为了保持未来创教时的尊严(婆罗门低贱),所以又另外托生王家,这可见当时的尊重王族了。当时东方贵族的出家是很多的,也受人的赞叹。然而沙门团中,仍以非阿利安人为多数。《中阿含·婆罗婆堂经》(卷三九),以沙门为第四种姓,没有说到首陀罗。此中意义的深长,不能草草略过。依《中阿含经》说,即等于否认首陀罗(奴隶)族的存在。一切在家者,不外祭师的婆罗门、武士的刹帝利、平民的吠奢族。同时,此出于刹利种姓(因传说释尊为刹帝利族)而成立的沙门种姓,即代替此非阿利安(被压迫)民族的地位。沙门团的非阿利安的特质,何等明白!基于后进的非阿利安特质,沙门文化必然是自由的、平实的。不受传统宗教的束缚,充满思想上的自由精神,不同的沙门团,都直率地表白他自己的智见,无须乎经典的证据。后进民族文化开展中的宗教革新,对传统宗教文化的素养,或不免不足。所以理论多平淡近情,倾向于唯物论与二元论,带有机械论的气味。它不能有传统宗教高度发展下的唯心与抽象的理性论。然而新宗教的长处,也就在此。不过,新宗教的后起之秀,即释沙门的佛教文化,又当别论。

佛教以外的沙门团,即佛教所称为外道的,学派非常多(传说有九十五种),著名的有六师。除说到过的散惹耶毗罗胝子与尼犍子若提子以外,还有富兰那迦叶、末伽黎拘舍罗、阿夷多翅舍钦婆罗、浮陀迦旃延。舍卫城方面,还有一舍罗、阇祇罗。新宗教当时的论辩中心,不是祭祀,是奥义书中的旧问题——自我的轮回与解脱。大家踢开传统的教典,以自由的思考,否定它或修正它。像奥义书那样的梵我一体论,一致采取否定的立场。

自我，即一切众生的当体。从自我而看到外界，即有“我与世间常或无常”、“有边或无边”的问题。这是考虑时空中的活动者（我与世间），常住或变化，有限与无限。从自我而看自己，即有“身命（命即自我）一异”的问题。从现在的自我，论到轮回后世，即有“死后去不去”的问题。这些（凡十四计），即当时论辩的中心，而急急要求解决的。现在以“身命一异”为根本（依佛教说），略叙他们的答案。依《杂阿含》（卷一一）二七二经，凡有三家：（第三家是奥义书的思想，现在不谈）。一、有主张“命即是身”的。即离身体以外，没有灵魂式的生命。在六师中，近于阿夷多翅舍钦婆罗派。他说：“受（地水火风）四大人取命终者，地大还归地，水还归水，火还归火，风还归风：皆悉坏败，诸根归空。……若愚若智取命终者，皆悉坏败。”（《长阿含》卷一七《沙门果经》）这彻底唯物论的见地，否定自我的轮回与解脱，佛教称之为断见论。他蔑视道德，度欲乐的世俗生活，近于后起的顺世论。他是一时的师宗，沙门团之一；应该是“现在五欲自恣”或进求禅定乐的现法涅槃论者。二、主张“命异身异”，这是当时流行的思想（数论派也如是）。凡否认大我而承认个灵的，十九会得此结论。如浮陀迦旃延，以为人生为“地、水、火、风、苦、乐、生命七要素而成”（《原始佛教思想论》一·二、三）。尼犍子也以命与非命二元为本，立六句，即“命、法、非法、时、空、四大”。这种二元的结合，大抵是机械的（后起的胜论师，也有此倾向）。他们的轮回与解脱观，简直缺乏宗教的特色。如富兰那迦叶，为一无因论者。他说：“无因无缘众生有垢，无因无缘众生清净。”（《杂阿含》卷三·八一经）依他，生死的杂染与解脱清净，非人类意欲的产物，实为偶然的。因此，善恶不过是依习惯而定，无所谓善恶业果。如末伽黎拘舍罗，为一极端的必然论者。他以为一切为命数所决定的；人在命定的轮回解脱中，像从山上滚下石丸，必须经历一定的长度，到山下自会停止。在此命定的过程中，人类没有丝毫可以改变的力量。所以说："无力无精进人，无力无方便人，……定在数中。"（《长阿含》卷一七《沙门果经》）因此，在他看来，"淫乐无害，精进无功"，这都与轮回解脱无关。佛教称之为邪命外道，即生命派。耆那教说他从耆那教中反叛而脱离出来；指责他为妇女的奴隶，作希奇的言行以谋取衣食。他的行为，大抵是随缘受苦，享乐，一切任其自然。浮陀迦旃延的七要素结合说，以为杀人者，生命自体并不被损害，所以也可以引申出杀人无罪的结论。阿夷多翅舍钦婆罗的唯物论，与此无因论、命定论、不灭论，在善恶业果的否定上，都可以达到类同的结论。所以在汉译的《沙门果经》，也就给予近似的批评。这四家在行为上，都有东方的浪漫情绪。与这些相反的，是尼犍子，他以为命——自我——是本来清净的，为前生的业缘所缚，与非命的四大结合，构成苦痛的现实界。虽说以正智、正行得解脱，却特别地重视苦行，作"以苦断苦"的修持，大有尽先偿还宿罪，不再造业，即能早得自我解放的智见安乐的意味。奥义书所强化的悲观与苦行，在当时的思想界普遍地泛滥；新宗教的教区也不能例外。后来佛教中提婆达多的叛佛，也即是倾向苦行。"此摩竭、鸯伽二国人，皆信乐苦行"（《五分律》卷二五），确是当时的事实。尼犍子不注重反对婆罗门教，专修婆罗门教所重视的苦行；所以他不像佛教那样的受婆罗门教的攻击，一直维持到现在。他与前四家的行持，恰好是两极端。

东方的新宗教，还在矛盾动摇的发展中。传统的西方宗教被否定，新的还不能建立，所以活跃而缺乏坚定性。与婆罗门思想关涉较深的尼犍子，却更极端走向苦行。富兰那迦叶等，到达伦理善恶的怀疑论。正面看，不免有世道人心的忧虑；反面看，这是婆罗门传统道德破坏的过程。革新的功绩，也不能忽略。革新的过程中，照理是庞杂的，多少有点极端。在理论的探索中，缘起法的相待性也被重视起来。《杂阿含》（卷三四）九六九经，传说当时的人，有“我一切忍（肯定的），我一切不忍（否定的），我于一切一忍一不忍（总合的）”的三见。佛弟子摩诃拘絺罗，起初即是“我一切不忍”的怀疑论者。散惹耶毗罗胝子，为一诡辨论者。他对于当时的问题，作这样的答复：“如汝问有他世否，如我知定有，我当作如是说；但我不作是说。我亦不以为如是；亦不以为不如是；我亦不非之；亦不言非有非无他世。”（巴利《沙门果经》）这是不以为甲，不以为乙，不反对是甲是乙，也不说是非甲非乙的。依汉译，他的答复是：如此的，不如此的，非如此不如此的。总之，他对于是、非、是非三句，跟着他人的意见而说；自己不反对别人这么说，自己却不这么说。他的真意，无法明了。传说舍利弗、目犍连起初跟他修学时，问他是否得道，他说：“吾亦不自知得与不得。”（《大智度论》）他见到缘起法的相待不定性，所以说不知，不说；耆那教称他为不知主义。拘舍黎以为都可说，可以从三方面去说：可以是，可以非是，可以亦是亦非是；与散惹耶恰好对立。尼犍子立或然主义：以为同一事物，可以从七方面说：如一、瓶是实，二、瓶非实，三、瓶亦实亦非实,四、瓶不可说,五、瓶实不可说,六、瓶非实亦不可说,七、瓶亦实亦非实亦不可说。他的七分说,即此三者的亦可说亦不可说。不像散惹耶的不可说,拘舍黎的可说。新宗教的思辨,都能多少了解事事物物的相对性、变动性,不能不说是新宗教的特色。依佛教的归纳起来,还是三见而已(这种相待动变的论式,在佛教的东方系中还保存确当的理解。西方系的因明学,却全然不同)。

九　释迦的真谛

释迦牟尼的创设佛教,为东方新宗教的大成功,给予人类非常的影响,尤其是亚洲。释尊的佛教,自有独到的深见。然而他也曾熏陶于印度的文明(释迦族邻接西方,所以释尊的了解西方,不是六师们可及的),也需要适应印度的文明。他于时代的一切,摄取精英,吐弃糟粕;在这些上,特别容易看出释迦的真谛。

对于西方传统的婆罗门教,释尊的说教虽是温和的,而实在几乎全部地否定它。婆罗门学者,以为古圣传述梵天的吠陀。依释尊的批判:"若三明(三吠陀)婆罗门先无有见梵天者,又诸旧大仙三明婆罗门阿吒摩等亦不见梵天者,当知三明婆罗门所说非实。"(《长阿含》卷一六《三明经》)否认传说吠陀的梵天,即是从根本上否定一切。关于创造的神话,释尊称之为"尊佑论",以为此种思想,不免影响人类的努力与责任心(《中阿含》卷三《度经》)。重天轻人的思想,在当时非常流行。释尊的见解,天上不过是长寿富乐,他的前途只是没落(传说帝释天见佛听法,后在天宫的声色欲乐中,什么都忘了)。不能进求真理与自由的享欲,实在值不得羡慕。这样,“人身难得”的名句,被提出了。人间才是更好的,连天神也在羡慕,所以说:“人间,于天(神看来)则是善处。”(《增一阿含经》卷二六《等见品》)这因为真理与自由,惟有在人间才能实现。“诸佛世尊,皆出人间,非由天而得也。”(《等见品》)明确地赞叹人间的优越,引导人类从求生天国的思想中解放出来。这个倾向,必然地到达反他力的结论;祈祷天神的价值,彻底掀翻。《中阿含·伽弥尼经》(卷三)以为:“梵志(即婆罗门)自高,事若干天,若众生命终者,彼能令自在往来善处,生于天上。”这等于投石水中,站在岸上祈求,妄想大石的浮起来。我们的前途,决于自己的行为(业),决不因天帝与祭师的祈祷而有所改变。所以说:“奉事日月水火,唱言扶接我去生梵天者,无有是处。”(《长阿含》卷一六《三明经》)婆罗门教的祭祀万能,特别是血祭,释尊是反对的。“若邪盛大会,系群少特牛、水特、水牸,及诸羊犊小小众生,悉皆伤杀;逼迫苦切仆使作人,鞭笞恐怛,悲泣号呼。……如是等邪盛大会,我不称叹。……作是布施供养,实生于罪。”这种残杀牺牲、凌虐奴仆的大祭祀,简直是作恶,哪里值得赞叹?这所以当时的人,都以为“沙门瞿昙(即释迦)呵责一切诸祭祀法”。至于《阿闼婆吠陀》以来的咒法,占卜星相等一切迷信,“沙门瞿昙无如是事”(《长阿含》卷一四《梵动经》)。以释尊的见解,这纯是无知的迷信。所以,如“见(真)谛人信卜问吉凶者,终无是处。……(就是)生极苦……乃至断命,从外(道)求……一句咒,二句,三句四句多句百千句咒令脱我苦,终无是处”(《中阿含》卷四七《多界经》)。这种迷信,凡能见真理的人,决不接受。甚至说:“幻法,若学者,令人堕地狱。”(《杂阿含》卷四〇·一一一八经)总之,因神权而引起的祭祀、咒术,给予彻底的廓清。假借神权而确立的四姓阶级,《中阿含》(卷三七)《郁瘦歌逻经》、《阿私想经》等,以种种理由,发挥种族平等的思想。《阿摩昼经》(《长阿含》卷一三)等,以为印度的种姓,只是社会的分工,无所谓优劣。假托神权的阶级制,“如有人强与他肉,而作是说:士夫可食!当与我直”(《中阿含》卷三七《郁瘦歌逻经》)。这种人为的阶级制,没有接受的义务。这样,西方系正统的婆罗门教,不是一切抹煞了吗?不!相反的,婆罗门教的积极成分,即有关人生道德的,释尊尽量地融摄它,不过使它从神秘的宗教与不平等的阶级中解放出来。修多罗时代的西方,如《家庭经》、《法经》、《摩诃婆罗多》等,都重视国民的道德,想使人类有一种坚定而合理的生活。他们称之为“法”,即“达磨”。法,是人生正常的生活;社会习惯,善良风俗,凡合于正确的轨律,都是法。后来,前弥曼萨派,即宣称他祭祀的宗教为“法”。释尊的宗教,也称为法(内容不止于此)。正法中心的佛教,虽不是祭祀的;然它的重视人生道德,破除神权与人为的阶级,再度确定人生行为的正轨,引导人类进入合理的生活中,实与西方系有共同的倾向。如五戒(佛教特别禁酒)、十善等,是“世间常道”,释尊继承这道德的传统,使它深化,不能说与西方系无关。释尊的说教,不但继承阿利安人的宝贵传统,还巧妙地净化它。婆罗门教的祭祀要用三火,佛也教他们供养三火。然佛说的三火,是供养父母名根本火,供养妻儿眷属名居家火,供养沙门婆罗门名福田火

(《杂阿含》卷四·九三经)。他们礼拜六方,佛也教他们拜六方。然佛所说的六方,是亲子、师生、夫妇、朋友、主从、宗教师与信徒间的合理的义务。这些,肃清神教的祭祀仪式,把人类合理的生活,确立于社会的正常关系上,实为根本佛教的特色。

奥义书的思潮,释尊所受的影响最深。理性的思辨与直觉悟证,为佛教解脱论的重心。佛教解脱道的重智倾向,即由于此。然而,深刻地了解它,所以能彻底地批判它。释尊把理性的思辨与直觉证悟,出发于现实经验的分析上。奥义书以为自我是真常的、妙乐的;释尊却处处在说:"无常故苦,苦故无我。"古人说:"无量劫来生死本,痴人唤作本来人",很可以作为释尊根本佛教的注脚。他们以为是常住的,妙乐的,唯心的,是自我的本体。释尊看来,简直是幻想。反之,自我的错觉,正是生死的根本。因为从现实的经验出发,人不过是五蕴、六处、六界的和合相续,一切在无常变动的过程中,哪里有真常妙乐的自我?完整的佛教体系,出发于经验的分析,在此上作理性的思辨,再进而作直觉的体悟;所以说:"要先得法住智,后得涅槃智。"(《杂阿含》卷一四·三四七经)重视经验的事实,佛教这才与奥义书分流。至于轮回说,原则上是接受的。不过初期的业,侧重于善恶的行为;关于业的体性,还少有去考虑它。奥义书时代流行的苦行与瑜伽,传说释尊修学的时代,曾从阿罗逻伽蓝摩、郁陀迦罗摩子专修瑜伽,继而舍弃它;又专修苦行六年,又舍弃它;然后到佛陀伽耶自觉成佛。这明显地表示不满。瑜伽或禅定(二者大抵相近),为摄持身心,以达于内心澄静的直观,为证悟的重要方法,佛教中当然有此。修习禅定,每能引发身心的超常经验，佛教也不否认。然而修习禅定，容易走上神秘的迷信，夸张神通，它的流弊也是不可说的。释尊把它安放在正确的见解、纯洁的行为上，认为专修瑜伽，不能证悟真理与实现解脱。反之，解脱不一定要深入禅定；照《杂阿含》（卷一四）三四七经所说：慧解脱阿罗汉，是不得深禅的；当然也没有神通。即使修得超常的经验——六通，也不许“向未受戒人说”。如虚伪宣传自己有神通，那就犯波罗夷罪，要把他逐出佛教的僧团。总之，释尊深入奥义书与瑜伽，认识它的长处，更能了解它的危险，所以能采取它的精意，又能防范它。佛教的解脱道，属于理智证悟的宗教，实继承此种学风而来。

释尊到东方修学，接触东方的时代精神；佛教的真精神，是属于东方的。如注重现实经验；重视变化；尊重自由思考；主张种族平等；反对吠陀权威，这些，都与东方的新宗教采取同样的立场。然也有不同：一、抨击极端的纵欲与苦行，如《中阿含·拘楼瘦无诤经》（卷四三）说：“莫求欲乐极下贱业，……莫求自身苦行，……离此二边，则有中道。”倡导不苦不乐的中道，为释尊彻始彻终的教说。二、“命则是身”的唯物论，“命异身异”的二元论，加上“色（心）是我，无二无异，常存不变”的梵我论，一一加以破斥，代以不落两边、无常无我的缘起论。三、新思想的缺点，在破坏旧的而不能确立新的；见到变动而不能见到变动杂多中的条理，不能确立崇高的理境，倾向于庸俗的功利的世界。这一点，释尊起来纠正它，指出真实的事理、中道的实践、究竟的归宿，给以“法性法住法界常住”的性质，也就是真理与道德的建设。释尊从自觉独到的境界里，综合东西印度的文明，加以洗炼，完成折中东西的新宗教。以我们看，道德的、理智的、平等自由的特质，为印度各系所偏到的，惟有在佛法中，才完整地统一起来。

要理解释迦的真谛，更应该从佛教确立的体系去认识。释尊所倡导的新宗教，称为达磨，意译为“法”。法的本义，是“持”，有确定不变的意味，引申为秩序、条理、轨律。佛教中，凡事理的真相、行为的正轨、究竟的归宿，都叫做法。这些法，是本来如此的，一定如此的，普遍如此的，所以赞叹为“法性、法住、法界（界是类性）”。释尊在现实经验的基础上，以思辨与直觉，洞见此本然的、必定的、普遍的正法，这才大转法轮，化导有情（泛称一切有情识的生物，但主要的是人类）。依佛法，维持人类的现状，或进步地净化世间，到达解脱，都不可不依事理的真相而了解，依行为的正轨而进修，以究竟的归宿为目标：“法”是人生向上的指针。事理的真相，是理智的真；行为的正轨，是道德的善；究竟的归宿，是理智与道德的最高实现，称为正觉。

释尊的开示正法，通常归纳为四谛。鹿野苑初转法轮，即是依四谛而说的。四谛是苦、集、灭、道。这四者，“如如，不离如，不异如，真实审谛不颠倒，是圣所谛”（《杂阿含》卷一六·四一七经）。是真实正确的，所以称为谛。一、苦谛：佛法出发于有情的现实经验；现实人生有不可否认的缺陷、苦迫，考察它而要求超脱它，即是佛教的中心论题。现实人生的苦迫，因为身心常在变动的过程中，所以引起“生苦、老苦、病苦、死苦”。人在社会中，不能没有自他的交接，所以引起“爱别离苦，怨憎会苦”。人的衣食住行，依赖于外界的物资，所以引起“求不得苦”。这些苦迫，如作根本的看法，即可“略说为一，五阴（蕴）盛苦”。五阴即有情身心的总称；一切苦迫，到底依身心和合的存在而存在；有情与苦，实为不可分的。然佛说有情是苦，不否认人生有福乐，而且还称赞它："福报是受乐之因，甚可爱敬。"（《增一阿含》卷四《护心品》）这因为从世间情意的立场，当前的情感，有"苦受"、"乐受"、不苦不乐的"舍受"，不能说一切是苦（佛法不承认苦与乐为纯主观的，如《杂阿含》卷三·八一经说），福乐比苦痛要好得多。如从解脱的理智的立场，从高一层看，一切在变动不居的否定中；福乐的可爱，到底必归于灭无。这样，"我以一切行无常故，一切诸行变易法故，说诸所有受悉皆是苦"（《杂阿含》卷一七·四三七经）。充满苦迫的有情，到底是什么？释尊的观察，详于心理的分析，有五蕴说（色、受、想、行、识）；详于生理的分析，有六处说（眼、耳、鼻、舌、身、意）；详于物理的分析，有六界说（地、水、火、风、空、识）。都不出色（物质）心（精神）的和合相续。像神教者常住不变清净妙乐的自我（灵魂），根本没有。这无常无我的色心和合相续论，依"识缘名色生，名色缘识生"（《杂阿含》卷一二·二八八经）的缘起论的观点，决不能看为二元的。即心与身，为相待的关系的存在；不相离而又是不相即的。二、集谛：即苦果的因缘。释尊承受印度主意论的思想，确认苦迫的原因是爱。爱是意欲的、染著的，为有情活动的特质；在有情（凡夫）的一切活动中，深刻地表现出来。此意欲的爱，表现于时间的关系中：他"顾恋过去"而同时又"欣求未来"。恋恋于过去的美梦，憧憬于未来的光明，又牢牢地"耽著现在"。爱又表现于自我与环境的关系中：他以自我（常乐的）的爱著为根本，又染著外界的一切。把这二者综合起来，即看出爱欲的清晰面目。所以，集谛是“爱，后有爱，贪喜俱行爱，彼彼喜乐爱”。欲爱的活动——业，有善的也有恶的；决定自己未来的身份，有苦的也有乐的。然依理智究竟的观点，爱欲的活动，都不过是未来的苦因。就是当前的境界，也是有爱即有苦；如深著自我而为无限的追求，必将引起个人与社会间更深刻的苦迫。《杂阿含》（卷二〇）五四五经等，都曾明确地指出，所以归结到“众生所有苦生，彼一切皆以欲为本”（《杂阿含》卷三二·九一三经）。三、灭谛：世间的个人福乐，社会的和乐繁荣，当然值得称赞。但它到底是“不可保信”的；一切的一切，在回忆中消失了。生死是这样的连续下去：生天的还要堕落，成仙的要死，自杀的如“老牛败车”，反而更糟了。依佛法，生死的根源是爱欲，所以如能“断除爱欲，转去诸结，正无间等”，就能“究竟苦边”（《杂阿含》卷三·七一经）。苦迫的彻底解脱，称为灭，就是涅槃，涅槃即苦与集的消散。在理智的直觉中，现证一切空寂；廓然无我的智觉，无著无碍，实现解脱的自在。这重在现生的体验，不是寄托希望在未来，所以说“出家是舍非时乐，得现前（自证的）乐”（《杂阿含》卷三八·一〇七八经）。四、道谛：世间苦迫，从情意的爱欲而来；解脱爱欲的涅槃，必以理智为中心的圣道，才能实现。道即八正道：正见，即正确的知见，对事理的真实，有明确坚定的理解。一切修行，都以此正见为根本，如《杂阿含》（卷二八）七八八经说：“正见人，身业如所见，口业如所见，若思若欲若愿若为悉皆随顺，彼一切得可爱可念可意果。”正见是实践的眼目，思想行为，一切都照着正见的指导，才能到达理想的目的。正思惟，即依正见所见的，加以思虑，决心去实现它(正思惟,或译正志、正欲)。正语,是确当的言论。正业,是身体的正当行为。正命,是正当的生活。经济的来源与消费,都需要适合、正当。正精进,即强毅而必求贯彻的身心努力。正念,即对于正见正志所认识而决定的,能专心地系念;这就是在正知正行的基础上,进修瑜伽。因正念而到达身心平静,即正定。在正定中(佛教虽主张不一定要深入四禅,然至少也要有身心平静的境地),现觉真谛而实证涅槃的解脱。这八者,在家与出家的信徒,在"正语、正业、正命"的内容上,虽有多少不同,然同为到达解脱者必经的历程。此解脱行的必然正轨,任何人不能例外,所以称之为"古仙人之道"。不但解脱,即世间的正行,如要完成人格,成一世间的贤者,也到底不能违反此原则,不过多少降低它的内容而已。这在经中,就称之为"世间正道"、"相似八正道"。上面所说的四谛,概括一切;它之所以被称为谛,即重在事理的真实。确见此四者的确实如此,即是"知法入法"的圣者了。

四谛,是概括的分类,更可以统摄在两大理性以下,即缘起法与圣道法。圣道,即八正道,是佛法的宗要。有圣道的笃行,才可以体证真理而实现解脱的自由;佛法也就依圣道的笃行而久住人间。正道的最初是正见,正见所见的,即是事理的真实。正道的最后是正定,正定所证入的,即究竟的归宿——涅槃。佛法以正道为中心,统摄真谛与解脱,明白可见。然圣道,"是古仙人之道",所以不仅是实践,而且是实践的理性。以正见为眼目,以纯洁的行为(语、业、命)为基础,为解脱所必经的正轨。确见此本然必然而普遍的理则,所以肯定地说:"得八正道者,得初沙门，得第二第三第四沙门（果）。除此已，于外道无沙门。”（《杂阿含》卷三五·九七九经）缘起法，是从事理的真相统摄一切。缘起法的定义，是“此有故彼有，此生故彼生”。即世间法（苦与集）的存在与生起，一切都是依于因缘，依因缘的存在而存在。缘起法所开示的因果法则，如《增一阿含经·六重品》（卷三〇）说：“如钻木求火，以前有对，然后火生；火亦不从木出，亦不离木，……皆由因缘合会然后有火。”所以，果必待因而后生；果虽不离因，也不就是因。依“此有故彼有，此生故彼生”的定律，建立意欲为本的世间因果。十二缘起的因果相续，是流转门。然流转的缘起法，不是个别的因果事相，是在无限复杂的因果幻网中，洞见因果的必然系列。个别的因果事相，名为缘生法。因果事相中，看出它必然的系列，即有情流转的必然阶段；因果事相，总不出此必然的理则。此缘起法与缘生法，如《杂阿含》（卷一二）二九六经说。凡能悟入此因果必然的理则，名为得法住智。缘起法，是依因托缘的存在。凡是依因缘的和合而有而生的，也必然依因缘的离散而无与灭；这本是缘起法含蓄着的矛盾律。所以翻过来说：“此无故彼无，此灭故彼灭”，杂染苦迫的消散，称为还灭门。灭，即是涅槃的寂灭。此缘起法的生起，是有为法；缘起法的寂灭，是无为法。有为与无为，如《杂阿含》（卷一二）二九三经说。能悟入无为寂灭的，名为得涅槃智。灭，决不是断灭，不是坏有成无，这是缘起法本性的实相。因为因缘和合而有，因缘离散而无；可以有，可以无，理解到它的没有真实性，如《杂阿含·第一义空经》说。这样，佛教的三大真理，被揭示出来，即“诸行无常，一切法无我，涅槃寂静”。有情的缘起，即身心和合相续的历程。缘起的存在，必归于灭无；所以有情的相续活动，是无常的。息息变动的身心和合，没有常恒、独存的自我，所以说无我。不但没有常存不变的个我，也没有宇宙本体的大我、拟人的创造神；这都不过是小我的放大。彻底地说，一切的一切，物质也好，精神也好，都是依因缘而存在，所以也一律是无常的、无我的。从无常、无我的观察，确立涅槃寂灭。一切法的归于灭，为一切法的本性；如大海的每一波浪，必归于平静一样。佛弟子的证入涅槃，不过是行其当然，还他个本来的面目。一般人，不了解无常，错觉自我的存在，流为一切意欲的活动。如勘破诸行的无常性、诸法的无我性，即能断爱离欲，现觉涅槃的空寂。如《杂阿含》（卷三）八四经说："无常则苦；苦则非我；非我者，彼一切非我，不异我，不相在（此即破三种我）。如实知，是名正观。……如是观察，于诸世间都无所取，无所取故无所著，无所著故，自觉涅槃。"佛教的涅槃，不建立于想像的信仰上，建立于现实人生的变动上，是思辨与直觉所确证的。上面的缘起与圣道，总贯一切佛法：而此二者更统一于因缘的法则中，所以说："有因有缘集世间，有因有缘世间集；有因有缘灭世间，有因有缘世间灭。""我论因说因"（《杂阿含》卷二·五三经），即是释尊正法的特质。

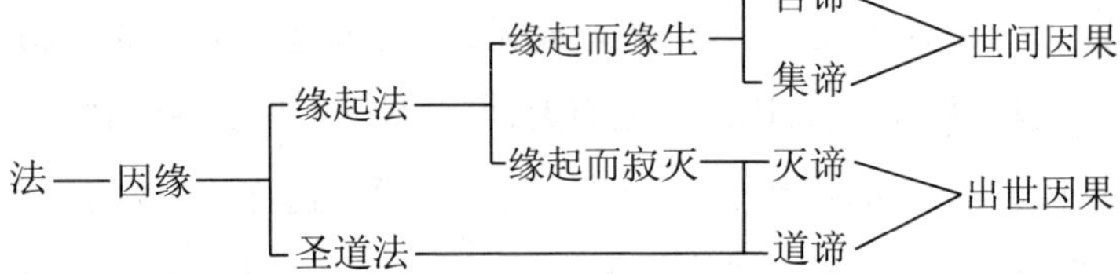

十 结 论

东方的宗教,特别是佛教,推进了东方后进民族的发扬。王朝可以兴衰,东方人的强大,一直在前进。这时候,西方在恶运中没落了。宗教的思想分化(后起的六派哲学,都在此时渐渐地分化);宗教制度与社会秩序在东方崛兴中动摇;佛教的传布,冲过恒河上流,到达印度河流域了。外患又一天天严重起来:西元前五一八年,波斯王达理士侵入西北印度;五河地方曾被异族统治。拘罗地方也缺乏有力的王统。接着,西元前三二六年,马其顿王亚历山大侵入印度,一直到恒河上流。婆罗门领导的政权遭受严重的打击。当时,东方吠舍离人旃陀罗笈多起来,收揽五河地方的人心,驱逐亚历山大王遗留的戍兵;然后回兵东向,创开统一印度的孔雀王朝,定都在东方政教中心的波吒厘。五十年后,阿恕迦王即位,摩竭陀中心的大帝国达到非常的隆盛。佛教也进而为印度的国教,弘通到印度以外。印度历史的光荣,不能忽略印度的东方!

印度缺乏明确的历史,尤其是东方。一般人,专凭西方婆罗门文化的传说,不知东方人自有古代史的传说,这是应该考虑的。佛教起于东方;它的根本圣典,在西元前三世纪的阿恕迦王时代,已明确编定。佛教的传说,与《摩诃婆罗多》、《罗摩衍那》、《往世书》等比起来,有的还要早得多。在东方人传说的东方中,如东方印度初民文化的自发性;东方民族的西进;释迦族的起源于阿湿摩,都是值得重视的。恒河以北,雪山以南,这一带民族的共同性,也在佛教的根本圣典中明白地表显出来。这在印度民族文化与佛教文化的特色中,是怎样的值得研究!本文不过根据古典,对此重要论题作粗略的提出,以引起学界的注意罢了!

三　“法”之研究

一　序　起

“法”是达磨(Dharma, P. Dhamma)的意译。在佛法中,法有根本而重要的意义,如佛教的流传人间,称为三宝住世。三宝是我们的归依处,信仰与理想所在,而法就是三宝之一。如释尊成道以后,在波罗奈的鹿野苑,为五比丘开始宣扬其自觉自证的圣道,称为“转法轮”。法是佛法的内容,而佛与僧是法的体现者与实践者。所以,法是佛法的根本与核心。

从圣典看来,法的内涵极为深广;法所表示的意义,也不一致。在佛法的流传中,“一切法”成为熟悉的成语,善恶邪正——一切都是法。如一般人说到法,就会想到《俱舍》的七十五法,大乘的百法。一切一切都是法,这样的意义,当然也是古已有之。但着重于这样的法,与如来出世宣扬正法的根本意义,显然有了距离。法被偏重地泛称一切,习惯了也就忽略法的本义。如西藏所传、弥勒所造的《辨法法性论》(法尊译,汉藏教理院刊本),竟然说“法为生死,法性为涅槃”。法被局限于生死流转的一切有漏法，与法的本义——法是归依处，到了恰好相反的一面。

关于“法”的含义，《原始佛教思想论》（汉译本页六九——七〇）引觉音的法有四义：教法、因缘、德、现象，而以为应分为教法与理法；而理法有现实世界的理法，及理想界的理法。我在《佛法概论》曾类别为文义法、意境法、归依法，而归依法中，又有真实法、中道法、解脱法（第一章第一节）。现在看来，依法的不同意义而作不同的分类，是可以的。但从含义的不同、发展的倾向以探求法的根本意义，还嫌不够。所以再以“法”为对象，而作进一步的探究。

古代有“智所知”，“识所识”，“通达（慧）所通达”论门。说一切有部阿毗达磨论师，以为一切法是智所知的，也一切是识所识的，通达所通达的。但大众部等却说：“一切法处非所知，非所识，是所通达。”（《异部宗轮论》）大概地说，这是以为，识所认识的与般若所通达的不完全相同。阿毗达磨者的见解，自有他的思想渊源，有他的独到见地。但如以法为有是“识所识”的，有是“通达所通达”的，在说明上，倒不失为善巧的方便。

二　圣道现见的正法

“法”是释尊自觉自证而为众生宣说开示的。自觉自证的法，一向称为“甚深极甚深，难通达极难通达”。为众生作契理契机的宣说，实在并不容易！从佛的开示看来，佛是以圣道为中心而方便开示的。圣道是能证能得的道，以圣道为法，主要是八正道。如《杂阿含》(卷二八)说:“正见是法,乃至……正定是法。”八正道——正见、正思惟、正语、正业、正命、正精进、正念、正定:为初转法轮时宣说的道。八正道为什么称为“法”呢?法(dharma)从字根 dhṛ 而来,有“持”——执持不失的意义。八正道是被称为:“古仙人道,古仙人径,古仙人道迹。”(《杂阿含经》卷一二)八正道是一切圣者所必由的,佛曾为须跋陀罗表示了绝对的、决定的主张,如《长阿含经》(卷四)说:“若诸法中无八圣道者,则无第一沙门果,第二、第三、第四沙门果。须跋!以诸法中有八圣道故,便有第一沙门果,第二、第三、第四沙门果。”可见八正道是解脱所必由的不二圣道,不变不失,所以称之为法。

圣道不外乎八正道,但佛应机而说有种种道品。如佛曾一再为阿难说:“自洲(或译“灯”)以自依,法洲以法依,不异洲,不异洲依。”(《杂阿含经》卷二四)。佛教弟子们依自己、依法而修习,而依止的法,就是四念处——身念处、受念处、心念处、法念处;四念处是八正道中正念的内容。八正道是古仙人道,四念处也被称誉为:“有一乘道,能净众生,度诸忧悲,灭除苦恼,得真如法(准《中阿含经》卷二四,真如法即正法),谓四念处。”(《杂阿含经》卷四四)这是贯通古今,前圣后圣所共依的一乘道。还有,摩诃迦旃延说六念——念佛、念法、念僧、念戒、念施、念天为一乘道(《杂阿含经》卷二〇)。这样的古道与一乘道,都称之为法。

八正道统摄为三增上学,这是一般所公认的。依戒得定,依定发慧,依慧得解脱。这样的三增上学,能得解脱的实现,所以

《长阿含·游行经》(卷二)中,称戒定慧解脱为“四深法”。如加上解脱的证知,即成戒、定、慧、解脱、解脱知见,名五分法身(法蕴)。佛的无学弟子,都是成就此法的,所以《长阿含经》(卷六)说:“佛真弟子,法法成就。所谓众者,戒众(众即蕴的异译)成就,定众、慧众、解脱众、解脱知见众成就。”

上来以圣道为“法”而展开,着重于道的体证解脱。依圣道而修习成就,一定会体现那甚深法。反之,如不能如实知见,陷于迷谬的二边,那怎能解脱呢?这样,从圣道的先导者——正见而开示如实法。圣道的如实知见,据《杂阿含经》(卷三〇)说:四圣谛,八圣道而外,举“十二支缘起如实知见”。从无明到老死——十二支,为缘起说的最后定论。佛说因、因缘、缘起,这些术语起初是没有多大差别的。这无非指出一项根本法,一切的有与无、生与灭,都依于因缘,显示了有无生灭的所以然。释尊到底怎样开示缘起呢?释尊一向宣说:“此有故彼有,此生故彼生。此无故彼无,此灭故彼灭。”这里所应该注意的:有与生,是“无明缘行,行缘识……纯大苦聚集”。无与灭,是“无明灭则行灭,行灭则识灭,……纯大苦聚灭”。“苦聚”,就是称为“五盛阴苦”的五取蕴,现实身心的总名。五取蕴的集起,依于因缘,灭尽也由于因缘。这似乎从因缘而展开为相生与还灭的二面,其实是:无明缘行,行缘识,……纯大苦聚集,是缘起,是依缘而集起。无明灭则行灭,行灭则识灭,……纯大苦聚灭,是寂灭,不是依于缘而是缘灭了。舍利弗听了马胜比丘的一偈而悟入,极有名的缘起偈,《四分律》(卷三三)这样说:“诸法因缘生,佛说此因缘;是法缘及尽,是大沙门说。”缘(依缘而集起)与尽灭,不能看作不相关的两法。因为依缘而集起的，当下就显示了灭尽的可能与必然性。“此有故彼有”的，没有不归于“此无故彼无”。所以悟入因缘、缘起的依待性，也就能更深入地悟入寂灭。因此《中阿含经》（卷七）说：“若见缘起便见法，若见法便见缘起。”甚深微妙法，从缘起的悟入而显现出来。

佛所自证的深法，感到不容易宣说，而有“我若说法，徒自劳苦”的慨叹。传说梵王为此而请佛说法，律部都有记载。《相应部》（六・一）说：“世尊独处禅思，作如是念：我所证得甚深之法，难见难悟，寂静微妙，超寻思境，深妙智者乃能知之。众生乐阿赖耶，喜阿赖耶，欣阿赖耶；众生以乐阿赖耶、喜阿赖耶、欣阿赖耶故，是理难见，所谓缘起。倍复难见，所谓一切诸行止灭，诸依舍离，爱尽，离欲，灭，涅槃。”这在汉译《杂阿含经》（卷一二），即分明地称为有为与无为，如说：“此甚深处，所谓缘起。倍复甚深难见，所谓一切取离，爱尽，无欲，寂灭，涅槃。如此二法，谓有为无为。”难见与倍复难见，是先后的次第悟入，这就是“先知法住，后知涅槃”（《杂阿含经》卷一四）了。

涅槃是不生不灭的无为法，“一切法中最为第一”（《杂阿含经》卷三一），这是不消多说的。缘起是有为生灭，为什么也称为法（任持不失）呢？对于这，释尊有明确的开示，如《杂阿含经》（卷一二）说：“缘无明有行，乃至缘生有老死，若佛出世，若未出世，此（缘起）法常住、法住、法界。彼如来自所觉知，成等正觉，为人演说开示显发。……此等诸法，法住、法定（原误作“空”）、法如、法尔，法不离如，法不异如，审谛真实不颠倒。”这一经文是非常著名的，虽传译略有不同，但主要是说明：缘起是本来如此的，与佛的出世不出世无关。佛只是以正道而觉证它，为众生说明而已。法住、法界等，是从种种方面，来形容表示缘起——法的意义。《杂阿含经》（卷三〇）说："此法（缘起）常住、法住、法界。"玄奘在《瑜伽师地论》中，译作"法性、法住、法界常住"。什么叫"法性"？如《增支部》（一〇・二）说："凡持戒具戒者，不应思我起无忧，于持戒具戒者而无忧生，是为法性。……厌离者不应思我现证解脱知见，于厌离者而现证解脱知见，是为法性。"《中阿含经》（卷一〇）译法性为"法自然"。这是说修道——持戒、得定、如实知见，这些道法，如能修习，会自然地引生一定的效果。法是这样自然而然的，"性自尔故"，所以叫法性。又如《杂阿含经》（卷四四）说："过去等正觉，及未来诸佛，现在佛世尊，能除众生忧。一切（佛）恭敬法，依正法而住；如是恭敬者，是则诸佛法。""是则诸佛法"，据巴利藏，应作"是诸佛之法性"。意思说，诸佛于法是自然的、当然会这样的——依正法而住的。依法而住与恭敬法，就是以法为师的意思。"法性"本形容法的自然性，但一般解说为法的体性、实性，法与法性被对立起来，而法的本义也渐被忽略了。这些形容法的词类，都应该这样的去解说。如法（缘起）是安住的、确立而不改的，所以叫"法住"。法是普遍的、常住的，所以叫"法界常住"。法是不动的，所以叫"法定"。法是这样这样而没有变异的，所以叫"法如"。如是 tathātā 的意译，或作真如。"法不离如，法不异如"，就是"非不如性"、"不变异性"的异译，是反复说明法的"如"义。"审谛真实不颠倒"，奘译作"是真是实是谛是如，非妄非虚非倒非异"，也就是说明法——缘起是真实而非虚妄的,审谛而非颠倒的,如如而非变异的。这样的甚深缘起(及缘起寂灭),非变非异,法尔自然,当然是“法”了。

从道的实践,而达解脱的证知(五分法身),是从能证边说。从圣道的如实知见,悟入缘起与涅槃,是从所证边说。这是释尊开示正法的两大方便!其实,修圣道而能悟见缘起与寂灭,当下就是离系解脱的证知了。法是以圣道的实践为核心的,所以佛的开示,或称为“示涅槃道的胜法”(《经集》二三三)。此外,如实知见的,还有四谛。佛在波罗奈初转法轮,就以四谛为法的纲要。四谛——苦、苦集、苦集灭、苦灭道,这也就是法,所以《杂阿含经》(卷一六)说:“如如,不离如,不异如,真实审谛不颠倒,是圣所谛。”在这四谛的开示中,也有两方面的叙述。一、经中一致说到,“如实知四谛”,四谛是应思惟、应如实知、应现证的:这是从所边说。二、如《杂阿含·转法轮经》(卷一五)说:四谛是应了知、应现证的。但又说:“知苦”,“断集”,“证灭”,“修道”。这是说,在修道的实践中,知苦、断集而证于寂灭,可见这是从能边说。苦与集——苦由集起,由集起苦,就是纯大苦聚集,为缘而起的缘起法。苦集灭,就是纯大苦聚灭,也就是“爱尽、无欲”的寂灭涅槃。在圣道的实践中,不但悟见苦集灭,而也是知苦(缘起故无常、苦、无我我所),断集(离爱),证入于寂灭。知断证修的四谛说,是以圣道的修习而叙述其断证的。这二类不同的方便叙说,实为后代部派中,渐悟四谛与顿悟灭谛的异义的根源。

法是我们的归依处,佛弟子应“念法”,“于法证净”无疑的。法随念与法证净的法,《杂阿含经》(卷二〇)这样说:“世尊现法律，离诸热恼，非时，通达，即于现法，缘自觉悟。”玄奘于《法蕴足论》（卷二）译为：“佛正法善说，现见，无热，应时，引导，近观，智者内证。”这可以略为解说：佛的正法，是善巧宣说，说得恰如其分的——善说。佛的正法，能在现生中悟见，而不是非要等到来生的——现见。八正道与烦恼不相应，是清凉安隐的——无热。应时，或译不时，佛法不受时间的限制，什么时候都可以契入的。八正道有引向通达的能力——引导；能随顺于如实知见——近观。是佛及佛弟子所自觉自证的，称为智者内证。所以，“法”不是别的，是从圣道的修习中，现见缘起与寂灭而得自觉自证。方便的开示中，这就是法，就是我们的归依处。这一切是本于佛的现正等觉而来。

三　法与义·法与律的对立

佛开示的正法，虽方便的说为圣道，圣道所觉悟的如实，由圣道而实现的解脱，而实就是佛陀自觉自证的内容。但在佛法的流传中，法与义，法与律，却分化而对立起来。法与义并举，《阿含经》中到处可见。考察起来，也还有三类：一、如《杂阿含经》（卷二八）说：“何等为沙门法？谓八圣道，正见乃至正定。……何等为沙门义？谓贪欲永断，嗔恚痴永断，一切烦恼永断。”这是以八圣道为法，以圣道所得的利益效果为义。又如《杂阿含经》（卷一六）说：“非义饶益，非法饶益，非梵行饶益。”非义饶益，巴利藏作“不引义利”。可见义是从法而来的实效，也就是修法的真正义利。义是实际的义利，所以空虚的议论、迷妄的宗教行仪

(如苦行等),是没有实际效果的,都称之为“无义”,而为佛所呵弃。二、法是圣道所现见的,义是法所含的内容,如《杂阿含经》(卷一二)说:“法说,义说。”法是如实知见的缘起支,义是缘起支的别别解说。与此相当的《相应部》(一二·一——二),虽作“法说、分别说”,然据四无碍解的法无碍解、义无碍解,及四依的依法不依人、依义不依语而说,法为圣道所现见的,义是所含内容的分别,是非常恰当的。法与义的这一对说,是重于开示解说的(教法)。三、重于教法而更进一步的,如《中阿含·善法经》(卷一)说:“云何比丘为知法耶?谓比丘知正经、歌咏、记说、偈咃、因缘、撰录、本起、此说、生处、广解,未曾有法及说义。……云何比丘为知义耶?谓比丘知彼彼说义,是彼义,是此义。”这是以十二分教(巴利藏见《增支部》七集,作九分教)为法,以十二分教的意义为义。这样,法是佛所说的一切教法(本生、譬喻等都在内),而不是专指圣道现见的法了。从《杂阿含经》所见的法与义,到《中阿含经》(或《增支部》)所见的法与义,看出了佛教界从重于证法,而倾向于教法的历程。

法与律的并举,是僧伽发展所引起的。佛的成正觉、转法轮,一贯是法的现觉、法的开示。由于随佛出家的多了,所以“依法摄僧”而有僧伽的成立。一方面,因学众的违犯而有学处的制立;半月半月说,名为波罗提木叉。一方面,规定了出家、受戒等僧伽的制度。出家中心的僧伽日渐广大,这些被称为律的,也日渐重要,达到与法对立并举的地位。说到律,梵语 vinaya,音译为毗奈耶、毗尼;意译为律、调伏。经律中常见法与律并举,如“法律”;“法毗奈耶”;“是法是毗尼,非法非毗尼”等。法与律的对举，起初是与"法义"并举一样，表示法与法的效用。正法的现见，是如实知而得解脱的；由法而得这样的义利，所以称为义。同样的，法——圣道的修证，一定是离罪恶、离颠倒、离缚著而身心调伏的，所以称为毗尼。我曾比喻为：法如光明的显发，毗尼如阴暗的消除：法与毗尼，是同一内容的两面。但在僧伽的发展中，和乐清净为僧伽的特质。在僧伽中，无论是个人的身心活动，或是僧伽的自他相处，如有不和乐清净的，就与法不相顺而有碍于法的进修。反之，如消除不和乐清净的因素，自能"法随法行"而向于正法。这样，犯罪而行忏悔，奉行僧伽的规制，就称为毗尼，与法有同等的重要性。《毗尼母论》（卷七）说："毗尼者，凡有五义：一、忏悔，二、随顺，三、灭，四、断，五、舍。""忏悔"是犯或轻或重的过失，作如法的忏除，约波罗提木叉说。"随顺"是遵照僧伽的规制——受戒、安居等，如法而作。这二类，又称为"犯毗尼"。"灭"是对僧伽引起的纠纷如法灭除，就是现前毗尼等七毗尼，这又称为"灭斗诤言讼毗尼"。"断"是对烦恼的对治伏灭，又称为"断烦恼毗尼"。"舍"是对治僧残的"不作舍"与"见舍"。从古代的解说来看，都是有个人的思想或行为错误的调伏；不遵从僧伽规制或自他斗诤的调伏。"断烦恼毗尼"，可说是毗尼的本义；因为见法必断烦恼，断烦恼就能见法。但在僧伽制度的开展中，毗尼成为波罗提木叉与犍度的总称。其后，着重于教法，所以结集的文句也就内容不同，而分为法（经）与毗尼。法与毗尼，由于教典各别，渐被看作不同的二事。这不但局限了法的内容，律师们还高唱"毗尼至上"，想与法一论短长！

四 传承中的无比法与妙法

法是圣道、圣道的证知与解脱。这一根本意义,在佛法的弘传中,上座说一切有部是坚定地受持的,所以《大毗婆沙论》(卷一八二)说:“云何法轮?谓八支圣道。”法以圣道为本,在佛教的部派发展中,可说都在探求最根本的、最主要的圣道。赤铜鍱部的《分别论》(一一·二),并列八支圣道与五支圣道。化地部就说“正道唯五”(《论事》二〇·五)。这与譬喻师所说“奢摩他毗钵舍那是道谛”(《大毗婆沙论》卷七七),意见相合。这是说:在圣道的体证中,是没有正语、正业、正命的。这是以戒为助道的资具,定慧才是道的主体。大众部更进一步,如《异部宗轮论》说:“慧为加行,能灭众苦。”这是以慧(般若)为道体,圣道的修证,就是般若的修证。

以圣道、圣道的主体——般若为“法”的,上座说一切有部及初期大乘经,都正确地传承下来。说一切有部中,重于阿毗达磨的论师,虽也以八圣道为法,而特重于慧。法——达磨,佛教界偏重于“一切法”,法的根本义不免晦昧不明。所以,阿毗达磨——大法、无比法、究竟法,在一切法中被举扬出来。甚深无比的法——阿毗达磨,据《大毗婆沙论》(卷一)说:“阿毗达磨自性云何?答:无漏慧根以为自性。”无漏慧是胜义阿毗达磨,也就是真实的阿毗达磨。能引发无漏慧的有漏修慧、思慧、闻慧、生处得慧,诠表阿毗达磨的论典(教),是阿毗达磨的资粮,依此能得阿毗达磨(无漏慧),所以也名阿毗达磨;这都是世俗(假名）阿毗达磨。依《大毗婆沙论》所说，依论典而引生有漏慧，依有漏修慧而得无漏慧，该摄了圣道修学的历程。

关于初期的大乘经，且举《般若经》与《法华经》为例。《摩诃般若波罗蜜经》（《小品》卷五）说："诸佛依止于法，供养恭敬尊重赞叹于法。所谓法者，则是般若波罗蜜。"法为佛所尊敬，为佛所依住，是《阿含经》所说的。所依所敬的法，不是别的，就是般若。据《阿含经》及律，由于佛说八圣道，名为转法轮。现在广说圣道的主体——般若，所以诸天于空中说："我于阎浮提，再见法轮转。"（《小品》卷四）这一开示，显明了佛陀证法与教法的本义。于般若特有深究的龙树，在《大智度论》（卷一八）说："诸法实相，即是般若波罗蜜。""知诸法实相慧，是般若波罗蜜。"又（卷五六）说："因语言经卷，能得此般若波罗蜜，是故以名字经卷（亦）名为般若波罗蜜。"对般若的分别解说，就是实相般若、观照般若、文字般若——三般若的根据。《智度论》（卷三一）又说："般若波罗蜜有二分，有小有大。……欲得大智慧（实相般若），当学十八空（观照般若）。住是小智慧方便门，能得十八空。何等是方便门？所谓般若波罗蜜经（文字），读诵（闻），正忆念（思），如说修行。"大小般若，与胜义世俗二类阿毗达磨；实相、观、文字——三般若，与无漏慧、有漏慧、阿毗达磨论——三类阿毗达磨，岂不是有同一的意趣吗？虽然圣道——般若与缘起寂灭，阿毗达磨者重于差别的说明，而《般若经》重于现证，如智不二的实相般若，而以圣道的现觉为法，是非常一致的。

再说《法华经》，具称《妙法莲华经》。妙法也可译为正法。妙法或正法，原是《阿含经》以来的固有名词。什么是妙法？从前智者大师,说迹门十妙、本门十妙,真是说得玄之又玄,妙之又妙。其实,妙法或正法,就是佛所自证的;佛要说,由于众生愚痴而不容易说的法。如上文所引:“世尊独处禅思,作如是念:我所证得甚深之法,难见难悟”等。《法华经》就是把握这“妙法”而给予开显出来。如(卷二)说:“我始坐道场,观树亦经行,于三七日中,思惟如是事。我所得智慧,微妙最第一!众生诸根钝,著乐痴所盲(即“爱乐欣喜阿赖耶”),如斯之等类,云何而可度?”其后,也说到因梵王请法,而决定方便说法。《法华经》说佛自证的妙法,是“我所得智慧,微妙最第一”。从这一见地去看时,《法华经》的“妙法”,即明显地表示出来。佛所自证的妙法,如(卷一)说:“佛坐道场所得妙法。”“智慧甚微妙,诸佛之所得。”“我所得智慧,微妙最第一。”“如来知见广大深远,无量无碍,力、无所畏、禅定、解脱、三昧,深入无际,成就一切未曾有法。”这可见佛于道场现证的妙法,以智慧(知见)为主,摄得力、无所畏等一切无漏功德。在如来广大深远知见中,如(卷一)说:“甚深微妙法,难见难可了,……道场得成果,我已悉知见。”“无漏不思议,甚深微妙法,我今已具得,惟我知是事。”“如是大果报,种种性相义,……是法不可示,言辞相寂灭。”“诸佛两足尊,知法常无性,佛种从缘起,……是法住法位,世间相常住。”佛自证的妙法,以智慧而彻证缘起寂灭——智境不二的圆证。以智慧(现证)为主,所以开宗赞叹说:“诸佛智慧,甚深无量,其智慧门,难解难入。”这样,佛所要说而一时还不能明说的妙法,就是“佛之知见”、“佛慧”。只是这一大事,所以名为一乘。如(卷一)说:“惟以佛之知见示悟众生。舍利弗!如来但以一佛乘故，为众生说法，无有余乘若二若三。”“说佛智慧故，诸佛出于世；惟此一事实，余二则非真。”“如来所以出，为说佛慧故。”为说佛慧的一佛乘，也名为大乘，是摄得种种功德的，如说：“佛自住大乘，如其所得法，定慧力庄严，以此度众生。”“是乘微妙，清净第一，于诸世间，为无有上。……无量亿千，诸力、解脱、禅定、智慧，及佛余法。”总之，妙法是佛自证的，要说而不曾明说的，就是佛慧（佛之知见）。在《般若经》中，虽说“法者，则是般若波罗蜜”，《大智度论》（卷五五）也说：“般若波罗蜜，是诸佛实智慧”，但到底着重于菩萨现证的般若。所以说“般若但属菩萨”；而“是般若波罗蜜，菩萨成佛时，转名一切种智”（《大智度论》卷四三）。《法华经》直探如来自证的妙法——“佛之知见”，所以（卷二）称叹为：“今复转最妙，无上大法轮，是法甚深奥”了。

五　法轮与转法轮

“法”，是圣道——般若的现证；这是佛所自证的，也是方便开示，而引导弟子来同样证入的名词。然而，法是印度旧有的名词，佛为什么选用这个“法”字，来代表现等正觉的内容？佛说法而阿若憍陈如悟入了，诸天称誉为“转法轮”；法为什么比喻为轮，而形容为如轮的转动呢？这是值得思考的事！

《杂阿毗昙心论》（卷一〇），择取《大毗婆沙论》（卷一八二）的要义说：“牟尼说见道，疾故名法轮。或说学八支，转至于他心。”见道是最初悟入，是非常迅疾的（后代禅者，称为直入、顿入)。妙音解说为“转至于他心”。本为佛陀的自证,因佛的引导,而从弟子心中顿然显现,被形容为“如新氎易染”。那时,“远尘离垢,得法眼净”,正是慧光朗彻的现觉(我从禅宗东山门下的“以心传心”,而理会转法轮的本义)。圣道的悟入,佛没有阐述(所边)悟的是什么,而约(能边)智慧现前说。“得法眼净”,《转法轮经》更广说为“生眼、(生)智、(生)明、(生)觉”。以慧为主的现证内容,称之为“法”,譬喻为轮那样的迅疾,转至于他心,是极为明确的。

平常说:法是“持”义,有不变不失的意思,那怎么比喻为轮,如轮那样的疾转呢?与释尊同时发扬而完成的耆那教,立“法”与“非法”;“法”是运动的原理,“非法”是静止的原理。以法为运动的原理,与佛说不合,但印度固有的“法”这个名词有运动的意味,不正是佛说“法轮”、“转法轮”的有力旁证吗?

“陀罗尼”,是大乘的特法。《大智度论》(卷五)解说为“能持”、“能遮”。持与遮,实为同一内容的相对作用;一般是译为(总)持的。陀罗尼也从 dhṛ 字根而来。陀罗尼的持而不失,与法同一语原(陀罗尼,可说是达磨俗化了以后,引起的代替名词)。这可以从一器物来说明:儿童玩具中,有名为“陀螺”的,形制各式不一。或截取竹筒(作孔),中贯以支柱。先以绳缠绕,然后抽绳放去,陀螺就急疾地旋转,在转动而能保持力量平衡时,能卓立而不会倒下来,并发出嗡嗡的声音:这名为抽陀螺。也有木制的,卓立在地,抽绳而急疾旋转,如不断地以绳鞭策它,就能久久地保持卓立而不倒,这可说是打陀螺了。“陀螺”,实是从印度传来的,如凉译《阿毗昙毗婆沙论》(卷三)说:“犹如小儿弄于独乐，旋速则见如住，旋迟则见来去。”“独乐”，显然为陀螺的异译。所以被称为陀螺（即独乐），正因为“旋速则见如住”，能保持不失。这是 dhṛ 而用于器物的称呼，与陀罗尼、达磨（法），都从“保持不失”的意义而来。陀罗尼有名为“旋陀罗尼”的，可见 dhṛ 的“持而不失”，是在动态下显现出来，而不是什么静止的、抽象的不变不失的原理。这对于法（达磨）的被用为运动的原理；被比喻为轮，轮那样的转动，是可以理解的。理解佛说的“法”的本义，那对于大乘现证法的内容，也可以有充分的理由去论证了。

“法轮”，从轮王的轮宝而来。释尊诞生于王家，所以佛的化导世间，每以轮王的治化相对比。正法治世的轮王，主要从轮宝得名。轮宝是轮王的七宝之一。据印度传说，如国王而奉行仁政，轮宝就会东方来。“轮（宝）有千辐，一切具足，清净自然，非人所造，色如火焰，光明昱烁。”（《中阿含经》卷一五等）轮宝有无比的威力，飞到哪里，哪里的国家就（不经战争而）顺伏，奉行爱民及物的德化的政治。轮宝是圆形的，光明赫赫的，威力无边的，迅速飞行的，从东方来的，来了就是和平与繁荣。这大概是太阳神话引起的传说；“千辐轮相”，也与传说日称“千光”相合。佛于菩提树下的廓然妙悟，称为菩提、般若、涅槃，都不外乎这一现证——“法”的说明。据佛法的信念，释迦佛所现证的，与一切佛平等；弟子们修习相应，也一样的现证，与佛一样同得解脱。所以，现证的法，是古今一如的，迅速出现的，可以从此到彼的；现证时慧光朗彻，降伏一切无明烦恼的，这样的法的现证，如轮王的轮宝一样，所以就称之为“法轮”、“转法轮”了。这就是“正法”(妙法),是我们归依的法。

六 意识所识的法

法是圣道现觉的胜义法(天魔梵所不能转的)。在佛教(特别是阿毗达磨论师)发达中,重视世俗法——“一切法”,而现证的内容,又形成“法性”、“真如”、“实相”——与法相对立的胜义名词。但也专约所边说,所以虽说理智一如,“法性”等自然地被解说为智慧所证的真理了。

世俗法,在佛应机设化中也早已经应用,佛是就现实的世俗事而引归胜义的。佛开示的法门,有蕴、处、界等。处是十二处:眼、耳、鼻、舌、身、意,色、声、香、味、触、法。眼等为内六处,色等为外六处。眼等内六处(六根),各有所取的境:如眼取色,耳取声,鼻取香,舌取味,身取触,意取法,法是意所取的。十二处引发六识,总称十八界。在十八界中,法是意根所取,意识所识(了别)的;法是物质(色、声、香、味、触)以外的一切。但意与意识,不但取法、识别法,而且能取一切、了别一切。所以一切都是意所取的,意识所了别的,一切都可名法,称为一切法。“一切法”,《杂阿含经》(卷一三)已经说到了。虽在南传的《相应部》中,只是“一切”,然“一切法”一词,早为经律各派所通用了。

这一切,为什么都称为法?《俱舍论》(卷一)传阿毗达磨论者的解说:“能持自相,故名为法。”无论是根、是境、是识,都有不共其他的一定特性(自相),一定作用。约特性不失说,叫做法,法就是“持”的意思。唯识学者解说得更圆满,如《成唯识论》(卷一)说:“法谓轨持。”依“轨持”的意义说,有一定的特性(能持自相),能引发特定(一定范围内)的认识(轨生他解)。这是说,可识知的一切,与所识有一定的关系,所识有他不共的特性存在。这种特性,能引发特定的认识,这就是法。这样的解说,确乎符合于意识所知的,一切都名法的意义。

“一切法”,是一般的,世俗的,一般认识到的一切。自从部派佛教,特别是上座系,着重于一切法的论究以来,虽对现实的身心有深切的研究、良好的成果;但过分倾向一切法的分别,不免忽略了佛所自说的,以圣道为中心的现证法。(初期)大乘法的兴起,就是针对这种偏向,而以菩萨般若、如来知见为本,复活了佛陀时代圣道实践的正法。

四　密教之兴与佛教之灭

——《印度之佛教》第十七章

一　秘密思想之滥觞

佛元八世纪以降，秘密教日见风行，以身语意三密相应行，求得世出世之成就果也。密咒远源于吠陀之咒术，信咒语有神秘之能力；借表征物与咒力，以利用神鬼精魅，俾达其目的。表征物及密咒，乃至身体之动作，常若有神力于其间者。咒法之作用，分“息灾”、“咒诅”、“开运”，或加“幻术”为四类，此与秘密教之“息灾”、“调伏”、“增益”，大致相同。原印度文明以《梨俱吠陀》为本；次组织补充之，成为《沙磨》、《夜柔》二吠陀。是三者，虽崇事神权，而末流成“祭祀万能”，意象尚称高洁，总名之曰“三明”。别有《阿闼婆吠陀》，以咒术为中心，乃鬼魅幽灵之崇拜，用以适应低级趣味者。释尊出世，斥婆罗门三明，而犹略事含容。于咒法、幻术，则拒之惟恐不及。《杂阿含》云：“幻术皆是诳法，令人堕地狱。”巴利藏之《小品》，《三明》、《释塔尼波陀经》，并严禁之。其后，“阿含”、“毗奈耶”间有杂入，然见于现存经律者，以治病为主。佛灭二百年，分别说系之法藏部，推尊目连，盛说鬼神，始传有“咒藏”之说。

大乘佛教与秘密，无必然之关系，然大乘佛教之兴起，则确予秘密思想以活跃之机。大乘仰圣者功德之崇高，昔之世出世善并由自力以致之者，今则佛力无量，菩萨愿大，他力加持之思想乃勃兴。菩萨遍入六道，龙、鬼、夜叉中，自应有菩萨存在。而佛弟子之编集遗闻，融摄世俗，既以魔王及外道师宗多菩萨之示迹，又以天龙、夜叉之护法，而谓传自夜叉或龙宫。魔王、外道、天、龙、夜叉与菩萨同化之倾向，日益显著。如梵童子之与文殊，因陀罗之与普贤，摩醯首罗天成佛之与大自在天，其显例也。其中，尤以夜叉为甚。夜叉本为达罗维荼民族之神群。佛世传有金刚力士护佛，《密迹经》即谓其为大菩萨，以护持千佛之佛法而示现夜叉者。说《十地经》之金刚藏，亦夜叉之一。《大智度论》谓夜叉语音隐密杂乱不易知，此与密咒之密有关。夜叉手执金刚杵，金刚乃常住不坏之宝物，因与真常论特相契合。自中印法难，安达罗王朝之文化大启，大乘由此而勃兴，夜叉即于此菩萨化。后之传密法者，谓龙树开南天竺铁塔，见金刚萨埵而后传出；密典多以秘密主或金刚手为当机者，其间之关系，固显然可见也。大乘佛教之演化为密教，虽千头万绪，而菩萨与外道、龙、鬼、夜叉之合化，为一特要之因素也。

《般若》、《华严》之字门陀罗尼，亦予秘密法以有力之根据。大众部“苦言能助”，开音声佛事之始。至字门陀罗尼，则借字母之含义，闻声思义，因之悟入一切法之实相。如“阿”字是“无”义、“不”义，闻唱阿字，即悟入一切法本不生性；此深受婆罗门声常住论之影响也。其初，犹以此闻声顾义为悟入实相之方便，继则以文字为真常之显现，以之表示佛德及真常之法性矣。以此昔之密咒，用以为“息灾”、“调伏”、“增益”，后则以密咒为成佛之妙方便。“阿字本不生”，固为其重要理论之一。

龙鬼神秘之思想，虽逐大乘道而渐盛，然初期大乘经中，助佛扬化及受化者，多为人身菩萨，犹以入世利生、深智悟真为本。此期之经典，密咒之成分渐多，然多用以护持佛法，未视为成佛之道。且此项密咒，亦多后代增附之。如《般若经》本无咒，虽说“是大神咒，是大明咒，是无上咒，是无等等咒，是一切咒王”，实以喻赞般若之特尊。后人集出《学观品》要成《般若心经》，则加以“即说咒曰”云云。《法华经》本无咒，而《嘱累品》以后之附编者，有《陀罗尼品》。《仁王经》、《理趣经》本无咒，唐译则有。凡此皆足以见初期大乘之犹未太滥也。

密教亦称瑜伽教，与瑜伽者之关切特深。详解脱之道，唯八正道，即三增上学。以正见、正思之慧学为眼目，以正语、正业、正命之戒学为足。必心怀明洁，行止无瑕，而后以勇猛精进心，因正念以入正定（定学）。止观相应，乃得断惑证真。断证有赖于禅定，而佛法不以禅定始，亦不以禅定为尚，取其摄心明净而已。否则，离戒慧以入禅，未有不落魔外蹊径也。佛世言禅定，推二甘露门，此皆印度常行之禅法，而佛资以为摄心之门。初以不净观，厌心切者多自杀，乃教以安般念，即以调息为方便而系心入定。“风”、“脉”等瑜伽，即此安般之余，而恋世心切者，末流乃与方士家言合辙。静居入禅，其戒行不净、慧眼不明、动机不正或不善用心者，常有种种身心病生，有种种可喜可怖境界现前。正本清源,莫如戒慧。或者不务本而逐末:悬圣贤像、善神像,烧香散花以求护卫者有之;论宿曜吉凶、时日祥忌、山水利害,以求解免者有之;借咒力、表征物,请护法神以驱鬼魅者有之。禅病日深,神秘之风日炽。昔佛之世,弟子以不见佛为苦,夜行独居而有怖畏者,佛尝教以念佛、念天。念佛陀之智慧慈容;或念行善者必升天,我既行善,复何所畏!以此强其意志,慰其脆弱之心。禅者怖畏多,念佛乃为其要行,发为念佛三昧。不仅念佛之悲智,而多念佛之相好,住处之庄严(净土);求于此三昧中,佛为现身说法。所念者不仅佛陀,诸菩萨亦为观想之境。殆佛与天混融之势成,观想夜叉等为本尊而求成就之密法乃出。瑜伽师初出虚妄唯识论,又伴真常唯心论而大出密法。南北瑜伽者合流,三密瑜伽之教乃盛行矣!

二　秘密教之传布

秘密法虽逐大乘而起,然独立而成所谓怛特罗乘,则远在其后。密乘学者欲托古以自厚,乃谓昔已有之,且大弘于龙树。于佛教名德,如提婆、无著辈,莫不引以为密乘大师;传说之纷杂,亦已极矣!西藏传密乘有事部、行部、瑜伽部、无上瑜伽部——四部。汉地旧传之密乘而流入日本者,有胎藏、金刚二大部,此二与行部、瑜伽部相当。无上瑜伽部后出,始弘于波罗王朝,赵宋曾略出数部,间有被禁不行者。事部则与日本所谓二大部外之所谓"杂密"者大同。自理论言之,胎藏界明本具之真常心性;金刚界则详于真常本净性之修显,并与真常唯心论之大义合。"杂密"则罕言理性,其修无相瑜伽,亦即妄以明空,不与天色身观相合,真常之色彩不深。言组织,杂密常聚佛菩萨鬼神于一堂,未若胎藏界等组织严密,秩然有序。其行法中,结坛场,重供设,诵咒结印,详于事相而略观想。其观想本尊,则召请一外来之本尊而观之,修毕则送之还,未直观自身即佛也(大都如此)。于秘密教之发展中,事部乃其未臻圆熟之初型,其流出实先于真常唯心论之盛行。佛元七世纪之末,(晋永嘉中)帛尸梨密多罗,即以善持咒术称,来华译出《孔雀明王》、《灌顶神咒经》矣。初期之杂密,与北印之瑜伽师有关。《西域记》谓北印乌仗那人,"特闲咒术";秣底补罗亦以深闲咒术著称。西藏传僧护以前,秘密法不无流行,乌仗那人多有得持明位者。初期来华传译密典与精闲咒术者,多北印及西域之龟兹人。龟兹之帛尸梨密多罗,善持咒术,无论已。佛图澄姓帛,再到罽宾,亦"善诵咒,役使鬼神"。余如北印菩提流支之兼工咒术,乌场(即乌仗那)之那连提耶舍,健陀罗之阇那崛多,且于隋世广出咒典。沿雪山而住之瑜伽师,内有所见于定境,外有所取于民俗之咒术,以之自护,以之教他,事部乃渐行。

密乘之流布,常途多托始于龙树,其初指《大日经》而言,请一论龙树师资之传承。什公来华,惟传龙树、提婆,青目等之传承不明。《付法藏传》谓提婆弟子罗睺罗;真谛传罗睺罗以常乐我净释八不,性空者之转入真常,可考见者,自此人始。西藏传罗睺罗弟子有龙友,龙友弟子僧护。龙友之与龙树,传说颇为紊乱。龙友之师为罗睺罗(跋陀罗),俗乃传龙树之师亦为罗睺罗,其讹传盖可想见。又传说与提婆同时,有本名如来贤而称为龙叫(即《楞伽经》中之龙猛)者,弘传唯识中道。龙友、龙叫与龙树之传说相杂,而有龙树传密之说。以各种记载观之,龙友弟子僧护时,行部始显然流行于世。有龙智者,传为龙树弟子。或言玄奘于北印磔迦国所见之长寿婆罗门,即龙智其人。略后,胜天弟子毗流波,月称弟子护足,亦从龙智学。唐开元来华之三大士,并自称受学于龙智。密学之盛,与此老关系之深,可以见矣!龙智年寿极长,传出龙树,殆即龙友或龙叫弟子欤!事部乃咒法发展之雏形;其融摄真常之深理,以三密为行法,组成事理圆具之密典,疑即龙叫、龙智其人。

行部之流行较早,以"菩提心为因,大悲为根(本),方便而至究竟"三句义为大本。明十缘生句,颇类于《般若》之说。然菩提心指自心本具真常性德,方便则多明随机适化之行,可谓真常化之般若也。瑜伽部之《金刚顶经》,明五智成身,盖后于唯心论之盛行。行部、瑜伽部之流行,已渐自北印而移入南中。后期之性空者,佛护、清辩弘法于南印,并转入密乘。《西域记》谓清辩入那罗延窟,实即学密之谓。中印之月称、智藏,下至静命、莲华戒,亦无不学密。无著学系之游化南中者,如陈那、护法、法称辈,西藏并传其与密有缘。唐代来华之传译密典者,亦以南印,尤以中印度为多。盖时秘密之思潮,立本于真常、唯心、圆融、秘密、他力、顿成,融性空与唯识之学而无所不可。空有之交诤,仅供秘密者之庄严而已。初无所偏于二家,其力崇中观,则以龙智而下,性空者多入密有以致之。

行部与瑜伽部之成立,在融摄世俗边,可谓佛梵之综合,此于胎藏界、金刚界之曼陀罗可知。惟其中有可注目者,即以在家菩萨(天人)形之大日如来为中心,以金刚手等护翼之,释迦及阿罗汉等,则退列于外围。盖以密者之见,印度之群神,自其本地言之,并佛菩萨之示现,为大日如来之内眷属、大眷属。应化身之释迦及其眷属,转望尘而莫及。以在家菩萨为中心,本大乘佛教必至之势。显教之文殊、净名,以及诸大菩萨,无不有越出家声闻众而上之之概。惟秘密者以在家佛教之立场,不能发为入世济众之行,而融合世俗之神教,犹敢轻究竟之解脱道,唱释迦不得成就,请教于天上之大日如来而后能证入之说,不能无感于尊卑之倒置耳!旧传罗睺罗跋陀罗,即婆罗门学者娑诃罗,而龙智亦一长寿婆罗门。此时之佛教,常以佛化之婆罗门学者为其先导;其精神固已非僧非俗,亦佛亦梵矣!

虽然,行部与瑜伽部,犹以人形之大日如来为中心也。次以密乘行者,于胎、金之圆融大法界中,特契于金刚明王。以大贪乐为摄引,大忿怒为折伏;大贪大嗔而大慢,观自身即本尊而修之。其中心之崇拜,为罗刹、夜叉,求其如大日如来之人形,亦不易得矣。于此,吾人于古人之心境,似应有所谅解也。印度为神之世界,一切在神秘氛围中。初以佛教之行而少衰,中印法难后,又渐复其繁荣。佛教以大乘入世之融摄,多少倾向于他力。迨笈多王朝兴,婆罗门学者以梵我论为本,予人格神以论理之根据,增强湿婆、毗纽、梵天之信仰;下至一切世俗迷信,无不兼收并蓄,蔚成时代潮流。以反吠陀而兴之佛教,对此能无切身之感乎!声闻之解脱行,不足以应群机,亦不足以畅佛怀。入世之菩萨行,虽理论已极于性空缘起,而菩萨僧之不立,政教形势之限制,亦难以成入众利济之行。大乘惟有趋于随机适应,专精禅思发通以济众之途。自性空以入形而上之妙有，自力以入他力，缘起以入唯心，无神而入有神，固有意无意而开始转变者。驯致形成梵佛之综合，一反根本佛教之精神。然创始转化者，似未尝不知之。《深密经》明说为五事不具之钝根，说依他自相有。《楞伽》明真常唯心，而谓："言心起众相，开悟诸凡夫……若说真实者，彼心无真实。"《大日经》明秘密法，而谓："劣慧不能堪，且存有相说。"古人非不知之，特欲以此为方便，摄世俗以向佛耳。其如始简终钜，真常唯心神秘之说与生死心积习相应，乃一发而不可收拾也。

前三部之流行，笈多朝以来三百余年事也。若无上瑜伽，则后弘于波罗王朝。自伐弹那王朝倾覆，中印大乱，佛教之势转衰。有波罗王朝兴，佛教乃赖以偏安五百年，而成一异样之繁荣。东方有瞿波罗王，起而统一藩伽罗国，西取摩竭陀等地，创波罗王朝。王朝相承，凡十八世。夜叉波罗王为大臣罗婆斯那所篡，王朝遂亡。此十八世五百年间，崇信佛法，历世不替。其尤竭诚护持者，凡七世，称"波罗七代"。七代中，第四世达摩波罗王时，国力最盛，曾扩展至曲女城，于佛教之护持亦最力。王于那烂陀寺附近，建欧丹多富梨寺。又于北近建毗玖摩罗尸罗，即有名之超岩寺。道场百八，规模宏大，视那烂陀之八院三百房而过之，遂夺那烂陀之席，而超岩成最高之学府矣。于此波罗王朝，一类无上瑜伽，初非人间所有者，始由密乘学者次第传出。初有毗流波者，出那烂陀座主胜天之门，后从龙智学而得悉地。自后，昙毗醯流迦，婆日罗犍陀等，相继得道。又有婆婆波、婆罗波、俱俱啰罗阇、喜金刚等出，并弘瑜伽及无上瑜伽五部。如

《集密》、《欢喜金刚》、《明点》、《幻化母》、《阎摩德迦》等，均先后流布。及喜金刚弟子檀毗醯卢迦，又传来《佛顶轮》、《救度母轮》等，无上瑜伽已大体备矣。佛元十二世纪后期，达磨波罗王在位，建超岩寺，密乘之势益盛。王于“现观庄严”派之狮子贤，弟子智足，特加钦崇，而密乘与随瑜伽行之中观师，相涉乃益深。智足遍弘前三部，及五种内道呾特罗，于《集密》之解释尤工。然与护足之旧传有异，《集密》因有所谓“龙猛传”及“智足传”之两大流也。继智足而为超岩寺主者，有然灯贤等十一人，通称“调伏法呾特罗阿阇梨”。盖皆维持智足之统，专弘《胜乐》、《阎摩》、《明点》、《欢喜金刚》、《集密》等无上瑜伽者。超岩外之密乘学者亦不少，如寂友之通前三部；觉密、觉寂之通前三部而特精瑜伽部，皆其著者。第七世摩醯波罗王时，毗睹波始传来《时轮金刚》，其徒时轮足弘之。密乘之学，发展至至矣尽矣。十一世荼那迦王之时，名德济济，超岩极一时之盛，有“六贤门”出。六贤门者，东则宝作寂；南则智生慧；西则自在语称；北则那露波，次以觉贤；中则宝金刚及智吉祥友。六贤皆博晓五明，专弘密乘，于无上瑜伽之“胜乐”，尤所致意。其后座主之佼佼者，有阿提峡师资、那露波师资等，以十七世罗摩波罗王朝之无畏现护为斯学之殿军。王朝多故，教界落寞，余势已奄奄欲息矣！

综观秘密教发展之势，即鬼神崇拜而达于究竟。事部本为次第错杂之传出，后人尝董理而统摄之，分佛部（上）、莲花部（中）、金刚部（下）之三部。佛部以释迦为部尊，文殊为部主；莲花部以阿弥陀为部尊，观世音为部主；金刚部以不动为部尊，金刚手为部主。虽意在融摄鬼神，而尊卑之势犹存。此三部，就其所重而言之，则佛部为解脱相之佛；莲花部为慈悲相之菩萨；金刚部为忿怒相之鬼神。世人之所崇事，唯此三类而已。此亦即以释迦文殊之大乘深智，融西（北）方弥陀、观音之慈悲柔和，东（南）方不动、金刚手之方便雄猛也。行部承之，综合为三部，然佛部之释迦，转化为在家菩萨（天人）相之大日如来，秘密教为之一变。化出家佛为在家佛，以为重人可，以之为重天尤当。其曼陀罗中台作八叶莲花形以象心，中为大日如来，四方为四佛。瑜伽部即五方五佛说而开为五部——如来、宝、莲花、业、金刚。其曼陀罗依月轮心中五智成五佛，一一出三轮身。即以大日（中）、不动（东）、宝生（南）、弥陀（西）、不空（北）——五佛为自性轮身。普贤、文殊、虚空藏、观自在、金刚业——五菩萨为正法轮身。不动金刚、降三世、军荼利、六足（即阎摩德迦）、大夜叉金刚——五大明王为教令轮身。行部以三而启五，瑜伽部明五以含三。以如来部为最胜，而如来为在家菩萨形；僧俗之形虽倒，人鬼之叙未失也。嗣以学者特重金刚之调伏，乃流出“集密”、“胜乐”、“阎摩”等无上瑜伽。然诸部独立，颇有无统之感。或谓五部统以金刚持之第六部，即以金刚持为最胜；亦即离去天人相之菩萨，而以鬼神夜叉之忿怒身为所崇，秘密教又一变。或谓波罗王朝时，国难教难相逼俱来，故特重金刚之雄猛法以制之。教法当机，义或近之。虽然，国难教难，五大金刚其能救之乎！

事部	解脱之佛陀主，摄外		
行部 瑜伽部	悲和之菩萨主，融外		鬼神崇拜之密教
无上瑜伽部	贪嗔之鬼神主，同外		

三 秘密教之特色

密教多特色,承固有之倾向而流于极端者有之,融摄外道者有之。若以一言而罄无不尽者,则以“世间心为解脱”是已。信师长达于极端,即自身妻女亦奉献而不疑。师命之杀,不敢不杀;命之淫不敢不淫,此婆罗门所固有(读《央掘魔罗经》可知),后期佛教所取用者也。佛斥外道之事火,而教以事根本火(供养父母)、居家火(供养家属)等。密乘学者又转而事火(护摩):求子、求财、求寿、求官,一切无不于火中求之,而酥、蜜、衣服、珍物,悉举以供火之一炬,将以求其大欲也。佛世以依教奉行为最胜之供养,佛后亦供以灯明香花等而已。密教以崇拜者为鬼神相,其供品乃有酒肉。有所谓“五甘露”者,则尿、屎、骨髓、男精、女血也。更有“五肉”者,则狗肉、牛、马、象及人肉也。以此等为供品而求本尊之呵护,亦可异矣。且置此等琐屑事,试一言其要义。一、心余力绌之天慢:密教以修天色身为唯一要行,念佛三昧之遗意也。自佛天合化,佛菩萨既示现天神身,龙鬼夜叉亦多天而实佛菩萨之示现。观此天等之相好庄严,此自世俗假观来。“观身实相,观佛亦然”,观己身、天(即佛之示现)身之实性,此自胜义空观来。此二观,初或相离而终复合一,以身语意三密修之,即手结印契,口诵真言,意观本尊之三昧耶、或种子、或本尊之相好,求佛天加持而有所成就。若直观佛相,观成而佛为现身说法,显教大乘亦偶有之。然秘密者意不在此,虽或前起本尊,而要在信自己为本尊,观己身为本尊,本尊入我中,我入本尊中,相融相即而得成就。天慢者,即以佛菩萨自居。此由他力念佛之渴望救护,自力念佛之我佛平等,极卑极慢之综合,而以三密行出之。一切法真常本净,不应妄自菲薄,应有坚强之天慢。自身即佛,而未尝不自感其无能,乃唯求本尊之三密加持。质言之,信得自身即佛,而求诸佛三密加持力以实现之。此与初期大乘经论,信有成佛之可能,而但可于智深悲切之大行中得之,精神之相去远矣!秘密者修天慢而即身成佛,如乞儿以富有自居,衣食不给,乃卑辞厚颜以求富翁之赐予,俾与富人共乐耳!何慢之有?二、厌苦求乐之妙乐:出家声闻弟子,视五欲如怨毒,以"淫欲为障道法",固非在家弟子所必行。然以性交为成佛之妙方便,则唯密乘有之。"先以欲钩牵,后令入佛智",大乘摄化之方便。方便云者,且以此引摄之,非究竟,亦非漫无标准也。或者谬解"以乐得乐",乃一反佛教之谨严朴质,欲于充满欲乐中,成就究竟佛果之常乐。欲界欲乐中,淫乐最重,或者乃以此为方便,且视为无上之方便。惟是淫欲为道,密宗之旧传我国而流入日本者,犹未尝显说,故每斥无上瑜伽之双身法为左道密教。然特弘无上瑜伽之西藏喇嘛,则矜矜以妙法独备于我已。平心论之,此即"欲为方便"之极端,固于前三部见其绪矣。所崇事者,天身之佛。天有明妃(天后),佛亦仿之而有"佛母"、"明妃",此即与"方便(悲行)为父,般若(智慧)为母"之大乘义相杂。金刚以表雄猛折伏,莲花以表慈和摄引,亦一转而为生殖器之别名。密教所崇事之本尊,无不有明妃。事部则彼此相顾而心悦,行部则握手,瑜伽部则相拥抱,无上瑜伽则交合:此固顺欲界欲事之次第而成立者。前三部虽有相视相抱事,而行者每以表悲智和合等解之。然无上瑜伽则付之实行；衡以密者之说，则“三昧耶”为表象，“法”为观想，“业”为实行，固表象独是而观想实行之非耶？以秘密教之发展观之，固不达此不止。吾人以秘密教为佛之梵化神化则可，尊信前三部而不信无上瑜伽则不可。何有智者，誉病入膏肓为健康，而归死亡之责于临终一念也！无上瑜伽者以欲乐为妙道，既以金刚莲花美生殖器，又以女子为明妃，女阴为婆伽曼陀罗，以性交为入定，以男精女血为赤白二菩提心，以精且出而久持不出所生之乐触为大乐。外眩佛教之名，内实与御女术同。凡学密者必先经灌顶，其中有“密灌顶”、“慧灌顶”，即授受此法者也。其法，为弟子者，先得一清净之明妃，引至坛场。弟子以布遮目，以裸体明妃供养于师长。师偕明妃至幕后，实行和合之大定，弟子在外静听之。毕，上师偕明妃至幕前，以男精女血（甘露）即所谓“菩提心”者，置弟子舌端。据谓弟子此时，触舌舌乐，及喉喉乐，能引生大乐云。以尝师长授与之秘密甘露，名“密灌顶”。尝甘露味已，去弟子之遮目布。为师者以明妃赐与弟子，指明妃之“婆伽”而训弟子曰：此汝成佛之道场，成佛应于此中求之。并剀切诲以一切，令其与明妃（智慧）入定，引生大乐，此即“慧灌顶”。《欢喜金刚》云：“智慧满十六，以手相抱持，铃、杵正和合，阿阇黎灌顶”，即此也。经此灌顶已，弟子乃得修无上瑜伽，其明妃可多至九人云。西藏宗喀巴似有感于此道难行，故于无上瑜伽之双身法，自灌顶以至修行，多以智印，即以观想行之，然余风犹未尽也。解脱是所求，欲乐不欲弃；厌苦求乐而不知乐之即苦，乃达于淫欲为道。或云：印度有遍行外道，于性交为神秘之崇拜，佛教之有此，欲用以摄此外道也。三、色厉内荏之忿怒：应折伏者则折伏之，菩萨之行也。密乘行者，特于无上瑜伽，其崇事之本尊，无不多首、多手、多角，脚踹口咬，烈焰炽然，兵戈在握，虽善画鬼者，亦难设想其可畏也。然以予视之，大丈夫一怒而安天下，犹非面目狰狞之谓，而况菩萨之雄猛乎！龙树菩萨引偈云："若彩画像及泥像，闻经中天及赞天，如是四种诸天等，各各手执诸兵仗。若力不如畏怖他，若心不善恐怖他，是天一切常怖畏，……是故智人不属天。"力不如则失雄威，心不善则失慈悲，其不堪崇事，固明甚也。密乘者以学出龙树自居，而以狰狞之天形为所崇，不亦可以已乎！总之，秘密者以天化之佛菩萨为崇事之本，以欲乐为摄引，以狰狞为折伏，大嗔大贪大慢之总和。而世人有信之者，则以艰奥之理论为其代辩，以师承之热信而麻醉之，顺众生之欲而引摄之耳。察其思想所自来，动机之所出，价值之所在，痼疾其可愈乎！

四　印度佛教之衰亡

佛元八世纪以来，佛教外以婆罗门教之复兴，于具有反吠陀传统之佛教，予以甚大之逼迫。内以"唯心"、"真常"、"圆融"、"他力"、"神秘"、"欲乐"、"顿证"思想之泛滥，日与梵神同化。幸得波罗王朝之覆育，乃得一长期之偏安。然此末期之佛教，论理务琐屑玄谈，供少数者之玩索；实行则迷信淫秽，鄙劣不堪！可谓无益于身心，无益于国族。律以佛教本义，几乎无不为反佛教者！闻当时王舍城外之尸林中，密者于中修起尸法（可以害人)者,即为数不少。佛教已奄奄一息,而又有强暴之敌人来。佛元十四世纪初,阿富汗王摩诃末,率军侵略印度,占高附而都之。回教渐渗入印度内地,相传侵入者凡十七次;每侵入,必举异教之寺院而悉火之。佛教所受之损害,可想见也。于是恒河、阎浮河两岸,西至摩腊婆,各地之佛徒改信回教者日众。其佛教仅存之化区,惟摩竭陀迤东耳。迨波罗王朝覆亡,回教之侵入益深,渐达东印,金刚上师星散。不久,王室改宗。欧丹多富梨寺及超岩寺,先后被毁;即仅存之那烂陀寺,亦仅余七十余人。佛教灭迹于印度大陆,时为佛元十六世纪。佛教兴于东方,渐达于全印,次又日渐萎缩而终衰亡于东方。吾人为印度佛教惜,然于后期之佛教,未尝不感其有可亡之道也!

五　大乘是佛说论

——民国三十二年冬覆僧愍等书

一　序　起

来信所说的:“若当日佛陀未曾说过大乘,则其余大乘,亦应如真常系,一切皆为后人之悬想产物。若佛陀当日曾说大乘,不知某些大乘是佛所说?”这确是极重要的问题,是值得提出论究的。你们提出这一问题,好像是怀疑大乘,而实是不能忘情于真常唯心论。信仰是应该坚强的,是不可随便地因他人而轻易放弃自己的;这是应有的态度!问题既然极其重要,我当然愿意来研究一下,提供我的意见。而且,站在另一对方的,你们不是也时常听见吗?他们以形式的信仰为满足,公然地宣说:“大乘非佛说”;自称所信的为“佛说”,或称为“原始佛教”。这种糊涂的信仰与抹煞,引佛教走上了黑暗的歧途!我们有信佛与护法的热忱,应该好好地论究他,起来纠正他!

你们提起的问题,经我审慎地研究起来,使我非常为难。这个一言难尽的问题,真的一时不知从哪里说起!在我的了解中,是佛法与非佛法的判别，根本与你们心目中的标准不同。佛说，是佛当日从口中一句一字地说出来，可以信。佛没有说，就是后人的悬想产物，值不得信仰。我不知你们的意见是否如此！我想大概是如此。但我觉得，佛法，虽然是有佛也好，无佛也好，老是如此如此。但一经如来从语言与身行中表现出来，那就成为世谛流布。世谛流布的，是显现于世间的佛法，就不能违反世谛流布的一般性。我们不能纯凭信仰或者偏见，应了解世谛流布的种种情况。我们要研讨的大乘是否佛说，也需要从世谛流布——从佛法流行于世间的情况中，去理解，去论定。这是非常复杂的问题，"说就是，不说就不是"的取舍标准，根本不能适用，要从根本上加以纠正。不然，就无法正确地论断这一问题。为了要解答这一问题，不能不从多方面说起，希望你们能耐心地读下去！

二　从佛法的表现上说

什么是佛法？我以为：十方佛的是否说法，大可以不问。总之，我们这个世间的佛法，知道有佛有法，无疑的由于释迦牟尼佛而来。释尊有他的自觉圣境；他吐露在语言中，表现在行为中。这意境、言说、身行的三业大用，出现在世人的认识中，是这个世间的佛法根源。这三者，我们不能忽略哪一端，要从他——言说与身行的相关性、统一性，深入释尊的本怀。否则，偏重这，忽略这，都是不够健全、不够正确的认识。然而，不幸得很，由于印度的重视口口相传，佛法早被误解为佛说了。我们应该记着：

佛法是不限于口说的。例如佛对比丘说:“你应当看护病人”,这当然是佛说,是佛法。某次,释尊巡行僧房,亲自为病比丘洗涤。这样的实际行为,难道就不是佛法!释尊的来去动静,待人处事,哪一样不是佛法?这大抵深刻地影响于弟子的心目,传说于佛教的人间。佛的慈悲、智慧、愿力、精进,他的时代适应与究极理想,都要从他的言教与身行的综合中,从形式而体会到实质,才能洞见全体的佛法。佛法,特别是如来的功德,佛心的深处,哪里都能从释尊的言说——自称自赞中得来!佛法并不等于佛说,佛法而被误解作佛说,真是佛法的大不幸!

释尊的三业大用,映现于世人的认识中。世人所体认到的,是他的反映;是在世人的认识能力、性格与兴趣的限制下,去认识释尊的一切。这里面,就有本质与影像的问题,也就是对象与认识、事相与名言的问题。对象与认识,并不完全一致。见佛与闻法——所见所闻的,并不等于佛法自身,这是佛法通过听者见者的主观性,而后反映出来的佛法。释尊时代的人,即使是及门的出家弟子,也不全是利根的,也尽有与释尊的精神不相契合的。所以释尊及门弟子的观感,好在他的直接性,但并不能保证他的绝对正确。这可以举三点来说:一、不知:在佛弟子的认识中,不知有这么一回事。这或是忽略——主要是根性与兴趣不合而不知,或是遗忘而不知。遗忘的不知,或是个人的遗忘,或是大众的遗忘。例如佛涅槃后,阿难传布释尊的遗嘱:“小小戒可舍。”然而,什么是小小戒,阿难不知,大众也不知。结果,佛制的戒律,不论大小,一律遵行。这也许合于当时的需要,但重律的上座们,使戒律成为琐碎的教条、仪文,显然地违反了释尊的精神！这哪里能代表完整的佛法！个人的遗忘,可以重复记起。即使是大众的遗忘,因某一事件的发现,也可能重行发掘出来。这是世间的一般现象,佛法流行人间,也不能说决无此事。所以,某人不知,或某些人、某些时不知,不一定就是没有。这种不知的再认识,错误——以今拟昔、以似为真的可能性,当然很大。但比平常所知的更正确,足以修正过去的误解,也着实不少。如锡兰过去盛行大乘法,在现有的锡兰佛教界,几乎忘记得一干二净。但一考中国佛教的文献与锡兰的佛教遗迹,即将彻底地纠正他们的意见！

二、错知:观察者的性格与认识力,不够了解对象。在所认识到的人与事,不论说他好,或者不对,每为皮相的认识与情感的歪曲,不能正确地理解对象。这如嗏帝比丘亲闻佛说,而说识是生死根本,即是一例。传说中的佛说,当然不能契合释尊本意的更多。

三、少分的知:伟大的思想,复杂的事件,是和合为一而又内有种种差别相的。如偏狭地见到一端,就是能深入其微,也不能看为完整的、正确的。或者,在当时是少分人的了解,未能成为众所周知的时代佛教。这如学菩萨而成佛,释尊是事实的证明者;弥勒是继踪前进者。学菩萨道而成佛,如本生谈等,尽多地留传人间。然而释尊的时代佛教,并不劝人学佛;声闻弟子都以急证解脱为目的。这一发菩提心、修菩萨道的法门,逐渐地发展为时代共趣的佛教;可能由于适应新的时代环境,而有多少新起的成分,但自有它的来源,不能看作纯为后人的悬想产物！

从这种见解去了解佛法,我不一定说:佛灭前后的时代佛教,是不知、错知、少分的知。是说:古型的圣典,当然值得珍重。但稍为后起的,多少变化或重心不同,这可能为不知者的再认识、错知者的纠正、少知的综合而成为圆满,或逐渐开展而形成大众共知的佛教。这需要郑重的虚心的探讨,是不能看作佛所未说而轻易抹煞的。事实上,像王舍城迦叶系的少数结集,确是偏于苦行与自了汉认识的佛法,不能完满而忠实地映现释尊的一切。如佛说小小戒可舍,而迦叶决定为一律保留。如迦叶行头陀苦行,释尊曾劝迦叶舍头陀行,而迦叶却固执地不听释尊的劝诫。如释尊因阿难而度女人出家,佛在时,迦叶隐忍下去。等到释尊入灭,迦叶即大为反对,以此为阿难的错误,强迫他向大众忏悔。释尊入灭以后,领导大众结集圣典的迦叶,风格见解如此!这样的结集——而凝成的初期佛教,无疑的不能代表佛法的全体。如说佛教只有这些,那是怎样的荒谬!

还有,人类认识中的佛法,用语言表达,用文字记录出来,也是值得注意的问题。我们的了别认识,是显境名言;语言是表义的名言。虽然说,思想是没有说出来的语言,没有录出的文字;语言与文字,是思想的表现与记录。但思想与语文,还是有些不同的。辞不达意,是极一般的事实。思想是生动的,自觉的内容,常是有机地统摄着,能随时空的不同而适应的。语文就机械多了!它多是片段的;相关的统一性,每不是浅薄的印象所能够了解。白纸上漓了黑字,常被愚拙者固执着,把它僵化而成为古人的糟粕。我觉得,佛陀的三业大用,从佛弟子的认识中化为文字记录,实在损失不少!但这是不可避免的。如古型的《杂阿含经》,这样的简要、杂碎!总是说如此,很少详细地说明他所以如此。释尊果真是这样的简默吗？佛确是不欢喜多说多辩的，但要使人听法而修行得悟，决不能如此。这无非为了适应口口相传的方便，而把它简练到如此的。在表义的名言中，有音声符号的语言、形象符号的文字。佛灭前后，都用耳提面命的语言（声名句文）；从语言（及弟子间的传说）到大部的记录，这是阿育王以后的事了。从语言到文字，你想有多少变化！语言的生动表情，在口口相传中被脱略干净。特别是印度的方言复杂，经过口头上的重重传译，就不免起着或多或少的变化。所以即使是佛所亲说的部分，也不能学究式的，专从文字的考证、训诂中，去完美地了解佛法。

近来的一分学者，推重锡兰所传的巴利文圣典。锡兰的佛教说：这是释尊使用的摩竭陀语；巴利语圣典，是王舍城五百结集的原典。以语文的古老，证实他们的三藏是古老的、正统的佛说。与他们不同的，即使是《阿含》与广律，也被看作后起的、改写的。如这不过为了宣传的目的，那么让卖糖人去说他的糖甜吧！如作为事实，作为是否佛说的标准，那是违反佛陀精神的，不能不表示反对。佛制：“听随国俗言音学习佛说。”佛法是普应无碍的，不是神教式的执一而强同的。以不同的言音来学习佛说，也是锡兰律典所共说的。所以，无论释尊与王舍城结集使用甚么语文，佛教界并没有标准的语文。亿耳以阿槃地语诵《义品》，释尊是一样的赞叹他！雅语，起初是恒河上流——西方系所使用的。释尊不同情他们的“佛法统一化”——雅语化，但并不反对他们以雅语学习佛说。这是佛世即已如此，以雅语诵习佛说，不是后起的变化。传说阿育王时代，华氏城因僧众的来自各地,语音隔碍,所以分用不同的语言诵戒,佛法即分为多部。在不同的环境中,佛教适应不同文化,采用当地语文,确为佛法分部的重大原因。锡兰的佛教,从大陆来,起初是并不专为巴利语的。照锡兰佛教徒自己的传说:由于大寺派与无畏山寺派相诤,大寺派始以巴利语写定三藏,这是西元前一世纪的事。他们的想像,以为巴利语圣典都由摩哂陀传来,不知即使摩哂陀使用巴利语弘法,在当时口口相传的状况中,三藏的南传,决不会出于一人的口授。其后,也还有非巴利语的;西元四、五世纪间的觉音,始一律地改写为巴利语。这在当时,仍旧是大寺派的,而不是锡兰佛教全体如此。我们相信,巴利语为古代的方言之一;然以巴利语写定三藏,在锡兰也不算是太古了!我们如不打算效法神教徒,不希望宗教获得语文的特别支持(如婆罗门教以吠陀语为神的语言等),那么语文不过是载道的工具而已。印度佛教语文的复杂性,与佛法语文化的种种问题,是值得巴利语佛教者反省的!

还有应该注意的:就是先见于文记的,并不就是先存在的。这像民间流行的故事,有还没有记录的,但并不妨早已存在,它比近代发明而出版的,要早得多。从这种意义去看佛法,在文字流行较迟的圣典,可以说在某时盛行,不能就此指为后人悬想的产物!它的是否佛法、是否佛说,需要从种种方面去判决审定它。后起的,可能早已存在,但我也不否认受有外来的影响,以及传说而改变的成分。

这还专在语文上说。其实,佛法的表现,音声符号中,还有音乐歌唱,甚至语言的情调;形象符号中,还有图画、建筑、雕刻等,无不在有意无意中表现佛法,影响佛弟子的思想。这些,又大多是象征的、抒情的、比拟的。如不从表现佛法的种种方式、种种关系中去把握佛法,而想专门在说与不说上去衡量佛法,这真是佛法的不幸!这些,离佛二三千年的我们,确乎已不能亲切地明确地容易了解。对于这些问题,也许是不谈为妙!倒不如把传统的片面的见解——佛说,复述一遍,来得像样而博得人的同情。不过,如想更充实地、更正确地了解佛法,使佛法从古人的糟粕中解放出来,那非从新的观点——存在于现实世间的观点出发不可。从对象到认识,从认识到语言,从语言到文字,这表现佛法的不同形式、不同阶段中,有种种问题。承认了这点,就不会专凭佛口的说不说,用作现存圣典的是否佛法的抉择标准了!

三　从佛法的流行上说

佛法的表现,是说明佛法出现在时空中。流行,是说明佛法在时空中的延续、扩展与演变。释尊的三业大用,映现在佛弟子的认识中,又构成佛弟子的三业胜用。这表现佛法的事用的流行,有一必然而不可免的事实,即不能不有变化——我当然反对把它变成非佛法的。那保存旧有形态的佛教,就使是可能的,也必然为依样葫芦的形式崇拜,是我佛的不肖子孙!如我们是黄帝的子孙,如果我们现在的文化、经济、人口、领土,一切是老样子,这还有出息吗?所以,不但不知者可以再认识,错知者应该修正,少知者应该综合完成,应该发展而成为大众共知的佛教,这里面需要变化。而且释尊表现佛法的言教与事行，有释尊不共独到的深见，也有印度文明所固有的成分。这其中，或是无条件的承袭，或是多少修正而给以新的意义。或是契合于释尊正觉的本怀，或是为了时地适应而姑且采用的。佛在人间弘法，那就必然如此，不能不如此。这一切中，释尊特唱的深见正行，应严格地住持与高度地发扬。因袭印度文明的适应部分，如是姑且采用的，那么时过境迁，虽确为佛口所亲说，也应该革新或取消，否则将转变为佛教发展中的障碍物了！早期的印度佛教，值得我们尊重，它到底去佛不远。但它不一定比后代流行的佛法适合于百年千年后的时代，适合于千里万里外的环境。从这佛法流行的观点中，怎能以自以为然的佛说或不说，论断它的是否佛法呢！

这一极重要的问题，由于一般的缺乏“流行”的认识，引起的误解不少。如自称原始的上座佛教者，他们以早期的佛教形态为佛说、佛法，而抹煞以后的正常发展。甚至说：大乘是印度教徒改造佛教的成果。我曾与他们开玩笑说：这算什么？原始的上座佛教，不也充满外道的气味吗？关于这，我想你们是知道的。尼犍子外道以草木为有生命的，释尊因此而不许坏生。印度人以树木为鬼神的村落，因此佛制不得自行砍伐。外道雨季安居，半月半月说戒，佛应当时人的请求，也制为半月诵戒与安居的制度。当时的外道出家，托钵乞食为生，所以佛教也有这种出家的生活方式。从义理说：生死轮回、解脱涅槃、业力，这不都是奥义书以来的外道常谈吗？从修行的方便说：不净观、数息观、四禅、八定、三摩地、瑜伽，当时的外道，不都有大同小异的行持吗！佛称大雄，得一切智，外道不也有自称大雄，自称得一切智的吗？过午不食为斋，岂不是印度旧有的习俗吗？佛法，从印度宗教中发展而完成，又弘布佛法于印度，怎能不与印度外道有着深切的关系！如说大乘为外道，怕外道不单是大乘吧！以大乘为非佛说的佛徒，应起来论究这些问题。实则，佛法与非佛法，应重视佛陀独到的正觉，重视从正觉流出的佛陀真精神，佛陀三业大用的一贯特性。从大乘与学派的佛教，《阿含》与广律等而论究起来，大乘佛法的涌现，实为本着释尊正觉内容而作新的适应。如说："正直舍方便，但说无上道"，这是揭露释尊自证的本怀，而扬弃初期佛教的方便——苦行外道为主机的适应性。然而佛法不能没有适应世俗的方便，所以："更以异方便，助显第一义。"从正觉本怀的宗趣中，摄取了适应乐行婆罗门为主机的方便。从佛法的特质与佛陀的本怀说，从本生谈等而来的大乘，是更正确更深刻地开显了佛法。这本是《阿含经》以来的一贯倾向，可惜自称上座佛教的锡兰学者，不大了解他自己！他是倾向大乘的一流，流入岛国，而转化为狭隘的保守的佛教。他自身早就不大原始了！否则，如北方所传的说一切有部，不许别有小阿含，以本生谈等为"传说"、"文颂"。如大众部等，不说王舍城结集论藏，说阿毗达磨即是九部修多罗：这才是代表更原始的思想！

还有，从根源的佛法，到流行的佛法，因了时地人的关系，必然的在分化而又综合、综合而又分化的过程中。从起初的、浑然未画的一味佛法，到重重分化，"分分皆金"，可以说各得佛法的一体，但也可说各有所偏。因为他们都有自己独到的理解，各有新的适应，对佛法各有他的取舍轻重。这流行中的佛法，后起者对于以先的佛法，抉择它、综合它、推演它。永远的流行，就永远在这样的过程中。众生的根性不一，认识的佛法也不能一律，只能作到根本的同一。大体一致，而不妨含摄得多样性（世间是缘起的，缘起法就必然如此）。彼此间，可以有新义，可以有针锋相对的异义（或者一是一非，或者各说一边，或者都不对），但求能根本的见地不错，这一切都不妨是佛法。举例说：孔子是儒学的大成者，但孔子以后，儒分为八。如荀子重礼乐文章，说性恶；孟子重性与天道，说性善。可以说各有所偏，但都不妨是儒学。难道儒学或孔学，一定要孔子说过的吗？佛法表现于佛陀的三业中，也表现于佛弟子的流行中，佛法决不即是佛说。这点，过去的佛弟子早已说得明白："佛法有五人说"；"一切微妙善语，皆是佛法"；"入佛法相"，名为佛法。虽然因此而佛法在不断的流行中构成庞大的圣典，后来或不免变质，但这只怪我们的了解不够，怪得谁呢？古代的佛法与佛说，本来不一定要出于佛口。只要学有渊源，合于佛法不共世学的大原则，就够了。这无论是标为佛说，或弟子说，应作如理的寻思，本不能无条件地引用为权威的教证，不妨加以抉择的，所以说"智者能取能舍"。

佛法，本来不限于佛说，所以"大乘非佛说"，可说是似通非通的话！修菩萨道，成无上正等觉，这是任何佛弟子所不能否认的。如锡兰传来的《解脱道论》，说到菩萨以慈悲心，修习圆满十波罗蜜多；依此而圆满四处——谛、施、寂、慧，而圆满定慧，而圆满佛地。以慈心修十波罗蜜，岂不是与声闻行不同？如以为这是佛说，种种大乘经非佛口亲说，这有什么意义？《阿含》与广律中，不也一样有非佛说的吗？我们知道，初期集成的《阿含经》，原有一合理的意见，即佛法是不限于佛说的。佛弟子间的自相问答，或与外道辩论，甚至传说的梵天、帝释等说，既无释尊在场，也不曾经过释尊的审定，都编集在《阿含经》中。浅狭的声闻佛教者，相信他们的经律是佛说，是王舍城结集的圣典。不知道《阿含经》中，即含有佛涅槃后的教说。如《增一阿含经》中，那罗陀比丘为文荼王说法。在他们的传说中，这也不能不承认后起的增编！佛时的弟子、佛后的弟子的教说，编入契经中，这本是《阿含经》以来的一贯作风。

这种开明而合理的原则，不久即被歪曲，以为佛法都是释迦亲说的，什么都得加上"如是我闻：一时，佛在某处"。于是乎，不能如舍利弗那样的，于七日中以种种文义，称性发挥佛说的一字一句，还是等于佛说。不能如初期圣典那样的，坦白地说是佛弟子说，必须解说为"佛所加持"的，"佛所印定"的，"佛所预记"的。这因为，在习俗的观念中，以佛法与佛（口亲）说为同一。这种情形，不但大乘经的编集者如此，《长阿含经》中也即有这种明显的例子。如《梵动经》、《大本缘经》，明明为佛与弟子共相议论的集成，却解说为：先由弟子共论，佛再为他们说。由于习俗的以佛法为佛说，非看作佛所亲说，不足以起人信仰，所以声闻法中，明明为佛弟子集成的摩呾理迦与阿毗达磨，也得高推为佛说。声闻学派中，大众系的多闻部、施设部，分别说系的法藏部、饮光部（其实各部都有这些事），明明为佛元二三世纪成立的，必说部主是佛的及门弟子，新从雪山来，从阿耨达池来，传布他们所亲闻于佛说的佛法。混佛法为佛说，引起种种非历史的传说,但这早就是声闻学者的常套,大乘学者不过继承这种作风而已！这些,在声闻法是佛说,在菩萨法中,难道即不是佛说吗!

或者以为:大乘经所说的佛说、菩萨说,缺乏历史的价值。其实,印度就是不重视历史的民族。释尊的创教,本崛起于印度的(没有教主的)民族宗教中,树立人格感召的圣者的宗教。但它流行于印度,受印度文化的特性影响,所以除南方的锡兰、北方的罽宾区的佛教略有事迹可寻而外,佛教又重复陷入民族的形式,淡褪了历史的痕迹。部分的声闻经与一切大乘经(起初还依傍史实,后来即索性不在乎),已是佛教流行中佛教时代意识的表现,是佛教界——一部分或大部分人的共同心声。这如印度教的典籍,四吠陀而后,又流出梵书、奥义书、随闻经等一样;仅能推论它为编集于何时何地,属于某些学派的集出,决不能看作个人的作品,看作某人的伪撰。神教者以为这一切是神意所启示的,佛教即解说为一切是佛说的。集成于印度文化中的佛教圣典(《阿含》与广律也不能例外),如连它的性质都不明白,想以是佛说与非佛说来衡量它,怀疑大乘经为一切是后人的悬想产物,说它缺乏历史的价值,岂非天大的笑话!

说起缺乏历史的价值,《阿含经》与广律,早就包罗得这种成分,而且是不少。举几则显见的例子来说吧！这对于大乘是否佛说,也许可以帮助我们的正确认识。去佛不久,由于佛法在口口相传中(初期圣典还没有编集完成),各处的比丘们都在传说他的“亲闻佛说”,或“展转传来”的佛法。不知道他所传的到底是否佛说(这已是混佛说与佛法为一),于是有以经、律、法相、戒——四事，集众公决的勘辨真伪法（见于摩得勒迦）。在史实考证的观点，这已太嫌不够，不可避免地会以佛弟子说为佛说的（这可能是极合佛法的，也可能多少变化的）。依广律说：如大家确信这展转传来的真是佛说（佛法），而不知在哪里说，那么，不妨说在王舍城的竹园说、舍卫城的祇园说，或六大城随说一处就好了。如不知为谁说，那么，比丘，即不妨说是为阿难说；国王，即不妨说是为频婆沙罗王说、为波斯匿王说；长者，即不妨说是为须达多说。《阿含经》与广律中的说处与听众，一部分的来源就是如此。特别如本生谈，谁能精确地考定佛在哪里说，为谁说？菩萨往昔行因的所在地，广律说，这是过去的事情，说是迦尸国的波罗奈就得了。有关的国王，说是梵授王就得了。事实上，这只是老和尚们（“先轨范师”、“耆旧诸师”）的传说如此！这可见，初期的圣典，自称王舍城结集的原始圣典，早就如此。大乘经无非继承这种作风，发展得更成为民族宗教型的圣典罢了！生活于印度文化中的印度的佛弟子，他们能契会这种精神，所以信受一切大乘经为佛说，而不被限于“佛说”而自拘的。印度佛教的开展，是怎样的自由而活泼！在中国，在锡兰，一般都不能理解这种印度文化特性，以佛说为佛口亲说。于是乎，是呢，全盘接受；不是呢，根本取消。再不能有深确的认识，不能把握核心，不能抉择取舍而作新的适应了。近代的中国佛徒，愚昧而动摇，连老祖家风都神圣视之，想他们在全体佛法中抉择佛法的真实，顶天立地的杀活自由，真是过分的奢望了！你们是大乘佛教的信解者，我不能不告诉你们大乘经的性质是什么！

在古代流行的佛法上看，大体上有守旧与创新的两派。有注重归纳、演绎的，也有注重直觉的。他们所采的态度，不外推演、抉择、摄取三类。推演是根据旧说，加以分析或引申的；这里面，就有旧说所不曾说破的，略说而没有广说的东西。抉择，是从不同的旧说中，分别它的了义不了义、假名说实相说、真实与方便、正确与不当。这抉择的狂风，常扬弃了那些轻浮不实的、现实所不需要的东西。抉择的巨浪，常使佛教的重心转易，代以新的时代（三者中，抉择才真是革命性的）。摄取，这或者是在自宗的根本见地上，贯摄了佛法内别宗的见解；或是在佛法的见地上，融摄了世俗的学术、风俗或者其他，这出入可大了！这三者，都可以用，也应该用。因为固有的佛法，需要详明、发挥。佛法是一味而普应的，是随众生的根性所及而影现的，这自然需要抉择它的真义，抉择佛陀的本怀，使影像的佛法更逼近本质的佛法。佛法需要面面充实，不能因学者的分化而割裂。它需要新的适应，怎么可以不讲求摄取？这都可以是佛法，但推演、抉择、摄取得不当，都可以成为错误的。这三者，作大体的分别：抉择是时代的开创者，振古复兴，更非此不可！惟有抉择，才能使我们有生气，把握固有的精粹，扬弃那些糠秕。但用得不当，就会黑白颠倒，成为黄钟毁弃、瓦釜雷鸣的现象。至于推演的穷精微、融摄的极广大，是出现在抉择而确立某一根本思想系以后。它是发展，但如不保持基本的原则、精神，不照顾一贯的体系，那推演势必走上繁琐、纤巧、枝离、衰老；融摄更可怕地走上邪正不分，是非不辨。看来是不断的创新，其实是畸形的病态发展，加速的灭亡。我所说的佛法流行，就是从变的观点、从史的演化去观察。历史需要考真伪,但这与古董的鉴别不同,特别是因为佛法是无限错综、复杂的大流行。就是伪作(其实多是时代意识从无意识中形成的),其中并非没有思想上的渊源,有它的时代背景,也就是某一时代一部分人思潮的叙述。所以,并不能就此断定它的是不是。我们要从佛法的流行中,看出它前后的一贯性,种种中的共通性;看出它的演化倾向,是向上,或者停滞,或者堕落。我们要从佛法的流行中,探索它的精髓,使它在新的时代中流行!

惟有在这样的观点下,才能说"大乘是否佛说",大乘的开展是否确当。

四 从学派的分裂看大乘

现在要开始讨论大乘了。佛世,当然没有后期的大乘经典,可以说大乘经非释迦佛亲说。但菩萨道——修菩萨行,下度众生,上求佛果的思想,应该存在,也就是大乘是佛说、是佛法。关于菩萨道,释尊自己,就是一个不需要解说的事实。这菩萨道的思想,在佛教界酝酿,从学派的分裂中,一天天明朗强化起来。佛灭百年中的吠舍离结集,开始了耆年上座与青年大众的分流。从传说上看,这是律重根本与适应,和律务琐细与保守的争执(十事非法说)。等到阿输迦王时代的分争,是声闻未了与声闻究竟的争执(五事非法说)。这都是大乘思想在发扬,所以我称之为菩萨倾向的声闻分流。追溯得更古些,阿难与迦叶,富楼那与迦叶的争论,都意味着菩萨倾向的潜流了!起初,沿恒河东岸，以吠舍离为中心的东方系，演化为大众部，与西方系的上座们抗衡。传说大众部中有大乘经，这自然不容易证实。但从大众系的本宗同义看来，像佛身无漏、佛寿无量、佛威力无边、一音说一切法、一念知一切法，关于佛菩萨圣德的赞扬，也就是大乘思想的法性身论，可说是他们唯一着力的地方。在流转还灭的解说上，像心性本净、见空成圣，也是大乘的心要所在。所以起初不必有大乘经，但大乘法的基本要义已相当完备了。到了迦王时代，大天更展开扬大抑小的争论。大众系的教化区，渐渐地向南方移入。东方的央伽多罗，传说有大乘经。摩诃迦旃延到摩诃剌陀，大天到摩醯沙漫陀罗；凡是大众学派所到达的，都是大乘盛行的根源地。案达罗的学者，传说他们用南印的方言集录大乘经。总之，大乘法的最初传弘努力者，是大众系的圣者们。这一个倾向，飞快地展开。在佛元二世纪的迦王时代，西方的上座系，有一分人倾向大众而接近了，这就是中印的分别说系。这一系，流行在大陆上的，像化地、饮光、法藏部，不论是分裂的缘起、圣典的内容（古人也判法藏部律的分通大乘），都接近大众系。特别是三世纪中印法难以后，大众系与大陆分别说系的关涉更深。西方的上座系，不久又分为犊子与说一切有两系。犊子系以拘舍弥为中心而分化到恒河流域，也有进入大众系的故乡，所以它也倾向大乘。如文殊师利为释迦的老师，犊子部即与大众部有一致的传说。真常唯心论的完成，与它也很有关系。说一切有系中，流出重经的譬喻师，它的思想是倾向大众分别说的。譬喻尊者，从健陀罗到羯槃陀。这一线，像乌仗那，通过泊米尔，到西域的斫句迦、于阗，都是后代大乘的盛行地。

譬喻大师世友，不也称为菩萨吗？根本说一切有部律，不也说善财是贤劫菩萨；舍利子说法，有很多人发菩提心吗？又有重禅的瑜伽师，他们好谈自证，思想自由得多。像僧伽罗刹、弥妒路尸利，都传说是菩萨。惟有迦湿弥罗的重论派，才比较上与菩萨道无缘。从声闻学派的分流上看，菩萨道可说是大众系初唱，因佛法的普及大众（菩萨，在家的更多）而发扬。但以佛陀行果为赞仰的对象，生起佛何人哉，我何人哉，有为者亦若是的自尊心；在时代要求下，逐渐形成菩萨道的佛法，这几乎是一切学派的共同倾向。所以不久即弥漫全印，为一切学派先见者所赏识，这焉能看为少数人的臆说？看为空中楼阁，说它完全是后人的伪造？至少，我不敢闭起眼睛，这样地抹煞事实。菩萨倾向的声闻分流期，各派的学者，有的专修声闻行果；有的赞仰佛陀行果，自修依然是声闻道；有的外现声闻身，内秘菩萨行。声闻道与菩萨，虽不无矛盾，但大体上是互相依重而和合的。不过，从事菩萨道的研求与实行者，大众分别说系比较的多数吧。在北方，一切有部的譬喻师，都是与大乘有关的。佛元四世纪以后，菩萨道更盛，才渐次移入菩萨本位的时代佛教，那已是南方案达罗王朝与北方贵霜王朝的时代了！

五　从经论的集出看大乘

了解圣典的性质，知道它怎样流布人间，那一定能信解大乘的如实。经论的出现，可依印度佛教的五期去观察。五期是：一、声闻为本的师资同（一解）脱，二、菩萨倾向的声闻分流，

三、菩萨为本的大小兼畅，四、如来倾向的菩萨分流，五、如来为本的佛梵一体。佛世的佛教，学者泛称声闻，声闻即闻佛声教而修行的弟子（本不局限于己利）。佛与弟子证得同样的解脱，佛的教授、教诫，简练为一定的文句，传诵在僧团中；僧团的生活，由佛的示范指教而在大众的实行中。释尊化世的事业，也被传说着。至于佛陀的大行大果，由释尊的本身活动来表现，影入每个弟子的心中，有本生、未曾有等传说。佛灭以后，迦叶系的少数结集，我以为是：一、属于达磨的，分修多罗与祇夜（《杂阿含经》的前身），是释尊（与弟子及诸天）的言教的类集。二、属于毗奈耶的，分修多罗（戒经）与祇夜（法随顺偈），是僧伽规制的类集。此外，伽陀与优陀那（法句），传诵于教界。而有关佛与弟子事行的因缘、譬喻、未曾有、本生、本事等，都还在传说中。初期的结集，虽多少是偏于厌世的，但声闻行者所认识的佛法，有关佛陀行果的菩萨法，也常不自觉地流露出来，特别是本生、本事的传说。到佛元百年，学派分裂的前夜，佛典已不这么简单。达磨，已综合了新得的遗闻、旧义的推阐，会入因缘譬喻等事实，编组为中部、长部；又依增一法，编集为增一部；加上原有的相应教——杂部，合为四阿含。毗奈耶的经分别，已经成立。“法随顺偈”，即摩呾理迦，逐渐分别解说，形成毗奈耶的一大部，近于《僧祇律》的“杂跋渠”。（上座部系律师，后来又将“杂跋渠”分别编集为小品、大品，或七法八法等）。优婆提舍——论义方面，当时至少已有两大学流：一是学出舍利弗的“阿毗昙”，一是学出摩诃迦旃延的“蜫勒”。这些，是佛弟子所共认的（除论），但学派的分裂，也由于此。《长含》与《增一阿含》是怎样接近大乘呀！所以，我以为大乘思想的胚胎，在分裂前已经存在。吠舍离结集，促成二部的分裂。分别说系重《长含》，大众系重《增一阿含》，这岂是无所谓的！从此，初期佛教的圣典，已达到凝固的阶段。尽管出入不同，已不许随便更张。佛教界渐用文字记录，该是重要的理由。当时的佛教，已移入菩萨倾向的声闻分流时代了。

初期的圣典，已相当固定。佛弟子，或又采集得佛陀的遗言遗行；自己作佛法的体验；从事对佛法的研求，推演它，抉择它；为了适应新环境，又需要摄取。换句话说，整理的时代过去，现在要发挥、弘扬。佛弟子们，虽说身教为先，但不能无所表现。自己所认识的妙法，自然要求他人的共鸣，这就要从事著述了。这研求故典、发挥新知的工作，迦王以后，一天天隆盛起来。佛元三世纪，中印受法难以后，佛教更显然分化为南方佛教与北方佛教（这与欧洲人所说的不同）。他们著述的作风也不同。在西北方，起初，虽也有编集为经的，像《正法念处经》等；但主要是：佛弟子的著述一律称为论，收在论藏里。不过，遇到特别珍重的东西，虽说是论，也常自夸为佛说。如经部师的摩呾理迦，阿毗达磨论师的《发智论》。南方的佛教，大众系与分别说系，在经律论以外，又有"杂藏"的结集。"杂藏"中，像《法句》、《义足》等，是古型的精粹的小集。也有本生、本事、譬喻、方等，这里面含有丰富的大乘思想。这在迦王时代，已经如此了。不久，据《分别功德论》说，杂藏的内容更充实，也就是说，佛菩萨行果的成分更多了。"文义非一，多于三藏，故曰杂藏。"试问这部帙浩大的杂藏，从何而来？大众分别说系的论藏不发达，传译来中国的很少;这不是中国学者有意鄙弃它,实在它本来就不多。但他们重智慧,重化他,重融摄,他们焉能无所述作！我敢说,杂藏就是他们作品的汇集。后来,大乘思想更丰富,旧瓶装不了新酒,这才离开杂藏,自立体系,编集为大乘藏。初期大乘经的公开广大流行,应该是佛元五世纪的事,佛教渐渐移入第三期菩萨为本的大小兼畅的时代了。关于大乘经的编集出现,我们不能把它看为作伪。无论如何,古人是并不如此。有人说,四福音不是耶稣的事迹,也不是哪一个作伪,这是耶稣门徒无意识歌唱出来的东西。这说得相当好,大乘经也应该这样看。有传说中的佛言佛行,有论究出的事理真相,有佛弟子成佛的心愿,有社会救济的事实要求:这一切,渐成为佛弟子间的共同意识。在不断的流行中,结构为几多理论与事实。自己没有听见佛说,但却是展转从人得来,并非凭空撰出。从理论上看,从实践的道上看,这不能不说是佛法,是佛法的必然结论,非此不足以表现佛陀的真精神！在进步的佛学者看来,这真是道出自己心中的深奥。起初,大乘思想是潜流、酝酿,在不断的演绎充实中。但也是流行中的演化,非某一人有意的增饰。一到成熟的阶段,自然有人把它编集出来。是佛说,当然加上如是我闻了。有意的推演补充,在古人或者也有,但必然自觉是忠实地吻合佛意。入佛法相,也就不妨是佛法了。这南北方的佛教,是怎样的作风不同呀！南方的佛教,抉择而特重摄取,在赞仰佛陀行果的立场上,流出无数的摩诃衍经。北方的佛教,抉择而特重推演,在阐述世间集、灭的立场上,流出很多的阿毗达磨论。论典,是对释尊的言教有渊源,加以推演,在自己的园地上创新。经典,是对释尊的身行有所见，加以抉择发挥，却忘却自我，愿与古圣同流。大乘经，保存了佛教传统的行践中心，富有生命力；阿毗达磨论，不免讲道理，流为偏枯的理智主义，繁琐得讨厌。但论典，不称为佛说，内外的分限较严；这比大乘经的融摄世俗（神化的气味加深），把本源佛说与流行佛法搅成一片，自也有它的长处。这两者，一是佛道中心的，一是声闻道中心的；一是侧重缘起寂灭性，趣向一理常空；一是侧重缘起生灭相，趣向诸法皆有。这两大学流，我们应该站在古型的圣典中，去观察它们，接受它们宝贵的成果。如果硬要说大乘非佛法，是印度教徒神化佛教的赝品，这真是释迦的不肖子孙！

菩萨为本、大小兼畅的大乘经，从南方到北方，是南方案达罗、北方贵霜二王朝的极盛时代。不久，南北二王朝，都一天天衰老。中印的摩竭陀民族要兴起，正在预备一个梵文复兴时代的婆罗门帝国。这时候，大众分别说系的学者，承受初期流出的大乘经，有意无意地又在开始发挥适应新时代的佛法。梵我化的真常、唯心，在佛教界起着酝酿作用，又开始出现新经。正在这转变的大时代，佛教中产生了伟大的圣者，就是龙树菩萨。他长在南印，久受大乘的熏沐，又出家在北印的说一切有部。他起来综贯南北佛教，发挥弘通一切性空、一切幻有、三乘同归的菩萨本位佛教。他反对北方佛教的极端者，《发智》、《婆沙》的实有、琐碎；又抨击南方佛教的病态学者，方广道人的执理废事。他立足在古典的缘起观，从缘起的寂灭性，贯通一切空；从缘起的生灭相，贯通三世有、我法有、有为无为有的一切有。幻的显现，幻的空寂，合成现空无碍的中道观。他的即有而空，是缘起空寂的开显，是不碍入世的大乘特见。他的如幻一切有，虽取舍各家，特别重用上座传统的古义。他是南方初期的大乘经与北方初期的毗昙论的综合，综合得达到预期的成功。他承受北方的精神，所以他的作品称为论。当时，真常、一乘、唯心的后期大乘经，已开始出现。龙树窥见了这个气运，很想加以阻抑，所以说：他力念佛，是为志性怯劣者说的。假如一定是一乘，那惟有《法华经》可信（可见当时的一乘经很少），一切说三乘的都要废置或修正了。因为人执著实有外境，所以特别说一切依心起；如执著心是真实常住，那不过是梵王（婆罗门教）的旧说。本来是一切空，因为有人怕听说空，所以又称之为一切清净。他这样的坚固而洗炼了大乘，给北方佛教界一种重大的影响，引起西域大乘佛教的隆盛。但随着笈多王朝的兴起，在梵文复兴的气运中，中印的佛子们融摄了大众系、犊子系的思想，对一切法性空，给以新解释、新抉择；真常、唯心、一乘的大经，又大大流出，佛教又移入如来倾向的菩萨分流时代了。这一个思潮，立刻反映到西北方，伟大的综合者又出现了，这就是无著师资的学系。他们学出北方，从重禅的瑜伽师中出来，倾向经部师，也尊重毗昙。总摄了说一切有三系的学说，起来回心向大。因为偏于北方，所以对大众分别说的思想，比龙树要隔碍得多（但龙树后学的容易流入真常，也就因为这一点）。初期的性空大乘经，也就是久在北方流行的，他们很重视它，但用现在实有的见地去解说。当时真常、唯心的思潮，无法拒绝它，又不愿全盘接受，可说又厌它又爱它。于是，在缘起自相有的见地说不空，间接地显示真常不空。不同情真心的在缠妄现，所以从虚妄生灭心中谈唯识。虽一天天弘扬大乘不共的唯识道，但在北方佛教的事实昭彰下，终于用密意一乘去修正它。这一到随理行派手上，弘扬在中南印，就彻底地一乘究竟了。用别时意趣解说念佛，不谈真言秘密。他们有北方的浓厚特色，制作很多严密的论典。这一系，也像龙树系一样，是伟大的南北综合者；也想对南方后期的佛法有所修正，但时代思潮的狂流，已不能不遮遮掩掩地接受了！这样，大乘经与大乘论，是各有源流的。大概说，经是大众、分别说，也有犊子系（一切有系）在内，偏于东南的。大乘论是南北佛教的综合，有修正净化大乘经的倾向。可以说，不透过说一切有系，大乘是不重论的。龙树学与无著学，是更理想的大乘学，但不能说大乘只有中观与唯识两派。这因为龙树学很逼近性空经，但经中未始没有不同的见解。后期的中道大乘经，说真常、唯心、一乘，更与无著学相距很远，到护法更远了。真常唯心，不是虚妄唯识者发展所成；虚妄唯识，却是从北方佛教的观点，接受真常唯心，又想净化它。古人说，经富论贫，那过分重视如是我闻了。西藏人以为大乘经像一团面团，拉长就长，压扁就扁，真意难得了解。惟有龙树、无著的中观、唯识学，才是大乘的正义，那也不知经论性质的差别。事实上，龙树、无著在大乘教中的地位与价值，需要更深的认识。

因了中观学的复兴，空有相争，闹得兴高采烈。但另一机运成熟，新经典又开始流行了。起初，北方的瑜伽师，说自证，谈神通，渐渐与北方的咒师有缘。杂乱地流出些杂密，这时间相当的早。南方真常论者的圣典中，密咒的成分也加多。笈多王朝大统一以后，婆罗门教更盛；佛元九、十世纪间，佛教大受摧残。真常的大乘佛教者，有意的在真常、唯心、一乘的基础上，使佛法更梵化、更神秘。它总摄大乘空有的成果，融合了世俗的迷信、俗习，甚至房中术。这样作风，本是婆罗门教所采用，曾经收有复兴效果的。行部、瑜伽部的密典出现，佛教思想大变，这又移入如来为本的佛梵一体时代了。接着，南北方佛教都衰，中印佛教却在波罗王朝的护翼下，秘密教发扬到至矣尽矣，无上瑜伽又出现。病态的发展，到了此路不通，创新的源泉也枯了，坐待外道的侵入而灭亡。

从这经论的出现去看，初期大乘经，可以有想像（无意识的居多）的成分，但不是伪托。它是学有所见，从佛教大众的共同意识流露出来的妙法。至少，它与声闻乘的阿毗达磨有同等的价值。实际上，高得多。大乘经论各有特色，我们赞成继承龙树、无著抉择又综合的精神，但不否认真常唯心系的存在。否认它，就不能窥见佛法流行的真相。大乘经，我们是尊重初期的。真常唯心，我们认为是适应梵学复兴而离宗的，但它保存佛法的精华不少，值得我们参究。现存的声闻经论、大乘经论，如一定要考实佛口亲说的，那恐怕很难。这一切，都是释尊的三业大用影现在弟子的认识中，加以推演、抉择、摄取，成为时代意识而形成的。可以称为佛说，却不能说哪一章、哪一句是释尊亲说。尽信书不如无书；离却糟粕又从哪里去洗炼精华！古书不易读，佛典似乎更难了。

六　从思潮的递代看大乘

依多数大乘经的三时教，把五期佛教总束为无常实有的声闻行、性空幻有的菩萨行、真常妙有的如来行三期。这三个时代思潮的代兴,是前一思潮发扬到极高的时候,后一思潮已潜在地形成;前一思潮将衰落,后者就立刻用新的姿态飞快地发展起来,形成新的时代。三时中,性空幻有的菩萨行,是根本结集圣典的正常开显;真常妙有的如来行,却因为适应而多少有点离宗。这是可以诤论的,再为一谈。

佛世的佛教,是无限差别而一味的。三法印,在释尊的证觉中,自然是一贯无碍。从初期圣典所表现的看来,这是行践的理性,是厌苦、离欲、向灭的法则,是知苦、断集、证灭的所修圣道的历程。所以在初期声闻行者的认识上,这含有很大的厌离情绪。他把生死无常与涅槃寂静截为两件事,所以特别深切地痛感无常故苦,形成无常为门的声闻行了!原来,三法印是依缘起而开显的:缘起的生灭,是诸行无常;缘起的寂灭,是涅槃寂静。初期急于厌离的学者,从缘起生灭相去看,所以见他的历别而三法印分离了。但真能从无常入无我,从无我证无生寂灭的圣者,也决不别执(他的四谛,也称生灭的、有量的、有作的)。菩萨行者,从缘起的生灭中彻见寂灭性,体现一切法的无差别性。从这毕竟空寂的观点看一切,三法印即是一实相印(他的四谛,也称不生灭的、无量的、无作的)。一从差别的见地,渐入而会归一灭;一从无别的见地,见性空而遍通三法印。古人说的拙度、巧度,也只是这个。这样,生灭相即寂灭性,生死即涅槃,不妨离声闻厌离行而别走菩萨等观的性空行了!我们的见解,《第一义空经》、《大空经》等,本是圣典旧物。所以性空门的发扬,决非否定、抨击根本的圣典,反而是开显它。即空的一切,只是蕴、界、处、缘起等；无我（三解脱门）是入道的不二门；无余涅槃，是三乘共证而究竟的；但为菩萨说，而二乘也应该列席学般若。这一切，是怎样地阐发释尊正觉的本怀，不违旧来的声闻行！

第二期是无我法印的开显，第三期是涅槃法印的开显：我曾这么说，但大有语病，容易起误会。要知三法印是依缘起的生灭与寂灭而说的，法印有三，生灭与不生灭却只有二义。性空大乘的空寂，是我空、法空，是人无我与法无我，这自然是无我我所的开显。但一切法空，就是诸法寂灭性，这就是涅槃；在诸法本空上，显示诸法本寂灭，所以空也就是涅槃寂静印的开显。在同一的性空中，显示无我与涅槃二义。这第一，法印有三，生灭与寂灭只有二。诸法无我是遍通的，从生灭边说，无常是相续中的非常，无我是和合中的非实。从寂灭边说，无我约所无说，寂灭约所无的当处说。性空行，就是从无常的非实自性中，离自性而见空寂。第二，在圣典中，涅槃是不许拟议的。因为一切是有余的，是世间的；如用世间的去作著相的描写拟议，那就必然要神化。它只能从无常无我中去体现，要加以言说思惟，只能说空、无、非、不、离。第三，无可说明中的说明，不出二途：生死是此有故彼有；所以涅槃是此无故彼无，就是无性空。无自性空，自性涅槃，这是用实有非有的空来显示的。又，生死是此生故彼生，所以涅槃是此灭故彼灭，就是寂灭。以生灭故，寂灭为乐，这是用生者不生的无生来显示的。所以说三时思潮的递代，是三法印的次第开显；这在后期的大乘者，他们确是自觉为发挥真常妙有的大寂灭的，其实却不尽然。

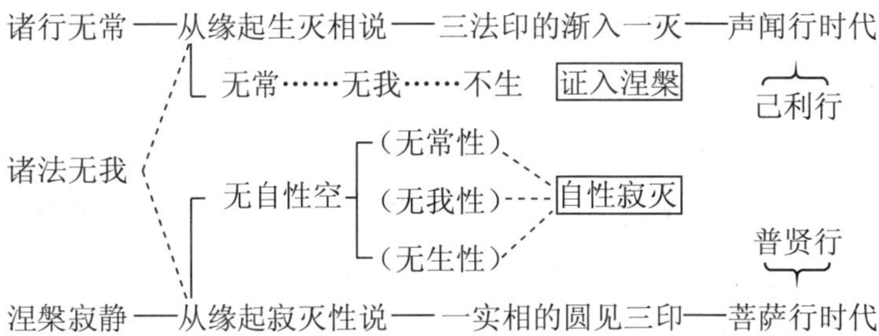

什么是真常妙有？就是说，空是无其所无，因空所显性，却是超越的大实在。这在性空幻有发扬的时代，有见根深的学者，不见一切如幻、一切唯名、一切性空，他是很可以把性空误会作显示真常的。天台家说，通教的幻有即空，如因空而见非空非不空（不离一切法的外在）的，是但中；如因空而见非空非不空，而空而不空，空中具足一切法的（不离一切法而内在的），那是圆中了。含中二谛，不是三乘共空的本义，是真常论者的一种看法，一种解说，很可以看出从空到不空的思想过程。难怪真常论者的心目中，《华严》、《般若》等都是真常，说空是为了破外道小乘。从空而入的，是大实在，是一切法的实体，与诸佛法身平等平等。它是凡圣一如的，染净不变的。虽是万有的实体，遍一切一味，但为了无始妄染，使它局促在狭小的世界中（或者闭锁在肉团心中）。它是生死中作业受苦乐者，在蕴界处中，为三毒所染，但还是常住的、周遍的、清净的、真实的；像矿中的金性，秽物中的摩尼。它是阴界六入（在有情身）中的至善妙明；不即五蕴不离五蕴的真我。它叫如来藏、如来界、如来性、佛性……；它与心性本净合流，所以也叫圆觉、本觉、常住真心。它是常住，非无常；它是具足恒沙净德的不空；它不从缘生，不如幻化。无常、空,这都是世间虚幻的缘起,它决不能如此。它有时也叫空性,这是因它不与妄染相应,因离妄而证。也可以叫无我,这是无即蕴我与离蕴我,它实在是真我。把从空所显的大实在(妙有)作为核心,它本身具足一切;清净圣德,是从它开显出来,不是新生;熏习,那不过引发而已。它具足一切清净功德,必然要走到佛智常住、菩提本有。这可不能不骂无常是外道,讥笑无我是旧医用乳。真常妙有论的特征如此,它是什么?是梵?是我?回顾根本的圣典,渺不相及。在初期大乘经中,也不能容许。有人说,这是不共大乘。是的,这确是不共的。

这一思想系,印度的佛教中是存在的,不能否认。不能否认它,但进步的大乘学者,或者说是回眺根本圣典的大乘学者,那都要批评它、修正它。龙树说得彻底,这是梵王的旧说。无著系不谈如来藏藏识,专从唯妄唯染的赖耶谈起;不直谈圆成实的妙有,却从依他起的自相有说起;给如来藏以新的解说,虽不能彻底,到底净化得多。他的后学,对真常显现诸法的思想,永远在反对,也有评责真心系为妄说的。龙树的后学,说圆具德相的如来藏是不了义的,如来藏是依性空而假说的;宗喀巴也要大破觉囊巴派的真常妙有。我觉得,如果说龙树、无著间有一种一贯的精神,那就是综合南北佛教,对后期的真常妙有论者加以批评、洗炼。我把印度的佛教史分为无常、性空与真常,对真常多少有点指摘,这在自己,觉得是继承龙树、无著一贯的精神。时代不同,它的病更深,不免说得更彻底。但虚大师批评我,将马鸣、龙树、无著的一贯,糅成支离破碎了。起初,使我惊奇得有点不敢相信,龙树、无著的一贯是什么?但现在,我渐渐明白了。好在问题也等于过去，虚大师也觉得“于大乘教理上，从空到不空，证之多分的大乘经论，盖无问题”。不过，总以龙树以前的马鸣作《起信论》为理由，维持先真常而后性空的见地。我想，龙树以前的马鸣有没有作《起信论》，这在今日应该是共明的事实，不必再劳研讨的了！

七　从大乘的内容看大乘

大乘学的内容，确实一言难尽！现在从两点去看：一、世间集灭的解说，二、佛陀行果的赞仰。世间怎样集起，又怎样还灭？这是一种生命中心的世间观，是人生动向的指针。在初期（后期都不同）的大乘经中，立足在业感缘起的理论上，十九是圣典之旧。但也有差别：像声闻行者，是一切法向缘起的生灭，多从差别的观点说。大乘学是一切法趣空，特别从空寂无二的观点说。这是正常的开显，上面已略为谈到。还有，无常、苦迫的世间，不是说非无常、非苦，却不像声闻者的急求厌离，说更应该为众生的无常与苦而努力。另又提出一种清净的他方佛土，这是初期佛教中北俱卢洲、弥勒净土等的精制。仗佛菩萨的力量，等死了去享受，这决非净土教的本义。主要是往生净土，在良好的环境中，修学到不退菩提。但如了解它是菩萨与同行、同愿者广修善法而出现的，提供优美的理想，促使它在人间实现，这就很有意义了。并且，秽浊的人间，在大乘经中也常是清净的，常是从秽土而转净土的，净土不就是人间的净化吗？

释尊的三业大用，菩萨的本生谈，经长期的融合而使它普遍化，综合为一般菩萨的大行与一切诸佛的妙果。我觉得，大乘的真价值，大乘的所以可学，不在世间集灭的解说，却在这菩萨的大行。菩萨学一切法，有崇高的智慧。度一切众生，有深彻的慈悲。他要求解脱，但为了众生，不惜多生在生死中流转。冷静的究理心，火热的悲愿，调和到恰好。他为法为人，牺牲一切，忍受一切，这就是他的安慰、他的庄严了！他只知应该这样行，不问他与己有何利益。那一种无限不已的大精进，在信智、悲愿的大行中横溢出来，这确是理想的人生了。菩萨比声闻更难，他是综合了世间贤哲（为人类谋利益）与出世圣者（离烦恼而解脱）的精神。他不厌世、不恋世，尽他地覆天翻，我这里八风不动；但不是跳出天地，却要在地覆天翻中去施展身手。上得天（受乐，不被物欲所迷），下得地狱（经得起苦难），这是什么能耐！什么都不是他的，但他厌恶贫乏。他的生命是丰富的、尊贵的、光明的。他自己，他的同伴，他的国土，要求无限的富余、尊严、壮美；但这一切，是平等的、自在的、圣洁的。所以，我说菩萨是强者的佛教；是柔和的强，是济弱的强，是活泼泼而善巧的强。他与声闻行者，似乎是很不同的。有人说：叔本华的悲观哲学，到尼采的超人论，看来不同，而尼采却真是叔本华精神的继承发扬者。大乘佛教，仰宗释尊的大雄，从声闻佛教中透出来，也实在如此。这其中，从独善的己利行，到兼济的普贤行，是一个重要的转捩点。这像《净名经》、《华严》的《入法界品》，表显得特别明显。说到佛果，我在《印度之佛教》说过，从现实人间的释尊，到万德庄严的法身佛，也是从本生谈的启发而来。大众系已经成立，不是大乘学者新创。大抵现证法性以前的菩萨（般若道），常人是可以随分行践的。成圣以上，可以看作人生的终极理想。好在大乘行者，在无限不已的前进过程中，不急求断惑而证实际（后期佛教，声闻的急证思想复活，这才使大乘逆转）。我以为大乘学者，不该专在判地位、讲断证上下工夫，或专在佛果妙严上作玄想。这是神学式的整理，仅能提高信愿，而不能指导我们更正确深刻地体解法相，也不能使行践有更好的表现。也不该专在事理上作类于哲学的研究，它使我们走上偏枯的理智主义，或者成一位山林哲学者。大乘经不可不读，自然要会读。大乘经是行践中心的；读者应体贴菩萨的心胸、作略、气象。有崇高的志愿，诚挚的同情，深密的理智，让它在平常行履中表现出来！使佛法能实际而直接地利济人群。自然，初学者作一期的专修，调伏自己，净化自己，充实自己，也是必需的。

其他，关于内外、天人之际，我想另外讨论。还有，大乘经中的人物叙述、时地因缘，是不必把它看为史实的。这些，不是理智所计较的真伪，是情意所估计的是否，应从表象、写意的心境去领略它（与大乘论不同）。它常是一首诗、一幅画，应带一副艺术的眼光去品鉴它。“明月向我微笑”，“天为催诗放雨来”，这在艺术的境界中，该不是妄语吧！要读大乘经，艺术的修养是必要的。懂得一点神话学、民俗学，有一点宗教的情绪才行。否则，不是“辟佛者迂”，就是“佞佛者愚”！

八　什么是初期的大乘经

我只能说什么是比较初期的大乘经，不能说哪一部是佛口亲说的。这在上面的解说中，大概已能相当了解了。凡是大部的典籍，都不是一时编集的；有先出的，有后出的，也有后出而羼入先出中的。这不容易考察判明，要认识初期大乘佛教的基本精神以后，才能分别出来。譬如《般若经》，这是一部比较初期的。但龙树所知的，只有三部，就是奘译的第一会、第二会、第四会。到罗什来时，他的弟子僧睿，已说有四部，这加了《金刚般若》了。似乎是同时在西北译出的《仁王般若》，已说有五部了。元魏菩提流支的《金刚仙论》，就说八部般若。唐玄奘译的，更多到十六会。但后来，还有《帝释问般若》、《开觉自性般若》等。从这累代递增看来，我们要读初期的般若经，应先读十六会中的前五会。前五会事义不同，文字的广略差得很远。四、五两会，直从佛命须菩提说般若起，转教菩萨，反映声闻中的先见者，用大乘法教化在家弟子，而声闻集团反而还不能接受。《法华经》的管理家务，应该正是般若的特色。前三会，多了舍利子一章。我们不妨先读第四会第五会。此外，如唯识学者所用的经本，多了《弥勒问品》，大谈三相，这自然是后起而羼入的了（这不是真伪问题，所以唯识学者不必着急）。这些，我也不能一一地分别，也不必。我以为，《华严经》应先读《净行品》、《十住品》与《入法界品》。《净名经》，《诸法无行经》，《思益梵天所问经》，《持世经》，《大树紧那罗王经》，《首楞严三昧经》，《无尽意经》，《宝积经》的《迦叶会》，《璎珞经》，《华首经》，《六度集经》；再加读《贤护经》，《阿閦经》，《大阿弥陀经》等。《法华经》也不妨一读，可用什译的；除去羼入的《提婆达多品》；《嘱累品》以后附加的成分，可以不读。如对这一类初期（自然也有先后）的圣典，得一根本而扼要的认识，再去读后期的圣典，那更好的阐述、发挥，或开始转变，就多少有点判别力了！

有关大乘的问题极多，我们来多多研究，多多地去理解它吧！佛法的真相，等待着我们的发掘！

六 略说罽宾区的瑜伽师

一 瑜伽师与罽宾

瑜伽师，即一般所说的禅师。古代的佛弟子，不像晚期的佛教徒，专以礼拜、唱念为修行。他们除学经（论）持律而外，主要是对人广行教化，对自“精勤禅思”。禅思（含得止与观）为从身心的修持中，实现特殊体验所必要的。凡修持而得止观相应、心境或理智相契应的，即名为瑜伽；瑜伽即相应的意思。瑜伽虽为佛弟子所必修的，然由于根性、好乐、着重的不同，古代即有经师、律师、论师、瑜伽师的分科教授，即有专修瑜伽的瑜伽师。但是，经师们并非不修禅观，瑜伽师并非不学经论，这不过各有专重而已。

上座系中，凡是仰推阿难的，重于达磨的，契经的一流（锡兰的分别说系，是推重优波离的，重律的），都重于禅观。《分别功德论》（上）说：阿难弟子多重禅。《阿育王传》说：商那和修、优婆鞠多，都是大禅师。尤其是优婆鞠多，“教授坐禅，弟子之中，最为第一”。又说：摩偷罗、罽宾，都适宜修禅。尤其是罽宾:“佛记罽宾国,坐禅无诸妨难,床敷卧具最为第一,凉冷少病。”罽宾,决非迦湿弥罗(也可摄于罽宾中),主要为健陀罗以北的雪山区,即今印度西北边省北部,及阿富汗东北山地。有名的伽蓝,如大林、暗林、离越寺,都是罽宾的僧众住处,贤圣所居(《阿育王传》卷二)。这一带适宜修行瑜伽,龙树《大智度论》(卷六七)曾加以解说:“北方地有雪山。雪山冷故,药草能杀诸毒,所食米谷,三毒不能大发。三毒不能大发故,众生柔软,信等五根皆得势力。如是等因缘,北方多行般若。”般若(禅观的一流)从南方来,到北方而获得了非常的隆盛。这由于罽宾的清凉、安静,生活不太难,适宜于禅思的缘故。

二　阿毗达磨师

太虚大师曾说过:天台与贤首,从禅出教,是重经的;三论与唯识,是重论的、重传承的。然从学派的发展去看,大小显密,一切佛法,都是根源于禅观的修证(浅深、偏圆、邪正,可以有差别)。佛如此,佛弟子也如此。等到从禅出教,成为大流,承学者大抵是重于传承(如天台学者推重智者与荆溪等)、重于论典(如天台家的《法华玄义》等)的;每为文句名相(教相)所封蔽,迷恋于名句糟粕,而不能善巧方便地进趣于禅观的修证(如现今的天台学者,谁能修圆顿止观呢)。罽宾一切有系的瑜伽者,即可以充分地说明此意。起初,上座系的商那和修、优婆鞠多、末阐提等,于阿育王前后,从摩偷罗而移化于罽宾区。这本是阿难以下的重经重禅的一系。依于师承传习,修持禅观,组成二甘露门（后为三度门又成为五停心）、别相念处、总相念处、暖、顶、忍、世第一法的进修次第。从禅出教，演为阿毗达磨一大流，这被称为论师派。然论典的根本——摩呾理迦，本为修行品目的解说。阿毗达磨，译为现（对）法，本为无漏慧对于真理（法——四谛或一灭谛）的直观（现）。以阿毗达磨本典——《发智论》来说，大部分为有关于戒定慧的辨析。不过论典兴起以后，不免偏重于名相的分别罢了！迦旃延尼子与世友，即为这一系（重论）的瑜伽者。

三　经部譬喻师

在阿毗达磨师发达的过程中，一切有系中，重经与重禅的，还是活跃地盛行于罽宾山区。有推重契经，内修禅观，外作教化的，又从禅出教，于西元初，成（重经的）譬喻师一流。这一系是重经的，如法救与觉天，是持修多罗者（凉译《婆沙》卷一）。所以西元二三世纪间独立成部时，名经部譬喻师。这一系是重于通俗教化的，如众护、马鸣、鸠摩罗陀、僧伽斯那，都有通俗的文艺作品，多以偈颂说法。法救的编集有部的《法句》，也是同一学风。这一系的禅者，第一要推僧伽罗叉（众护）。传说是迦旃延尼子弟子，与世友同时（持经譬喻师，本是有部系的，不反对阿毗达磨，不过能保持以经简论的态度，不同情过分的名相推求）。他的名著《修行道地经》，梵语"榆迦遮复弥"，即是瑜伽行地。从西元一六〇顷的安世高初译，二八四顷的竺法护再译，四〇四顷的鸠摩罗什的部分集出：传入中国的初期禅观，即是譬喻系的瑜伽。鸠摩罗什集出的禅经，特重于马鸣与鸠摩罗陀："其中五门（禅法），是婆须密（世友）、僧伽罗叉、沤波崛（即优婆鞠多）、僧伽斯那、勒（胁）比丘、马鸣、罗陀禅要之中钞集之所出也。"（僧睿《禅经序》）除优婆鞠多是阿毗达磨系所共宗而外，其余的都是譬喻系的瑜伽者。但等到从禅出教，如室利逻多的著作经部毗婆沙而后，经部是大盛了，与有部对立了，也就成为学理的研究，不再有譬喻瑜伽者的自行化他的活力！

四　大乘中观师

譬喻的瑜伽者，着重于普及教化，定慧修证。在传说中，这一系的大师，如婆须密（世友）、众护、马鸣、僧伽斯那，都被称为菩萨。马鸣的师长——胁比丘，曾确指十二分教中的方广，即是般若经（《婆沙论》卷一二六）。这是一切有系中，与大乘精神相呼应的一流。大乘，本兴起于印度东南。大乘经中所说的般若、三昧，实与瑜伽的内容相近。北方大乘初兴，即与罽宾区（通过葱岭而到达于阗、斫句迦）的禅者相关。"内秘菩萨行，外现是声闻"，可说是绝好的说明。二三世纪的龙树，来雪山修学，而弘化于南侨萨罗。《中观论》等名著，也是从（胜义）禅出教的。提婆的作品，即称为《瑜伽行地四百论》。龙树与一切有系有关，与罽宾区的瑜伽者，流行于北方的般若中观者，有着深切的关系。但龙树"一切皆空"的中观，直从大乘经（与见空得道、见灭谛成圣的大众分别说系相关）来；与阿毗达磨系的见四谛得道，见有成圣，源流各别。所以后世的中观宗，僧护、清辨诸大师,也还是复兴于南方。

五　瑜伽师

阿毗达磨为论师派,譬喻为经师派。当譬喻瑜伽师,从禅出教而完成经部的宗义时,专修禅观的瑜伽师——禅师派,还是持行于罽宾山区。其中比较保守(?)的一派,西元四世纪中,盛行于罽宾,由觉贤于四〇八年顷传来中国,这与罗什所传的譬喻系禅法不同。依慧远、慧观的经序说:觉贤所受学的,有顿渐二禅。渐禅,是罽宾旧有的,远宗僧伽罗叉,到不若密多罗(又作富若密罗)而大成。经富若密罗、佛陀斯那,而传与觉贤。顿禅,由昙摩(多)罗从天竺(南印或中印)传来罽宾,经婆陀罗而传与佛陀斯那。昙摩罗又从佛陀斯那受渐禅,彼此成相互承学的关系。然觉贤所传于中国的,二道,二甘露门,四义,实为罽宾旧有的渐禅。多用婆沙论义,与婆沙论所说的"修定者"相合。觉贤所传的禅经,梵语"庾伽遮罗浮弥",也即是瑜伽行地。这虽是保守于声闻佛教的立场,而修法与秘密瑜伽者多有类似处。如此一法门,名"具足清净法场",即"圆满清净法曼陀罗"的旧译。所修的二甘露道四分,都分为方便道与胜道而修,也与秘密瑜伽者分为生起次第与圆满次第相合。经中所有术语、修相,多有与秘密瑜伽相同的。慧远说:达摩多罗与佛大先,"搜集经要,劝发大乘"。罽宾的瑜伽者,在急剧地大乘化与秘密化之中。

六　大乘瑜伽师

另一派,于西元三四世纪间,从经部譬喻的瑜伽师中分化出来——“一分经为量者”(《成业论》),折衷于阿毗达磨与譬喻经学,接受大乘空义及真常不空的唯心大乘,发展为回小归大的大乘瑜伽师,无著为重要的传弘者。等到从禅出教,集出《瑜伽师地论》等,后学者也就化成法相唯识学,偏于义理的精究了。推溯大乘瑜伽的渊源,可得二人,即离婆多与弥勒。

大乘瑜伽论,本为瑜伽师从瑜伽观行中心扩大组织而成。瑜伽论的禅观,总相为遍满所缘、净行所缘、善巧所缘、净惑所缘;这是颉隶伐多传出的瑜伽纲目。如《瑜伽论》(卷二六)说:“佛告长老颉隶伐多:……诸有比丘勤修观行,是瑜伽师,能于所缘安住其心,或乐净行;或乐善巧;或乐令心解脱诸漏:于相称缘安住其心,于相似缘安住其心,于缘无倒安住其心,能于其中不舍静虑。”瑜伽论,与《解深密经·分别瑜伽品》,都不出乎这一瑜伽纲目。“曾闻”,是传说如此,并非——展转传来的——《阿含经》所有。颉隶伐多,或译离婆多、离越、离曰等,是著名的禅师。《增一阿含经》初,赞说四众弟子各各第一时说:“坐禅入定,心不错乱,所谓离曰比丘是。”“树下坐禅,意不移转,所谓狐疑离曰。”《分别功德论》(中)说:有两位离曰:一名禅离曰,一名疑离曰。禅离曰(即离婆多),舍卫国六年树下坐禅,不觉树的生与枯;受波斯匿王请六年,不知主人的名字,这是怎样的专精禅思!《增一阿含经·头陀品》,说离越在祇洹寺,六年不动,坐禅第一。《中阿含·发起牛角林经》,佛赞他"常乐坐禅"。然而这样的大禅师,古典的《杂阿含经》没有说到,这似乎即是七百结集中的上座离婆多。

疑离越,见于律典。《十诵律》说:他见石蜜和麸而不吃石蜜(卷二六);见晒钵有津腻出来,而疑犯宿食(卷三七);见羹中有生豆而不敢再吃(卷三八)。关于饮食方面,非常的拘谨多疑。有部的《杂事》(卷五),也说"疑颉离伐底",不敢吃豆羹。《五分律》也有不吃石蜜事;说他到极冷的陀婆国,不敢穿屣,因而冻坏了脚趾(卷二一)。《毗婆沙论》(卷一八一)也说:"卧具喜足,如颉戾筏多。"这是生活刻苦、持戒谨严、拘守多疑的大德。

依《分别功德论》说:禅离越与疑离越,都有树下坐禅、六年不动的传说。也许本是一人,经律两记而传说为二人。从古代的传记中看,离婆多与罽宾有着特别因缘。罽宾有离越寺(《智度论》卷九;《大庄严经论》卷一五),是有名的贤圣住处。有人"为离越作小居处"(《旧杂譬喻经》上)。传说"罽宾国有离越阿罗汉"(《杂宝藏经》卷二),疑离越也曾到过大风雪的陀婆国。离婆多在北方的罽宾,为一极有名的传说人物。瑜伽观行,即由离婆多所传,应与此人有关。如解说为离越寺所传的瑜伽行,也许更为恰当。然而,这还是远源的声闻瑜伽。

弥勒,被称为《瑜伽论》主。无著从兜率天的当来补处弥勒菩萨处,得到大乘的瑜伽,为从来一致的传说。《解深密经》的《分别瑜伽品》,也是佛为慈氏(弥勒)说的。这到底是否历史的事实?这可以从三方面说:

一、《中阿含经》，释尊授弥勒菩萨记，为佛教界众所周知的释迦会上菩萨（然或者以为，这实是七百结集中的大德）。佛灭五百年而大行的大乘，当然会与弥勒有关。《毗婆沙论》（卷一五一）即有这样的传说："佛一时，与慈氏菩萨论世俗谛，舍利子等诸大声闻，莫能解了。"北印度，对于弥勒的信仰极深（参看后说），传说末阐提（或诃利难陀）于陀历建弥勒像。大乘瑜伽者，推尊为从弥勒而来，可作为佛教传说中的事实。

二、从瑜伽师（禅师）的传授说，罽宾确还有弥勒菩萨。弥勒，为姓；姓弥勒的大乘行者，都可以称为弥勒菩萨的。《大智度论》（卷七八）说："罽宾国弥帝隶力利菩萨，手网缦。"在《智度论》传译以先，道安即从罽宾的学者得来传说。如《婆须密集序》说："弥妒路，弥妒路刀利，及僧迦罗刹，适彼（兜率）天宫。斯二三君子，皆次补处人也。"序说的弥妒路，即共信的兜率天的弥勒。弥妒路刀利，无疑的即是《智论》的弥帝隶力利。考《萨婆多师资记目录》（《出三藏记》卷一二），在旧记五十三人中，二十三师为弥帝利尸利；齐公寺所传中，地位相当的，有沙帝贝尸利。沙为弥字草书的误写；贝为丽字的残脱。所以这位弥帝丽尸利禅师，即《智论》的弥帝隶力利、道安序的弥妒路刀利。力与刀，都是尸的误写。这位罽宾大禅师——菩萨，应名弥帝隶尸利，即慈吉祥。罗什在长安时，有婆罗门传说：鸠摩罗陀自以为"弥帝戾已后，罕有其比"（《中论疏》卷一）；弥帝戾，也即是这位菩萨瑜伽师。依《萨婆多师资记》，为马鸣以后、龙树以前的禅师。这位可略称为弥帝戾菩萨的瑜伽师，传说如此普遍，又为经部譬喻师日渐大成期的大德，可能与大乘瑜伽的弥勒有关。

三、上升兜率问弥勒，在无著的心境中，应该是禅观修验的事实。在西元四五世纪，上升兜率见弥勒，在罽宾是极为普遍的。如梁《高僧传》说：佛陀跋陀罗，“暂至兜率，致敬弥勒”（卷二）。又罗汉比丘，“为智严入定，往兜率宫谘弥勒”（卷三）。法显所得的传说：陀历国“昔有罗汉，以神足力，将一巧匠上兜率天，观弥勒菩萨（佛灭三百余年）”（《法显传》）。汉译《惟日杂难经》说：世友难罗汉经，罗汉上升兜率问弥勒。这可见，无著的上升见弥勒，并不太离奇。至于说：无著请弥勒下阿瑜陀国，为无著说《十七地论》。这在晚期的秘密瑜伽行中，悉地成就，本尊现身说法，也是众所公认的修验的事实。从无著、世亲学系的传说中，对于弥勒的教授《瑜伽论》，是一致无疑的。这三者，可能并不矛盾。兜率天有弥勒菩萨的敬仰；罽宾有大瑜伽师弥勒尸利的教授；在传说中合化，加深了弥勒瑜伽行的仰信。属于北方佛教的大乘圣典，关于缘起与瑜伽的，都传佛为弥勒说，这应该是有历史内容的（般若经到北方，后分也有弥勒论法）。生长于罽宾的无著，专修弥勒瑜伽（大乘唯识无境的空观），得到面见弥勒、谘决深义的证验。《瑜伽论》即在这一连串的弥勒中得来。

七　秘密瑜伽师

秘密瑜伽，可说是咒师派的瑜伽行，这不但是北印的。然罽宾区的乌仗那“禁咒为艺业”（《西域记》卷三）。多氏《佛教史》（二二，二）说：僧护（罗睺罗跋陀罗的再传弟子，约与世亲同时）

以前，秘密法都还是秘密流传，乌仗那人每有修得持明的。咒师与乌仗那的关系，是应该重视的。在秘密瑜伽的隆盛中，罽宾瑜伽师也是极重要的。如善无畏是乌仗那人。传说为即是龙智（罗睺罗跋陀罗的再传）的达磨鞠多，玄奘即与他相见于健陀罗东面的磔迦。健陀罗（应为乌仗那，出大日经供养法），勃律，相传为密典传来的故乡。无上瑜伽的时轮金刚，所传的香跋拉国，实即是健陀罗北方的商弥王国。无上瑜伽的双身法，据隋阇那崛多所译的《大威德陀罗尼经》，北方已有流行，但还被评为"此是因缘，灭正法教"（与大族王罽宾灭法有关）。罽宾瑜伽师的密咒化，为瑜伽师末后的一着。

罽宾的瑜伽师，次第发展，是论师、经师、禅师的次第代兴；是由小而大，由显而密；从净持律仪，心物平等，向唯心的、神秘的，欲乐为道而迈进。

七　中国佛教与印度佛教之关系

佛教从印度传来，在中国文化史上有着辉煌的业绩，创开了隋唐的佛学时代，启发了宋明的理学时代。一直到现在，佛书部帙的庞大，寺院佛像的普遍，对于社会心理及文化因素，还是有着重要的地位。中国佛教的值得尊重，值得提倡发扬，应该是每一中国人所有的责任！

中国佛教，就是二千年来流行于中国的佛教。其中有两大类：一是印度传来中国的佛教；一是经过中国佛教徒的研求修习，发展为独到体系的佛教，如台、贤、禅、净。我们应该发扬中国特有的佛教，但佛教到底是从印度传来的，所以也应研究印度传来中国的佛教。惟有从这两方面去研习阐扬，对于中国佛教的特长才能有正确的认识；对于现代的中国佛教，才能有所补益，因为许多固有的法宝，被我们遗忘了；对于国际佛教思想界的协调，才能得到恰当的方针。

本文略说有关印度传入中国的佛教。想从印度佛教的完整体系中，理解（传入）中国佛教的地位；对于在中国发扬完成的佛教渊源，给以简要的叙说。

一　印度的三期佛教——总说

佛法的真义，当然是超越时空的。但自释迦佛证觉说法以来，起初是流布于印度，后来又传入中国。佛法既活动于现实的时空中，义理、教典、宗派、制度等，便为时空所局限。中国所承受于印度的佛教，自然也有时代与区域的关系。

印度佛教，从佛陀初转法轮起，到回教侵入东方而衰灭（西元一二〇〇年顷）止，约经历了一千六百多年。末后的二百年（波罗王朝晚期以后），印度佛教已濒临衰亡边缘。在此以前，虽或兴或衰，大体上都有独到的发扬。这一千五百年的印度佛教史，太虚大师分之为三个时期，每期（大数）五百年。第一个五百年，约当西元以前，为“小行大隐时期”。佛灭不久，佛教界开始结集圣典。到阿育王时，四阿含经与广律，大体凝定，为佛教界所公认。四阿含法义的阐扬，佛弟子有了不同的论义，分为舍利弗的阿毗昙系（上座部所本），迦旃延的蜫勒系（大众部所本）。由于阿育王的信佛，及推动国际布教运动，使佛教向印度的东南与西北发展，促成佛教部派的急剧分化。阿育王时代，大众部与上座部（说一切有系）以外，还有源出上座而多少接近大众部的分别说部，当时盛行于中印度。中国古代传说：优波毱多（与阿育王同时）以后，有五部盛行；而五部中的化地、法藏、饮光——三部，都属于分别说系。锡兰传说：阿育王子摩哂陀，传佛法入师子国（今锡兰），是属于分别说的赤铜鍱部。此期的圣典与学派，以声闻道的阿罗汉果为终极，被称为小乘教。西元前一八〇年顷，熏迦王朝采取排佛的措施，中印的政教渐衰。东南印与西北印的佛教，日趋于发展。西元前，大乘佛教还在潜流与待缘兴起的阶段，所以称之为“小行大隐”。

第二个五百年（一——五世纪），为“大主小从时期”。大乘以菩萨道为主，以成佛为标极。到西元初，大乘显著地流行起来。大乘经中，每说“佛灭四百年后”，“佛灭后五百年”，大乘经才弘布人间，这可以说是信史。西元前二七年，中印度的王朝覆亡，而南方的安达罗王朝、北方的贵霜王朝，代之而大盛；大乘就是与此同时而勃兴的佛教。西元三二〇年，旃陀罗笈多建笈多王朝于中印度。与此同时，大乘也有了新的发展。试分经与论来说：当贵霜与安达罗王朝时代，初期传出的大乘经，如《般若》、《十地》、《维摩》、《法华经》等，大多为源出于东南而集成于西北；以一切法空为究竟了义的。笈多王朝为有名的梵文学复兴、印度教复兴的时代，与此气运相呼应的大乘教，又传出《涅槃》、《法鼓》、《胜鬘》、《楞伽经》等。这是以一切法空为不了义，以如来藏（佛性）真实不空、唯心为究竟的教典。从论典来说：安达罗王朝的龙树，弘法于西元二世纪，宗性空大乘，作《般若》与《华严十地经》的释论。《中论》最为著名，成为中观大乘（空宗）的始祖。无著与世亲（三四〇——四四〇），生于笈多王朝的盛世，在大乘不空唯心的基石上，摄取一切有系（有部及经部）的精英，而阐扬唯识宗（有宗），著了很多的精严的论典。大乘经与论，同样的有先空后有的发达程序。依佛教的实情来说，大乘虽然勃兴，传统的小乘佛教还保有广大化区与众多信徒，只能说大小并行。然从印度佛教的思潮来说，此第二个五百年，实以大乘佛教为主流，所以称之为“大主小从”。

第三个五百年，为“密主显从时期”。大乘与小乘——显教，虽依旧流行，而时代的佛教属于秘密教。西元五世纪末，笈多王朝分化而衰落了。北印因哌哒的侵袭，佛教受到空前的损害。中印兴起的伐弹那王朝（六、七世纪间），护法有名，但国力有限，国祚也不长。中印与南印的佛教，由于印度教的隆盛，日渐衰落下来。西元六六〇年，瞿波罗王在恒河下流创建波罗王朝。虽局促于东方，却维持了佛教一期的隆盛，这便是密教领导的时代。密典的传出，起初是事部（杂密）、行部（胎藏界）、瑜伽部（金刚界），其后又有无上瑜伽部。传说为龙树的弟子龙智（长寿婆罗门）、难陀，都是此期密乘的重要大师。达磨波罗王（七六六——八二九）建超岩寺，规模弘大，为秘密教的重镇。到磨醯波罗王时（八四八——八九九），毗睹波传出了时轮金刚，密教才算完备了。此后，只是维持余势而已。

从印度三期佛教来看中国佛教，就明白中国佛教不同于锡兰（又传入缅、泰），不同于藏地（又传入蒙、满），有着时代的关系。一、中国佛教的最初传入，早在汉明帝以前，但有弘化的事迹可考，占有中国佛教的一页者，要算汉桓帝时代（一四七——一六七）的安世高与支娄迦谶为最早。此时，印度正是大小并行、大乘为主的时期。所以中国没有锡兰那样，有过专弘小乘时期，而造成小乘佛教深固的根柢。中国是一开始，便是大乘为主、小乘为从的局面。虽也偶有偏宗小乘的，如僧伽提婆（四世纪末）说：“无生方等之经，皆是魔书”；虽大量译传《阿含经》、广律、阿毗昙论，而大乘始终为中国佛教的重心。中国佛教主要为印度的中期佛教，从支娄迦谶的传译，经竺法护（三世纪后半）而到鸠摩罗什的（四〇一）来华，都着重于大乘经论的传弘。所传译的大乘经，可说都是龙树《大智度论》所引用过的性空大乘经；论典还只是龙树及弟子提婆的作品。略后，中国所译传的，有一显著的不同。如昙无谶（四一六顷）的《大般涅槃》、《大云经》；佛陀跋陀罗（四二〇顷）的《如来藏经》；求那跋陀罗（四四〇顷）的《楞伽》、《深密》、《胜鬘》、《法鼓》等经；菩提流支（五一〇顷）等的《楞伽经》、《十地论》；真谛（五六〇顷）的《摄大乘论释》等；波罗颇迦罗（六三〇）的《大乘庄严经论》；玄奘（六五〇前后）的大量论典，这都重在龙树所不曾引用过的真常大乘经，与无著、世亲系的唯识论。这一先性空经论而后真常唯心经论的次序，印度与中国完全一致。

二、印度后期佛教的主流——密教，属于事部的，东晋以来，多少杂乱地传出。唐开元四年（七一六），善无畏来传《大日经》（行部）；开元九年（七二一），金刚智来传《金刚顶经》（瑜伽部）。号称两部大法，其实还只是前期的密典。不久，唐代衰乱，佛教的传译也就停顿了。直到赵宋开国（九六〇），国运复兴，五六十年中，又有梵僧东来。但大抵来自佛教久衰的北印，不是密乘重镇的东方。所以虽传译密典，也有属于无上瑜伽部的，但不能影响中国佛教。宋代的译经，不过编入大藏经而已。无上瑜伽不曾弘通于中土（除元代），晚唐的衰乱为一主要原因。这与西藏恰好不同，佛教的最初传入西藏，已是西元七世纪中，印度早是密乘勃兴的时代了。西藏所传的，为印度后期——“密主显从”的佛教；中土是中期佛教，“大主小从”，含得初期与后期的一分。

二　罽宾中心的佛教区

释迦佛时，佛教本只流行于恒河两岸，律典称此为“中国”。阿育王时代，佛教向南北扩展。南方到达磨醯沙漫陀罗、婆那婆私；又越过大海，传入锡兰，成为分别说系赤铜锞部的化区。北方到达罽宾，又扩展到西北及东北。锡兰、罽宾及以北地区（回教侵入为止），不属于印度，而文化是印度佛教化的。在当时，南北都还是初期佛教。到五百年顷（西元前后），印度全境——从南到北，到处有大乘兴起。罽宾及以北地区，为北方的大乘重镇。南方是：东印的乌荼、南印的安达罗、（南）憍萨罗，都是大乘区。锡兰孤立海中，所以虽有大乘传入，而多少保持旧有的传统。北方是大陆相连，所以罽宾东北都成为大乘盛行的地方。大乘佛教是南北呼吸相通的。从发达的情况来说，在安达罗与贵霜王朝时，大乘是由东南而西北的。笈多王朝时，南北同向中印会合。后期佛教是由西北而流向东南。

佛教传入中国的通道，主要为陆路，越过葱岭，从西北而来。由海道而从南方来的，到南朝才有重要的地位。由于交通的着重陆路，所以西北印度——罽宾区的佛教，与中国佛教的关系最密切，尤其是汉、魏、两晋时期。说到罽宾区，汉、晋以来，一向指犍陀罗、乌仗那一带，（先是赊迦，后是）贵霜王朝的政治中心（隋唐才以迦湿弥罗及迦毕试为罽宾）。从此向东，是迦湿弥罗、支那仆底、阇烂陀罗等。向西，是那揭罗曷、迦毕试、梵衍那、缚喝（吐火罗政治中心）；又从缚喝影响到安息（西）、康居（北）。向北，深入山区，是乌仗那、商弥，到达葱岭的羯槃陀（今新疆的蒲犁）。从羯槃陀向东北，是沙勒、龟兹、焉耆；向东，是斫句迦、于阗。这一区域，文化的重心是犍陀罗一带。而从佛教来说，是以大雪山、雪山（葱岭）为中心，而向东南西——三方扩展的。葱岭以东，北道的沙勒、龟兹等，是小乘区；而南道的莎车、于阗，为大乘的教区。葱岭以西，吐火罗、康居，都是小乘教；安息也以小乘为主。山南，乌仗那、迦毕试、呾叉始罗，是大乘重镇；迦湿弥罗却是小乘。在这区域里，犍陀罗是大小并盛的佛教中心。佛教传入中国，大家知道初期是安息、康居、大月氏。大月氏在汉代，是占领阿姆河上流，统治着大夏的国家。但在西元二世纪前后，大月氏是贵霜王朝的别名，也就是罽宾中心大佛教区的王朝。所以传入中国的月氏佛教，除早期外，实从犍陀罗等来，不应该看作吐火罗或缚喝的。

罽宾区（从印度河上流山地到新疆西南山地）是著名的禅观胜地；从此发扬出来的佛教，有小乘也有大乘。初期，这里是属于阿难系统的重经派。由于研经习禅而分化出来的，首先是阿毗达磨论师，以迦旃延尼子（前二世纪）的《发智论》为宗；《发智论》作于支那仆底，成为说一切有部。以一切有为宗的极端派，是《大毗婆沙论》一系，此论集成于迦湿弥罗（二世纪中）。破《俱舍论》的《顺正理论》主众贤（四、五世纪间），也属于此系。温和些的，被《婆沙论》称为犍陀罗师或西方师的，如《品类论》作者——西方摩罗的世友（前一世纪）；《甘露味毗昙》的作者妙音（二世纪），《阿毗昙心论》的作者法胜（三世纪），都是吐火罗人,《杂心论》的作者法救(四世纪),是犍陀罗人。而生于犍陀罗的世亲(四、五世纪间),作《俱舍论》,也属于此系。

其次发展完成的,是经部师譬喻师,到鸠摩罗陀而大成(二、三世纪间)。鸠摩罗陀是呾叉始罗人,后来弘化到葱岭羯槃陀。经部师或譬喻师,本为说一切有部的别系,如持经者大德法救、觉天;经部异师世友(《尊婆须密集论》的作者);僧伽罗叉、胁、马鸣等都是。他们是禅师,又是努力弘化的布教师,引用种种譬喻——本生、故事、比况来说明经义。依《西域记》,释迦的本生谈,都指定在犍陀罗、呾叉始罗、那揭罗曷、乌仗那、僧诃补罗,这就是贵霜王朝的政教中心,犍陀罗艺术的发皇地,譬喻大师的教化区。譬喻大师的作品,富有文艺性。凡是譬喻大师,中国佛教一律称之为菩萨。他们与大乘取协调的态度,兼容大乘而决不拒斥的。鸠摩罗陀以后,经部师向南方弘化。世亲同时的室利逻多,在中印度阿瑜陀作经部毗婆沙。经部理论的严密化,不再像譬喻大师弘法的活力了!

罽宾中心区的大乘佛教是非常活跃的,但没有弘通大乘的事迹可考。除从我国译经史上推得大乘经论的流通情况外,有两点可为明证:一、据古代游历者的报告,北印的乌仗那、迦毕试、那揭罗曷、呾叉始罗;新疆的于阗、斫句迦,都是大乘佛教盛行的地带。中国与印度间,隔着千山万岭,而对于入山专修及游化的僧众,是能克服来往障碍的。以大雪山为中心而延展到南北,都是习禅的胜地(羯槃陀、乌铩、斫句迦山地,都有比丘入定久住的记载),也是大乘佛教传通的道场。传说龙树入雪山,从老比丘得大乘经;斫句迦山区有大量的大乘经;陀历的山岩中藏有大乘经等，都可看出此一山区与大乘佛教的关系。二、《般若经》说到后五百年，《般若经》大行于北方；《大悲经》说到弘法于北印的大师；《华严经》说到菩萨住处，也重在北方，还说到于阗的牛角山寺；《大集经》晚译部分，说到从北印经雪山而到达西域（今新疆）一带的地理志。这些，都可以看出大乘经流传在这一区域的情形。

三　罽宾中心区的佛教

佛教的传入中国，始于汉哀帝时（西元前二年），景宪从大月氏使者受佛经。明帝时（六四顷），从月氏请来《四十二章经》。这都与月氏有关，但那是吐火罗时代的月氏，不外乎小乘法门。据玄奘所见，吐火罗一带都是小乘教。号称小王舍城的缚喝有丰富的圣迹，也没有大乘的形迹。小乘论师妙音、法胜，来中国译小乘经的昙摩难提，都是吐火罗人，可以想见吐火罗是小乘佛教为主的。从此向西向北而到安息与康居，佛教的情形与吐火罗相近。如康居的康巨、康孟祥（康僧会是汉化的康居人），安息的安世高与昙无谛，所有的译典，都以小乘为主。可见罽宾区的小乘教，传到西方的吐火罗，再向安息、康居。再从吐火罗、康居、安息，越过葱岭，到达西域的沙勒与龟兹。据近代的发现，龟兹一带使用吐火罗语。早期的小乘教，是由此路线而传入的。到东晋的苻秦时代（三八〇顷），罽宾的僧侣东来，如僧伽跋澄、僧伽提婆、卑摩罗叉、弗若多罗，除吐火罗的昙摩难提以外，都是犍陀罗一带的小乘学者。他们对小乘三藏，开始作大部的翻译，如《中》、《长》、《增一阿含经》；《十诵》与《四分律》；《八犍度》、《阿毗昙心》、《杂心》、《鞞婆沙》等。中国佛教史上所见的毗昙学者，就是以这些论为主的。但中国初期所传的小乘，并非局限于自称有部正统的婆沙系，反而以西方师、譬喻为多。如安世高译出的《修行道地经》（僧伽罗叉造）、《阿毗昙五法行经》（世友《品类论》的初分）、《心论》、《杂心论》，曹魏失译的《甘露味阿毗昙》，都属于西方系。其他如《尊婆须蜜菩萨所集论》、《阿育王传》、《出曜经》，都是譬喻师宗。《三法度论》（属犊子部）也是譬喻者的作品。所以，从西北印而传入中国的小乘教，可说从来不与大乘相冲突。《西域记》说：大乘极盛的乌仗那，有五部律。《四分律》译者佛陀耶舍，是罽宾人，律序说是"昙无德部体大乘三藏"。小不碍大的罽宾佛教，成为中国古代小乘教的特色，并深刻影响了中国的大乘佛教。

罽宾区禅法的传来，是很早的。安世高与竺法护，译传了初期大瑜伽师僧伽罗叉的《修行道地经》。鸠摩罗什来，又译传"婆须密、僧伽罗叉、沤波崛、僧伽斯那、勒（胁）比丘、马鸣、（鸠摩）罗陀禅要"。中国初期禅法，是罽宾区譬喻师的禅法。譬喻师是不障碍大乘的，罗什也就附出法华、弥陀、法身等禅观，流传在中国北方。此外，专修禅法的罽宾禅匠，在西元四世纪勃兴。第三代的佛大先（又译佛陀斯那，卒于四一〇顷），是最杰出的禅师。佛陀跋陀罗与沮渠京声，学得而传来中国。佛大先的禅法，有新从天竺达摩多罗传来的顿禅，罽宾一向传习的渐禅（但佛陀跋陀罗传出的禅经，只是二甘露门的渐禅），所以也是大小协调的。如佛陀跋陀罗译有《观佛三昧海经》；沮渠京声译有

《观弥勒》、《观世音经》。接着，罽宾禅师又(四二四)来了昙摩密多，译传《观虚空藏菩萨》、《观普贤行法》、《观无量寿经》；畺良耶舍(四二四来)译有《观无量寿佛》、《观药王药上二菩萨经》。这可以看出，那时的罽宾禅者已转重于大乘禅观，近于密宗的修天色身了。因当时中国的北方衰乱，这后起的罽宾禅法，流传在江南。

初期传入大乘佛教的大师，主要为月氏的支娄迦谶(及支道根，支疆梁接等)；原籍月氏，生长敦煌，曾游历西域的竺法护(弟子有聂道真、竺佛念等)；原籍印度，生长龟兹，曾游学罽宾的鸠摩罗什。他们的译籍，可以看作大月氏(贵霜王朝)时代的大乘佛教。主要的佛典，如《华严经》的《十住》、《十地》与《入法界品》；《宝积》的《宝严》，与《阿閦佛》、《阿弥陀佛》的净土经；《大集》的《般舟三昧》等；《法华经》、《维摩经》；《首楞严三昧经》等。最重要而引人重视的，是《般若经》的《大品》与《小品》。初期大乘经的译传，雪山东北的斫句迦与于阗，是值得重视的。朱士行(二七〇前后)到于阗，求得《大品般若》，后由于阗沙门罗无叉译出。支法领西游(四一〇顷)，在于阗求得《华严经》，后由佛陀跋陀罗译为六十卷(就是唐代新译的八十《华严》，梵本也还是从于阗得来的)。支法领所得的，不止《华严》一部，罗什曾译出一部分。昙无谶译的《大般涅槃经》，本来与法显(在中印度)所得的相同，十卷以后，是从于阗得来而补译的。于阗与中国的大乘经教，关系是何等重要！与于阗毗连的斫句迦，玄奘传说王宫有《般若》、《华严》、《大集》等十部(或传“十二部”)，都是部帙庞大的大乘经。鸠摩罗什的大乘空学，从莎车王子学来，莎车就是斫句迦的一部分。于阗与斫句迦，大乘教的隆盛，比北印度并不逊色。反而六世纪后，罽宾区的佛教衰落，于阗与斫句迦还保持大乘盛行的光荣。从地理上看，大乘是从犍陀罗、乌仗那，通过大雪山及葱岭而东来的（法显等西去，玄奘回国，也都是这一路线）。中国初期（汉、魏、晋）的大乘教，受到这一地区的深切影响。

这一期的大乘译师，鸠摩罗什是最杰出的！他的译典，如《大品》、《小品》、《金刚般若》、《法华》、《维摩》、《阿弥陀经》、《中论》等，一直到现在，仍受到读者的爱好，为一切后起的异译所不及。罗什所传的大乘论，如龙树的《大智度论》、《十住毗婆沙论》（竺法护及弟子们，已经抽译过），都是部帙庞大，为印度佛教久已失传了的。龙树的性空大乘学，早期流传北印，经斫句迦而传入中国。比起印度晚期的中观学，有点不同。印度晚期的中观，理论更严密化，但不见龙树的大论，自不免有违失原意的地方。弘传罗什学的，一向说是道生，其实道生是首先离去罗什的人。因北方政局衰乱，僧肇早死，学众都散去。所以罗什的译典虽传遍了，而龙树的大乘空义却一时隐没（潜行）了。要等到梁代的高丽僧朗，到江南来揭起“关河古义”，弘扬三论——《中》、《百》、《十二门论》，后来发展为三论宗。陈代的慧思，又到南方来，倡导龙树所传的法门，后来成为天台宗。三论与天台宗，都根据罗什的译典，但经过了中国学者的研求修习，发展为有独到体系的综合学派。大概地说，三论宗重于论，传到南方较早，更近于罗什所传的。天台宗南传迟了些，受到北方真常唯心大乘的熏染较深。至于摄山（三论）、衡岳（慧思）、天台（智者），都是教观并重，不失龙树大乘的风格。

龟兹为岭东小乘佛教的典型，但也多少有大乘流通，特别是早期的秘密教。龟兹国王姓白，龟兹的僧徒到我国来，也都称“白”或“帛”。如“善诵咒，役使鬼神”的佛图澄，本姓帛。“善持咒术”，译出《大灌顶神咒经》的尸梨蜜多罗，也姓帛（三二〇顷）。龟兹有大乘而重密咒，与于阗不同。

四　锡兰的佛教

罗什时代以后，佛教的传入中国，主要为笈多王朝、伐弹那王朝时代的佛教，真常的唯心的大乘学。无论是华僧的西去求法，或梵僧的来华传法，都不再偏于北印的罽宾区，而是全印度的。海道的往来，也频繁起来。

先说从海道来华，有关锡兰的佛教。锡兰的佛教，是阿育王时代传去的，为大寺派的赤铜鍱部。不久，又有佛教传入，住无畏山寺，成为无畏山寺派，兼学大乘，与大寺派的争执很热烈。说到从海道而来中国的佛教，当然是很早的。有人以为安世高从海道来，这不过推想而已。维祇难（二二四）来武昌，译出《法句经》，有二十六品，五百偈，与锡兰所传的《法句》相近。我以为，这是锡兰传来最早的佛典。维祇难的同行者——竺律炎，补充为三十九品，七百五十偈。从《无常品》到《梵志品》部分，近于北方有部的《法句》。锡兰方面的佛教，一开始就不能在中国流通，真是不可思议！法显（三三九）去西方求经，归途经过师子国，住在无畏山寺，得到《弥沙塞律》。这是化地部的《五分律》，与铜锞部的《善见律》相近，后由佛陀什译出。大概是宋代吧！师子国的僧伽跋弥，译出《弥沙塞律抄》。但在中国《五分律》从来没有弘通过。罽宾学者昙摩耶舍，（四〇〇顷）到达广州，这当然是从海道来的。他译出的《舍利弗阿毗昙论》，可断为分别说系，近于化地部的本典。他的弟子法度，宣说“专学小乘，禁读方等。唯礼释迦，无十方佛”，分明为锡兰小乘佛教面目。这在中国，当然是行不通的。元嘉元年（四二四），求那跋摩经师子国而到广州。尼众想请他授戒，他要等外国尼来，满足十数。后师子国的比丘尼来，建业的尼众再受戒。锡兰的戒律，是被中国应用了；但不久就被禁止再受。永明中（四八三——四九三），摩诃乘在广州译出《五百本生经》，《他毗利（意译为“上座”）律》，这无疑是锡兰的。永明六年（四八八），僧伽跋陀罗从海道来，在广州译《善见律毗婆沙》，为铜锞部的律释。有名的“众圣点记”，就是从此传出的。梁僧伽婆罗，在西元五一五年，译出《解脱道论》，这是铜锞部的要典——觉音《清净道论》所依据的。锡兰的佛教，不能说没有传入中国，但比起罽宾来，缺少精深的义学、微密的禅思，终于为中国佛教所遗忘了！

五　晚期传来的小乘经论

一切有部为主的罽宾区，铜锞部为主的师子国，所有小乘教学而有关中国的，已约略说到。其他的小乘教学，传译较迟的，应再为叙述。

小乘的四阿含经，各部派是大致相同的。还有不属于阿含部的，如魏瞿昙般若流支（五三九）译的《正法念处经》。这是一切有与犊子系共传的，但本译属于（犊子系的）正量部。还有隋阇那崛多等（五八七）译的《佛本行集经》，为法藏部的佛本行集。上二书，部帙都很大。

关于论典，一切有部的《发智》、六足、《婆沙》，唐玄奘（六四九——六六三）几乎完全译出，只缺一部《施设足论》（后由宋施护译出一部分）。玄奘对于阿毗达磨的重视，可以推见出来。失译的《三弥底部论》，真谛（五五九）译出的《立世阿毗昙论》，都是正量部的论典。此外，译来中国而有重要意义的，有三部论：一、《成实论》，是鸠摩罗什的译品。论主名诃黎跋摩，为中天竺人。传说是萨婆多部鸠摩罗陀的弟子，其实就是经部的鸠摩罗陀。他不满有部，到中印度的华氏城，与容认大乘的大众部学者共住。所以《成实论》的内容，不但以经部义来评破有部，又转而归向于大众部所信解的空义。法空是三乘所共的，不限于大乘的。《成实论》的空义与大乘的究竟空义，还有小小的距离。《成实论》在齐、梁时，真是盛极一时，有称之为成实宗的。后经三论与天台学者论证为小乘以后，就渐渐衰落了。二、陈真谛（五六三）初译，唐玄奘（六五一——六五四）再译的《俱舍论》，是世亲所造的，是继承（有部西方师）《杂阿毗昙心论》而更完成的论典。表面是有部论，而骨子里却倾向经部，所以广引经部所说，以显出有部立义的不彻底。自从《俱舍论》译出以后，旧有的毗昙宗，就转名为俱舍宗了。其实，《俱舍论》没有成为独立的学派，只是唯识学者附习的法门而已。三、婆薮跋摩造的《四谛论》，也是陈真谛译的。论中引用《俱舍论》及破《俱舍》

的《顺正理论》,所以应为五世纪末的作品。《四谛论》也是出入于有部、经部,更引用大众部学与正量部。《成实》、《俱舍》、《四谛》——三部论,都是经部盛行以后,不满一切有部的作品。但都不是纯粹的经部,而是出入各部、自成体系的论典。《成实》与《俱舍》,在中国佛教史上有过重大的影响。

附带说到律典:弗若多罗等译的《十诵律》,属于旧有部,齐梁时曾盛行江淮一带,为中国律学初期的大宗。佛陀跋陀罗与法显译的《摩诃僧祇律》,属大众部;佛陀什译的《五分律》,属化地部,都没有什么流通。佛陀耶舍译的《四分律》,属法藏部,起初也不大流行。到北魏,尤其是慧光的门下济济,才大大地弘盛起来。到唐代,中国的律学已为《四分律》所统一。道宣说:《四分律》有五义通于大乘,所以特别受到大乘为主的中国佛教界所信从。道宣所说,如从部派的见地看来,也很有意义。因为大众及分别说系的化地、饮光、法藏,都有大乘的倾向,一向与大乘携手并进的。唐义净在武后时(七〇〇——七一〇)所译的《根本说一切有部毗奈耶》等,是有部的新律,与西藏所传的一致。但在四分律宗完成的当时,很少人去注意它。此外,魏瞿昙般若流支译的《解脱戒经》,为饮光部的戒本。真谛译的《律二十二明了论》,是正量部的律论。传在中国的律典,包含各宗,可说丰富之极,最便于研究者的比较。

六　真常大乘经

真常唯心的、唯识的大乘经论,有不同的渊源,却又有极深的关涉（中国旧说的真心派与妄心派，大意相同）。先说真常经；但为了减少误会，不能不先说真常的定义。如说菩萨的因行——发菩提心、修六度等，如来的果德，虽说得多少广略（浅深）不同，但同样是大乘通义。如说如来寿命无量，色身遍满，心性本净，也是大乘经的通义。其实，这还是小乘大众部系，一分分别说系的共义。例如"心性本净"，《般若经》说："是心（承上菩提心说）非心，本性净故。"约心无自性说本净，所以龙树说净是无自性空的别名。《成唯识论》的解说心性本净，也与此相同。这样，如来性空，可以说如来性净、如来性常住了。但现在所说的真常，有不同的意趣。这本是为了破斥一分的误解，以为如来入涅槃，等于没有了。所以说：如来与涅槃，是真实的、不空的、常住的，不能说"无"。具足三十二相、八十种好（色相）、智慧神力的如来，既是常住的，涅槃也不能说是"无色"。既然是常住的，那么众生位上，也就本来如此的了。如来的果德，在因地本有，这就是如来藏、如来界、佛性、法界；这就是"不空"的"我"。经上说法性空，只是说法性没有虚妄法，没有杂染法——"不空空"；不是真如法性、如来的常乐我净也没有了——"空不空"。这才坚决地破"无我"为权教，斥"空"为不了义，显出了真常大乘的特色。

主要的真常大乘经，是初起于南方，后来才流行罽宾的。如《大般涅槃经》说："此经流布南方，……时彼南方护法菩萨，当持此契经来诣罽宾。"《大云经》也说："是经当于南方国土广行流布，……当至北方。"传说与提婆同时的龙叫（梵语为Nāgāhvaya，即《楞伽经》中的龙树，西元三世纪人）的时代，南方毗陀耶奈伽罗地方，关于如来藏的偈颂，连童女们都会歌唱，这是真常大乘经大兴于南方的说明。笈多王朝前后，都次第传来中天竺，而且迅速地到达北方。

真常大乘经的传来中国，早期的主要译师是昙无谶（四一四——四三〇）、求那跋陀罗（四三五——四五三顷）、佛陀跋陀罗（四一〇顷——四二九）。昙无谶与求那跋陀罗，都是中天竺人；他们的译典，可看作当时流行中印度的经典（二人都与弥勒学有关）。昙无谶从中天竺带来的《大般涅槃经》，仅是初分十卷，与当时法显从华氏城得来的六卷《泥洹经》（智猛也同时同地得到《涅槃经》），完全一致，代表称扬真常我的佛性，严持戒行的根本思想（与《法鼓》、《大云经》相同）。后来，昙无谶又从于阗求得《涅槃经》的余分（十一卷到三十六卷），这是更广地融会了（盛行北天竺的）大乘空与毗昙有，确立"一阐提人有佛性"的教说。昙无谶还译出《大云经》、《金光明经》等。求那跋陀罗是由海道而来南方的，译出了《大法鼓》、《央掘魔罗》、《胜鬘》与《楞伽经》。不离众生蕴界处的如来藏，《胜鬘经》称之为"自性清净心"；《楞伽经》便进一步地以"如来藏（及）藏识"为依止，广说唯心法门。《楞伽经》与无著、世亲的唯识学，有深切的关系。至于佛陀跋陀罗禅师，译出了大部的《华严经》，充满了如来藏与唯心的教说，这是支法领从于阗取来的。他又译出六卷本《泥洹经》，是法显在华氏城得来的。还译有《如来藏经》，这是最通俗的真常譬喻经。佛陀跋陀罗的译业，不能代表他本人在佛法中的立场。

接着，属于无著、世亲学系的，著名的两位唯心论者到达中国。北天竺的菩提流支,从陆路来北魏,西元五一三——五二〇顷,译出了《楞伽》与《不增不减经》。西天竺(据《西域记》,属南印度)的真谛,从海道来南土,五五二——五五五顷,译出了《无上依经》与《金光明经》。印度方面,进入了真常大乘的时代,此后来中国的译师,大都与真常大乘有缘。重要的有:于阗的实叉难陀(六九五——七〇〇),重译《华严经》与《楞伽经》。中天竺的地婆诃罗(六八〇——六八八),译出了《密严经》与《显识经》。《密严经》是继《楞伽经》而传出的,唯心而更富真常的特质。依真常而立唯心学(融会了唯识学),《楞伽经》与《密严经》,可说到达顶点!正像真常有而融贯真空,到《大般涅槃经》而完成一样。

中国有两部真常唯心的大乘经,受到中国佛教非常推重的,是《楞严经》与《圆觉经》。出现于中国佛教界,为西元七〇〇以后。译史都不明白,有人说是中国北土的禅师作的。中国的佛学者,尤其是禅师,是不会造成那样教典的。这与后出的《六波罗蜜多理趣经》、《大乘本生心地观经》(北印的般若译于七九〇顷),同样为密乘兴起以后,真常唯心论者,从繁密的教学,而转向精简持行的法门。

七　瑜伽师的唯心论

与真常大乘相关涉的唯识经论,在印度与龙树的中观大乘,并称空有二宗。传说北天竺的无著,在阿瑜陀国,传受弥勒菩萨的《十七地论》(《瑜伽论》的《本地分》),为唯识一宗的开始。

无著弟世亲,在阿瑜陀国回心向大,制造很多的论典。世亲时代,被尊称为耆年上座的室利逻多,也在阿瑜陀作经部毗婆沙。阿瑜陀为笈多王朝的首都;《瑜伽论》多随顺经部说(也撷取有部义),可见罽宾区的经部师、瑜伽师,当时都向中印度发展。"一分经为量者"的瑜伽师,便回入大乘,将经部所说的种现熏生的因果道理,建立在阿赖耶识为依止的基础上;以瑜伽——止观为中心,而组织起宏伟严密的唯识学。世亲晚年,作《三十唯识论》,为五、六世纪间学众的研究对象。世亲的弟子,要推陈那与安慧。安慧精于阿毗达磨,为无著的《集论》作注释。又作《三十唯识论释》,传入西藏。陈那特长于因明,他的再传弟子法称,为因明的健将。法称的七部因明论,也传入西藏。陈那的弟子护法(六世纪),有《三十唯识》、《二十唯识论》的释论。护法的弟子戒贤,就是玄奘所传唯识学的师承。

中国译经史上所见到的,中天竺昙无谶(四三〇顷)译的《菩萨地持经》;罽宾求那跋摩,从海道来,译出的《菩萨善戒经》(四三一):这都是《十七地论》中的《菩萨地》。求那跋陀罗(四四〇顷)译出的《相续解脱经》、《第一义五相略集》,是《解深密经》——从《瑜伽论·抉择分》中录出来的。《瑜伽论》初期的传来中国,与真常大乘者有缘。

其后,北印的菩提流支(五〇八——五三三译),南印的真谛(五五〇——五六四译),留学中印度那烂陀寺的玄奘(六四五——六六三译),对于弥勒系的唯识大乘,译出丰富的论典。可是立义不同,从来聚讼纷纭,成为三派——地论宗、摄论宗、唯识宗。这三宗,可以这样的分别:

弥勒十七地论
- 弥勒庄严论……世亲十地论（重十地经）……………流支传
- 瑜伽抉择分……世亲唯识论（重深密经）……………玄奘传
- 无著摄大乘论…世亲摄论释（重阿毗达磨大乘经）…真谛传

弥勒系的唯识学，证明一切唯识的根本经，是《十地》、《解深密》、《阿毗达磨大乘经》。研究起来，传入中国的三大系，是依据三经而着重不同，也可说代表了弥勒、无著、世亲——三代的唯识学。一、弥勒的（瑜伽）《十七地论》，原是通于大小乘的论典。依十七地的《菩萨地》的组织，作成大乘不共的唯识论，是弥勒的《庄严大乘经论》（无著造释，中印的明友于六三〇译出）。《庄严论》虽通于大乘经义，但可说是重于《华严十地经》的。如《真实品》，依“法界”而说迷悟，说修证五位。《菩提品》特重“法界大我”的如来藏，而说佛果的变化、三身、四智，劝依此发菩提心。这与坚慧的《宝性论》（也引用《庄严论》），有一致的意趣。这是面对广大流行的真常大乘经，进而为着重如来藏（法界）的唯心说。世亲初造《十地经论》（《十地经》的十地菩提心，即法界净性），依阿赖耶说“三界唯一心作”；以阿赖耶为第一义心，近于《胜鬘经》的自性清净心。这是世亲的初期作品，代表弥勒的大乘唯心论。

这应该说到坚慧论师。依《西域记》，坚慧曾住那烂寺与伐腊毗国。他的《入大乘论》，西元四一五顷，道泰译。《宝性论》，勒那摩提译（五一〇顷）。这两部论，都明显地引用了弥勒的《庄严经论》。还有《法界无差别论》，唐提云般若（六九一）所译。《宝性论》与《法界无差别论》，都是对如来藏（法界、佛性）作有体系的说明，点出众生因位的本有净性，修显的佛果功德，只是真常净性的显发而已。真谛译的《无上依经》与《佛性论》(都说真如不为妄法的缘起),都是同一内容的说明。玄奘门下所传:《三身论》主龙军(西藏传为龙友),说佛果惟有真如及真如智,没有色声等功德,坚慧与金刚军,也这样说。佛果无色,与真常大乘的《涅槃经》等,说佛果涅槃有色不同。金刚军,就是菩提流支所师承的金刚仙(仙是斯那的简译,意译为军),是世亲弟子,所以坚慧、金刚军等,贯通如来藏的大乘唯识,实为弥勒、无著下的一大流。

与菩提流支同时,中印的勒那摩提,也翻译《十地论》,彼此意见不同,各自翻译,后人才综合为一部。勒那摩提为禅师,《宝性论》的译者。他以为,赖耶与法性同一,能生一切法(《庄严论》、《无上依经》,都没有这样说)。菩提流支应更近于弥勒学。中国的地论宗,有此二系,又互相渗入,成立真如缘起(译史不明的《起信论》,与此说相近),后来发展为华严宗。

二、无著参考了《瑜伽》、《庄严》,依《阿毗达磨大乘经》,造《摄大乘论》。世亲为《摄论》作释,对唯识现及悟入唯识性,有更明确的建立。这是着重《阿毗达磨大乘经》的,代表了无著的唯识学。此经说:阿赖耶识与(七)转识互为因缘,所以《摄论》以含摄得有漏种习的种子赖耶识为本,从种(识)生现,一切从赖耶生,成为一能变说。真谛译传的《摄论》,确是这样说的;玄奘译的也是这样。真谛说有"解性赖耶"——阿赖耶的真净义,所以后来与地论系合流。

三、继《瑜伽论·本地分》而起的,是传为弥勒造的《摄抉择分》,引用了全部的《解深密经》。依经说:阿赖耶识执持种子,赖耶是虚妄的现行识。见分起相分为唯识现，所以是现行（三能变）识能变。世亲晚年所作的《三十唯识论》，就是依此《抉择分》的体系，对八识的所依、所缘、心所相应等，依《瑜伽论》而集成更严密的论典。这是重于《解深密经》的，代表了世亲独到的唯识学。玄奘所传，属于这一系。玄奘从戒贤、胜军等学，于唯识十大论师的注释外，更有《唯识抉择论》等。玄奘与弟子窥基，糅合众说而传出的《成唯识论》，实为当时护法、戒贤等学说的总和。

从传入中国的三系唯识学与玄奘所译的论典去看，认为：《瑜伽》是摄引经部（及有部）入大乘的，通含大小。大乘不共的唯识学，弥勒的《庄严论》（还有《辩中边论》），说如来藏法界，贯通了真常论。等到无著的《摄论》，已不注意如来藏说，真谛仅有"解性赖耶"说。到世亲，重瑜伽而造《三十唯识论》，到玄奘传译的《成唯识论》，不再说如来藏了。西藏传说：宗承陈那因明学的法称，所说的唯识，更进而说仅有六识，阿赖耶识是方便假立的。这不但回到学通大小的《瑜伽论·本地分》，竟同于经部了。西北印的经部瑜伽师，从接近真常，而又退回固有的思想系，从中国所传的唯识三系中，明白地表示出来。

弥勒、无著、世亲学，本弘传于阿瑜陀。西元四八〇顷，笈多王朝分化而趋于衰落。传说帝日——铄迦罗笈多，在摩竭陀创建那烂陀寺，实就是塞建陀笈多（四五〇——四八〇顷）。接着，塞建陀的儿子，摩竭陀系的佛陀笈多（四八〇——五〇〇顷）；这样的六帝相承，那烂陀寺都有增建，成为六、七世纪中大乘佛教的领导中心。各方的学者，到此来弘化，也到此来修学。

玄奘说:“五印度境,两国重学:西南摩腊婆国,东北摩揭陀国”;所以摩竭陀为东方的重心。陈那,作因明论于安达罗的瓶耆罗;西藏传说是南印度人,作论、专修、入灭于乌荼。陈那弟子护法,为南印的建志补罗人。护法有弟子戒贤与法称:戒贤是东印的三摩呾吒人;法称是南印人。又世亲的弟子安慧,是南印人。安慧的弟子月官,是东印伐罗那弹那人。采用安慧学而作《中论释》的德慧,《西域记》称为“南印菩萨”。所以重因明、毗昙、唯识学的,陈那与安慧二系,可说都是东印与南印沿海一带的大师,以那烂陀寺为中心道场的。玄奘所传的,虽说专宗护法,其实是糅合这二系,大成于东方的唯识学。代表西方系的,如坚慧曾在伐罗毗(摩腊婆西北)造论。胜军是苏剌陀人(伐罗毗西北),玄奘就跟他学《庄严经论》。真谛为优陀延人(伐罗毗东),译过《摄大乘论》的达摩笈多是摩腊婆人。从阿瑜陀向西南,为正量部的化区。正量部立不可说我,与如来藏说类似。所以这一带传出的唯识学,都接近于真常大乘。不过,真谛是重论的。代表初期而流入北印的菩提流支系,所译而一向看作世亲论的,共有八部,都是经的注释。在弥勒学系中,这是重经的北方派。

八　大乘禅

真常的唯心的经论传来时,大乘禅观也同时传入。其中菩提达摩一系,在中国有非常的发展,演化为禅宗。依唐初传说:达摩为南天竺(或说是“波斯”)人。刘宋时(约四四〇顷),从南天竺经海道来中国江南,其后才渡江到北魏。这一传说,大体是可信的。因为此宗一名“南天竺一乘宗”;而达摩在北魏传禅,用宋译的《楞伽经》来印心,不用菩提留支的魏译《楞伽》(宋译更富于真常的特色,如立“真识”,说“藏识海常住”,都与魏译不同)。禅宗初称“如来禅”,也出于宋译《楞伽》,魏译是名为“观察如来禅”的。达摩所传的禅法,当时昙林叙录为二入、四行。一、理入,是以凝住壁观,不落凡圣有无的方便,悟入“含生同一真性”。二、行入,就是四行,是见于实际的事行。在悟入以后,起心接物时,能正念现前,不为怨憎会、爱别离、求不得的众苦所惑乱。更要与真性相应,而修布施等六度大行。这样的做到动静一如,自他俱利。“含生同一真性,客尘障故”,为本具如来藏的教授,所以达摩的禅观,代表南印度直体真常的如来藏禅。他的“凝住壁观”,后世有九年面壁的传说。南方的禅者,都在壁上作曼陀罗(此名不限于密宗),而后谛心观察。所以达摩的壁观,也可看出南印度禅师的风格。中国古代的禅宗,为了禅宗的传承谱系,说达摩继承了罽宾的禅系(因为罽宾的禅系,中国略有传承的次第可求)。于是或者说:达摩就是传天竺顿教到罽宾的达摩多罗。但达摩多罗与佛大先同时,而佛大先早在五世纪初就死了。或者说:达摩继承师子尊者以后,为二十八祖。不知罽宾灭法的弥罗崛,杀害师子尊者的,为西元五世纪末人。那时,达摩来华已半个世纪了,怎会是师子尊者的后裔呢!得达摩禅法的,是慧可(或名“僧可”)。

与达摩同时先后,从陆道而来北土的禅师,有佛陀与勒那摩提。佛陀于孝文帝时就来了,后又随帝(迁都)来洛阳,门下有道房与慧光。著名的僧稠禅师,是道房的弟子。中天竺的勒那摩提,深明禅法,就是《十地论》与《宝性论》的译者,弟子有僧实。据说:慧光本从佛陀受禅,后来才从勒那摩提受《十地论》等。有的说,慧光与道房都是勒那的弟子。作为地论宗与律宗大师的慧光,最值得注意。他是受禅法而又不离文教(并重视戒律)的,传承“法性能生一切法”的大师,不属于菩提留支系统。慧光与佛陀及勒那摩提的关系极深,与同时由南方传来的达摩禅法,可能相近。不但达摩门下的六祖说:“自性能生万法”;从慧光所传而发展成的华严宗,也说“性起”,后人且有教禅一致的倾向。甚至在传说上,也大都近似:如佛陀称“少林祖师”,达摩也传在少林寺面壁。佛陀度二弟子,达摩也有二沙弥。勒那与菩提留支的意见不合,达摩也传说为留支所害。勒那弟子慧光,达摩弟子慧可,本名神光。总之,达摩与勒那,都是南方真常大乘的禅者,与传承学出北方瑜伽的菩提留支,是有距离的。当然,达摩弟子慧可,重于不落名相的禅的悟证;而勒那弟子慧光,重于不离名相的教的建立,也有不同的所在。

九　后期的中观学

印度的中观大乘,龙树、提婆以后,是相当衰落了。在真常大乘勃兴中,传为龙树弟子的如来贤(又名龙叫),弘扬唯心中道。被称为提婆弟子的罗睺罗,开始以“常乐我净”来解说《中论》的八不,这都可见倾向于真常唯心了。要到世亲以后,僧护的弟子——南印度坦婆罗的佛护,与摩罗耶王族清辩出来,中观学方又中兴起来。化区在南印,与中印度的瑜伽唯识对立,引起了中观与唯识、空与有的诤论。佛护的再传弟子月称（约在护法与戒贤时代，六世纪），不满清辩的引用世俗的因明，自立比量，所以自称"应成"，而分为两派。月称一派，在西藏有最崇高的地位。等到波罗王朝成立，佛教的重心东移；那烂陀的教学权威，开始衰退。中观大乘在南印度，也同时衰落了。清辩的中观派，却在东方盛行起来。如智藏、静命（及弟子莲华戒）、狮子贤等，都是东方的中观大师与密乘相结合的。

自罗什以后，龙树论在中国也还有译出的。如陈真谛译的《宝行王正论》（藏传名《宝鬘论》）；魏毗目智仙（五四一）译的《回诤论》；唐达摩笈多（六〇三顷）译的《菩提资粮论》等。这些，都由无著、世亲系的译师附带译出，可见当时印度中观学的衰落。赵宋施护译的《六十如理论》、《大乘二十颂论》，也都是龙树重要的论典。说到印度后期的中观学，清辩的《般若灯论》，唐明友（六三〇——六三二）译；《大乘掌珍论》，唐玄奘（六四九）译。施护译的《广释菩提心论》，是莲华戒造的。此外，佛护、月称、清辩、静命、师子贤等论典，都不曾译出（却传入了西藏）。这由于晚期的中观盛行，都在东方，那时唐室中衰，僧侣的往来由渐少而中断了。仅有的来中国弘化的那提（六五五——六六三），又为玄奘门下所嫉忌而无法传译。据当时的道宣说：那提是中天竺人，曾去南印，师子国，是龙树系的学者。他"所解无相（空义），与（玄）奘硕反"。称赞他为"大师隐后，斯人第一"。可是他带来的梵本，被玄奘门下带走了。那提"乃三（次）被毒，再（次）充南（洋群岛的远）役"，真是法门的损失！

十　秘密教

秘密教的传弘，初与罽宾区的瑜伽师有关（佛陀跋陀罗所传的小乘禅观，集成于四世纪，就称为“圆满清净法曼陀罗”，分二种次第来修习），其后发达广布到全印。要在密咒盛行的区域，密法才容易流传；印度虽通行咒术，而乌仗那是“禁咒为艺业”的特区。西藏传说：僧护以前（四世纪前），乌仗那的人民就有修密行而得成就的，但还在潜行时期。到僧护时，事部与行部，始显著地流行。依帛尸黎密帝罗（三二〇顷）来华，译出《大灌顶神咒经》而说，事部的流行，至少为三世纪中。魏译（五一三顷）《楞伽经·偈颂品》（宋译缺），就有佛及化身三十六说，与《金刚顶经》的三十七成身相合。那么瑜伽部的传出，非五世纪不可。行部的《大日经》，重于本具的自性清净心——如来藏心；瑜伽部的《金刚顶经》，重于修显，多用唯识义，这都是成立在真常唯心基础上的。如约四法界说：事部是事法界，行部是理法界，瑜伽部是理事无碍法界；还有事事无碍法界，当然就是无上瑜伽部了。元代从西藏传入的“演揲儿法”（无上瑜伽），就以为是事事无碍的。以男女和合为特征的（或用智印，或用业印）无上瑜伽法，实在悠久得很。译真常大我经的昙无谶（四一四——四三〇），《魏书》说他“善男女交接之术”。隋阇那崛多（五九五）译的《大威德陀罗尼经》，就说到“于一夜中已得是法”的法门。但据经说：罽宾佛教的遭受大破坏（五世纪后半世纪），就是为了这个，所以经上痛心说：“此是因缘，灭正法教。”

玄奘（六二九——六四五）、义净（六七一——六九五）西游，知道有密法，还没有发觉到无上瑜伽。开元三大士（七一六——）来，还没有传授无上瑜伽。所以无上瑜伽在印度的公开盛行，被认为最高的佛法，不会早于七世纪的后五十年。

来中国传译密典的，陈、隋间开始多起来。如乌苌的那连提耶舍，犍陀罗的阇那崛多。到盛唐，密风越来越盛，对于佛顶尊胜、不空罥索、千臂千眼、如意轮，传译的次数特别多。译师中，南印度的菩提流志（六九四来）、义净（六九五回），传译较多。北方的岚波、迦湿蜜、罽宾（唐代指迦毕试）、睹货罗及于阗来的，也多少传译（当时的北方，佛法已衰落了）。中印度的阿地瞿多（六五二），在长安建立了陀罗尼普集会坛，译出《陀罗尼经》，对于密法的组织、传授，才算有了规模，这是中印度传来的。西元七一六年，善无畏来传行部（胎藏界）的《大日经》。他从中印度那烂陀寺的达摩鞠多得法。传说达摩鞠多就是玄奘在北印度磔迦国所见的长寿婆罗门，也就是龙智。被称为中天竺释种的善无畏，实为曾作北印度乌苌国王的塞迦族。他的"大日经供养次第法"，据弟子不可思议疏说，是在犍陀罗金粟王（迦尼色迦王）所造塔边，从文殊在空中所现的而传出来。依此人、法的地点去考察，说大日法门，为曾住北印的龙智所传出，实无不可。中印度的金刚智（七一九来），从南天竺的龙智学，传出《金刚顶经》（金刚界）。金刚智弟子不空，回印度去求法（七三二年），在师子国，见到普贤阿阇黎（或说名"宝觉阿阇黎"），请开十八会法。而法高等的表奏说："（不空）和上又西游天竺、师子等国，诣龙智阿阇黎，扬榷十八会法。"那么普贤就是龙智，曾经南行到锡兰了。传入中国的密宗,称为两部大法(胎藏与金刚,就是行部与瑜伽部),都与龙智有关。从传说中,见到密法由北而南的史实。迟一些来华的般若(七八六来),曾在南天竺,从达摩耶舍受密法。然密部的无上瑜伽,在提婆波罗父子时代,传说龙智大为弘通。中印度东方的密乘,要到宋初才有所译出,但没有弘通。所以,中土及传入日本的密宗,主要为前三部,而无上瑜伽,只能求之于西藏了。

八　汉译圣典在世界佛教中的地位

世界佛教教友会，主旨在联系世界每一角落的佛教。从精神的联系，到达和谐合作；从发扬佛陀的最高文化，去实现觉世救人的事业。所以首先应该承认，世界的任何佛教，都是佛教的一流，不能片面地武断地自是非他，不能轻率地诽拨大乘为非法，也不能傲慢地轻视声闻佛教为焦芽败种。惟有在互相信谅的友谊下，客观地善意地去研求修学，才能从相互了解，做到彼此沟通；才能抉取佛教的精髓，淘汰尘垢秕糠，而发展为适应时代的、摄导现代的、觉世救人的佛教。

佛法是一味同源的，也是多方适应的。在适应不同民族、不同环境、不同时代中，发展为似乎非常不同的形态。然如从发展的倾向、发展的规律，从演变中的内在联结、外界适应去研求，即会觉得：世界不同形态的佛教，是可以沟通、可以合作的。如通泛地说，各有它的特点、缺点，应站在平等的立场，尊重真理而舍短从长。这才能日进于高明，而更近于佛陀的真实，契合如来的本怀。

从印度佛教去印证世界佛教全体时，佛教的从一味而分流，是这样的：一、约教典说：佛法先有法与毗奈耶的集出流通。到西元前后，关于法——阿含的参究者，或着重声闻行，着重于缘起法相有的分别，撰集为阿毗达磨。或着重佛德与菩萨行，着重于缘起法性空的体证，即有空相应的摩诃衍经集出流通。西元三世纪，龙树依性空大乘经，抉择阿含与阿毗达磨，而撰中观诸论。同时前后，大乘经即倾向于真常的、唯心的，有《胜鬘》、《涅槃》等经；其后又有《楞伽》等经出现。在真常唯心大乘的发达过程中，一切有系的经师、瑜伽师，承受性空的、唯心的大乘经，而撰述瑜伽唯识等论典，成为一大系。约从西元五世纪起，从真常唯心的大乘中，更流出秘密瑜伽的续部。从这发展流化的过程去了解，一切教典间的承先启后、不同倾向，是可以明白地分别出来。

二、从教乘说：起初，佛法就是佛法，更没有分别。到西元前后，分化为声闻乘与菩萨乘。在菩萨乘的经典中，即有小乘与大乘的分判。二三世纪起，菩萨乘又有真常唯心的教典出现。这一类经中，即有“有空中”三教，或“小大一”三乘的分别。对于菩萨乘，这次后流通的，重于佛果，所以又特称为佛乘。五世纪起，妙有的佛乘中，又分流出陀罗尼乘。这对于一切佛法，即判为三藏，波罗蜜藏（含得显教大乘的一切），陀罗尼藏；或四谛行，波罗蜜多行，具贪行。这种教判的分化，表示佛法分流与发展的全貌。太虚大师的三期说，即与此相合：

初五百年——小行大隐时期……巴利语系属此

中五百年——大主小从时期……汉语文系重于此

后五百年——密主显从时期……藏文语系属此

中国的汉文佛教——日本佛教也从此流出，在印度三期佛教中，重于中期，即以菩萨乘为本，前摄声闻乘而后通如来乘。在这世界佛教发展的时代，应值得特别的重视，因为惟有从汉文圣典的探研中，才能完整地理解佛教的内容。今从教典来说：一、“阿含”：四阿含是全部具有的。《中含》与《杂含》，属于说一切有系。《长含》属分别说系，《增一含》属于大众系。虽没有巴利语系那样的，保有完整的一家专籍，但不属一家，自有他的长处（藏文系全缺）。

二、“毗奈耶”：藏文系但是有部新律；巴利语系但是赤铜锞律，而汉文圣典中有：

系	部	律
大众系的		摩诃僧祇律
分别说系的	化地部的	五分律
	法藏部的	四分津
	饮光部的	戒本
	铜锞部的	善见律论
说一切有系的	旧的	十诵律
	新的	根本说一切有部毗奈耶
犊子系的	正量部的	二十二明了论

这样的兼收并蓄，最适宜于作比较的研究。

三、“阿毗达磨”：这本是上座系三大派（分别说，说一切有，犊子）所共信的。藏文系但有——六足的《施设足论》一分，与晚起的《俱舍论》。巴利语系有七论。汉文圣典，虽特详于有部，而实通有诸家的阿毗昙。属于有部的，有六足论，《发智》与《婆沙论》，《阿毗昙心论》（及释），大成于对抗《俱舍》的《顺正理论》及《显宗论》。属于分别说系的，有《舍利弗阿毗昙论》，这是可以贯通南传北传阿毗昙论的唯一要典。有《解脱道论》，即巴利语系《清净道论》的异本。属于犊子系的，有《三弥底部论》、《三法度论》。晚起（西元三、四世纪起）的论典，出入于有部、经部，而有取舍从长的综合性的，有著名于佛教界的《俱舍论》，有影响中国佛教极深的《成实论》。依此分别看来，初期的三藏，虽不曾受到中国佛教主流的尊重，但文典的丰富，实为研求声闻的学派分流，以及从声闻而流衍为菩萨藏的有力文证。如忽略了这些汉文圣典，我可以断言，是不可能完成协调世界佛教、沟通世界佛教的责任的！

四、"性空大乘经"，五、"真常大乘经"：汉文系的圣典，极为完备，与藏文系相近。《般若》，《华严》，《大集》，《涅槃》——四大部（或加《宝积》为五大部），都是部帙庞大的。在这里，可以指出汉文圣典的特色：（一）汉文的种种异译，一概保持它的不同面目，不像藏文系的不断修正，使顺于后起的。所以，从汉文圣典研求起来，可以明了大部教典的次第增编过程；可以了解西方原本的先后大有不同。这不但不致于偏执一文，而次第的演变，也可以从此了解。（二）汉文的大乘经，在两晋以前传译的，与西域佛教——罽宾山区为中心，扩展到西方的吐火罗，西南的梵衍那，那揭罗，东南的健陀罗，东北的竭叉，子合，于阗，特别有关。这在中国佛教界，造成了深厚的佛教核心思想。北印学者菩提留支译的《十地论》、《楞伽经》，都有非常的特色。

六、"中观"：与藏文系的中观，是相当不同的。汉文所传，为初期的，特别是龙树撰述的论典。如《般若经》释的《大智度论》、《十地经》释的《十住毗婆沙论》，都不但是深理的中观，而且是广明菩萨大行的。后期的中观，即瑜伽系兴起以后的，龙树后学的论典，汉文仅有清辩的《般若灯论》，没有藏文系那样的学派众多。坚慧的《入大乘论》、无著的《顺中论》，表示了从中观而向瑜伽的行进。

七、"瑜伽"唯识：汉文非常完备，有《十地论》、《摄论》、《成唯识论》三大家。藏文系以安慧派为主，近于汉文的摄论家。而汉文正统的唯识家，是以护法为主的。《成唯识论》代表了陈那、护法、戒贤这一学系的大成，为汉文圣典的瑰宝！与唯识相随行的"因明"，比起藏文系，陈那、法称的作品传译得不完备。这表示了中华民族性的不大重视逻辑，不大重视言论的诤辩；这限定了过去中国佛教的论师派，不能占有主流的地位。

八、"秘密瑜伽"：事部（日本称为杂密），行部的《大日经》，瑜伽部的《金刚顶经》，汉文都有译传。惟有无上瑜伽部，受了时代的限制，即无上瑜伽盛行时，中国陷于衰乱的状态中。受了性习的限制，所以淫欲为道的法门，不能为中国的知识分子所信受。秘密瑜伽，充满于藏文系的圣典中。

从以上的叙述中，可知汉文系的圣典，虽以中期的大乘为主，而教典的传译是不限于中期的。晚期的佛教，已有了头绪。初期的佛教，有着丰富的传译。所以从汉文圣典去理解，向前摄取巴利文系的声闻三藏，向后参考藏文系的晚期中观、无上瑜伽，那么印度佛教一千六七百年的发展全貌，也即是流传于今日世界的三大文系佛教，可能获得一完整的、综贯的、发达而又适应的真确认识。太虚大师说："依流传在中国者，摄持锡兰传者，及择取西藏传者，为一批评而综合而陶铸之新体系，庶几为著述印度佛教史之目标欤！”这不但是印度佛教史研究的目标，应该是协调世界佛教，沟通世界佛教，取舍从长而发展为适应现代、摄导现代的世界佛教的目标！

九　论真谛三藏所传的阿摩罗识

一　九识品与九识章

梁陈之间，真谛三藏来中国，译传无著、世亲的唯识学，以《摄大乘论》为宗本，所以称为摄论宗。真谛传来的，与唐玄奘的唯识宗，同出一系，而多有不同。这虽不能一概而说，但大致为唯识初期的教学。在真谛所传的教学中，如立“阿摩罗识为第九识”，与奘传不同。现在，想试为论列。

有关真谛的第九识——阿摩罗识，本不是《摄大乘论》所说的。阿摩罗识的本义，似乎早已为地论师所修正而面目不清了。现在，先从圆测《解深密经疏》（卷三）所传说起：

> “真谛三藏依决定藏论，立九识义，如九识品说。……第九阿摩罗识，此云无垢识，真如为体。于一真如，有其二义：一所缘境，名为真如及实际等。二能缘义，名无垢识，亦名本觉。具如九识章，引决定藏论九识品中说。”

该文开端说：“真谛三藏依决定藏论立九识义，如九识品说。”似乎以下的文句，如阿摩罗识“亦名本觉”等，都是真谛三藏的《九识品》所说。然据末了所说：“具如九识章，引决定藏论九识品中说”，可见这些文句，是圆测的简要叙述。而圆测所依据的“具说”，是《九识章》；《九识章》是引《决定藏论·九识品》的。所以，先应该肯定：《九识章》与《九识品》不同，圆测的传说，是依据《九识章》的。

在真谛所译的《转识论》中，发见了《九识品》的名字，如说：“由事故，知有此（阿黎耶）识。……但由事故，知其有也。就此（阿黎耶）识中，具有八种异，谓依止处等，具如九识义品说。”依此，可推定真谛所传的《九识（义）品》，就是《决定藏论》。真谛所译的《决定藏论》三卷，为《瑜伽师地论·摄抉择分》的别译；“决定藏”就是“摄抉择分”的同语异译。《摄抉择分》，是抉择《瑜伽·本地分》——十七地的。但真谛的《决定藏论》，仅是《抉择分》中《五识地》与《意地》的部分。现存的《决定藏论》，内题《心地品》，也就是《五识地》与《意地品》的意思。《决定藏论》的《心地品》，可断为就是《九识品》，理由是：一、如测疏说“引决定藏论九识品说”，可见“决定藏”为一论的总名，而《九识品》为一品的别目。真谛仅译《决定藏论》的一品——《心地品》，当然就是《九识品》了。二、《心地品》中，以阿黎耶识为主，说到八识，又说到阿摩罗识，恰合九识的内容。三、最有力的理由是，《转识论》说：“就此识中见有八种异，谓依止处等，具如九识义品中说”，这确为《决定藏论·心地品》的内容。《决定藏论》说：“以此八种因缘知有阿罗耶识”（奘译作“由八种相，证阿赖耶识决定是有”），就是《转识论》所说，《九识（义）品》所说的

“就此识中有八种异”。而八异中的第一“依止处”，即《决定藏论》所说：“若离此识，根有执持，实无此理”（奘译作“若离阿赖耶识，依止执受不应道理”）。据此，以八种异（依止处等）来证成阿赖耶识的，称为《九识品》的，显然的就是《决定藏论》的《心地品》了。

真谛说第九阿摩罗识，是依《决定藏论·九识品》的。圆测所据的《九识章》，说阿摩罗识约能缘义，名为本觉，实与《决定藏论》不合。以阿摩罗识为本觉，显然有附合《起信论》的痕迹。其后，定宾的《四分律疏饰宗义记》（卷三），竟直说：“真谛三藏云：阿摩罗识有二种”，全盘承受《九识章》的解说，而不知《九识品》的本义并不如此。

论到《九识章》的作者，当然是弘扬《摄论》的学者。真谛时代的《摄论》，偏在岭南。真谛死了以后，弟子们才还杨都、九江等。接着陈灭隋兴，就传入北方。适逢陈灭隋兴的机运，造成了北方摄论学的隆盛。传入北方的，以靖嵩、昙迁为大宗。一、靖嵩是（亲承真谛的）法泰的弟子，弘化在徐淮一带（《续高僧传》卷一〇）。他的弟子法护，立义与玄奘的新译，“奄然符合”（《续高僧传》卷一三）。还有道因，参与玄奘的译场，“奘师偏奖赏之。每有难文（义），同加参酌”（《宋高僧传》卷二）。靖嵩门下，是近于奘传，维持《摄论》本义的学系。二、昙迁（见《续高僧传》卷一八）本从地论学者（慧光的弟子）昙遵修学。在周武灭法时，避难来杨都，得到了《摄大乘论》，大加赞赏。等到周灭隋兴，他就北上彭城，弘扬《摄论》。他对《摄大乘论》，“全无师承”，是本于《地论》的思想来说《摄论》，可说是《摄论》为表而

《地论》为底里的学者。他应文帝的邀请，到达长安，弘扬《摄论》，特别受到地论师——净影寺慧远（也有《起信论疏》），及昙延弟子们的欢迎。他的著作，除《摄论疏》外，还有《楞伽》、《起信论疏》、《九识章》等。从现有的史料看来，《九识章》是昙迁的作品。这不但昙迁的作品中，有《九识章》；而他与当时的地论师慧远等，重视《起信论》。（依《四论玄义》：北地诸论师云："昔日地论师造论，借菩萨名目之"），也与《九识章》的引用《起信论》义，指阿摩罗识为本觉相通。总之，圆测所传对阿摩罗识的解说，是《九识章》的。真谛依《九识品》而立阿摩罗识，应别为研考！

二　阿摩罗识是转依

真谛所传阿摩罗识的意义，试分别来论证。先从《决定藏论》的"转依"说：传说真谛的阿摩罗识，依《决定藏·九识（心地）品》立，所以先引《决定藏论》文，又附以玄奘的新译，以便比对观察，易于明了阿摩罗识的本义。

《决定藏论》（上）：

> "一切行种烦恼摄者，聚在阿罗耶识中。得真如境智增上行故，修习行故，断阿罗耶识，即转凡夫性，舍凡夫法，阿罗耶识灭。此识灭故，一切烦恼灭，阿罗耶识对治故，证阿摩罗识。"（一）
>
> "阿罗耶识是无常，是有漏法；阿摩罗识是常，是无漏法。得真如境（智）道故，证阿摩罗识。"（二）

“阿罗耶识为粗恶苦果之所随逐；阿摩罗识无有一切粗恶苦果。”(三)

“阿罗耶识而是一切烦恼根本，不为圣道而作根本；阿摩罗识亦复不为烦恼根本，但为圣道得道而作根本。阿摩罗识作圣道依因，不作生因。”(四)

“阿罗耶识于善无记不得自在。阿罗耶识灭时，有异相貌：谓来世烦恼不善因灭，以因灭故，则于来世五盛阴苦不得复生。现在世中烦恼恶因灭故，则凡夫阴灭。此身自在，即便如化。舍离一切粗恶苦报，得阿摩罗识之因缘故，此身寿命便得自在。寿命因缘能灭于身，亦能断命，尽灭无余，一切诸受皆得清净。”(五)

《瑜伽论》(卷五一)：

“修观行者，以阿赖耶识是一切戏论所摄诸行界故，略彼诸行，于阿赖耶识中，总为一团一积一聚；为一聚已，由缘真如境智修习多修习故，而得转依。转依无间，当言已断阿赖耶识。由此断故，当言已断一切杂染。当知转依由相违故，能永对治阿赖耶识。”(一)

“又阿赖耶识体是无常，有取受性；转依是常，无取受性，缘真如境圣道方能转依故。”(二)

“又阿赖耶识，恒为一切粗重所随；转依究竟远离一切所有粗重。”(三)

“又阿赖耶识是烦恼转因，圣道不转因；转依是烦恼不转因，圣道转因。应知但是建立因性，非生因性。”(四)

"又阿赖耶识,令于善净无记法中不得自在;转依令于一切善净无记法中得大自在。又阿赖耶识断灭相者,谓由此识正断灭故,舍二种取,其身虽住,犹如变化。所以者何?当来后有苦因断故,便舍当来后有之取;于现法中一切烦恼因永断故,便舍现法一切杂染所依之取。一切粗重永远离故,唯有命缘暂时得住。……即于现法一切所受究竟灭尽。"(五)

从二译比对看来,真谛所译的阿摩罗识,即是奘译的转依。转依,是否可以译为阿摩罗识?为什么译作阿摩罗识?这里暂且不论。总之,真谛是译转依为阿摩罗识的。真谛译转依为阿摩罗识,所以阿摩罗识与阿黎耶识(《摄论》译为阿黎耶,《决定藏论》译作阿罗耶,即奘译的阿赖耶识),性质恰好相反。如黎耶有漏无常,而阿摩罗是无漏,是常(二)。黎耶是烦恼根本,阿摩罗是圣道根本(依止)(四)。黎耶是粗重所随,阿摩罗离一切粗重(三)。阿黎耶识是"一切杂染根本",是"一切戏论所摄诸行界"(种子),是一切有漏杂染种子的总汇(或称之为"过患聚"),所以必须转灭这阿黎耶识,才能证得转依——阿摩罗识(一、五)。这样,阿黎耶是有漏杂染识,阿摩罗是(译义为)无垢识、白净识。依奘传唯识学,有漏的妄识有八识,转成无漏也还是八识,所以在八识以上,别立第九阿摩罗识,是不妥当的。而真谛于八识上,立第九阿摩罗识,应有他不同的看法吧!

还有,依《决定藏论》而立的阿摩罗识——转依,是通于三乘的。《决定藏论》与《瑜伽论》,同样说到:"阿罗汉及辟支佛,不退菩萨,如来世尊,此四种人,以有心处,有于六识,无阿罗耶识。""阿罗汉及辟支佛,菩萨,世尊,入灭尽定,又世尊入无余涅槃,无阿罗耶,亦无六识。"(并见《决定藏论》上)所以《决定藏论》转灭阿黎耶,证得的阿摩罗识,是与《唯识三十论》所说的阿赖耶识,"阿罗汉位舍",完全一致。阿黎耶识的舍灭,是现生的苦因永尽,来生的苦因永尽,如梁《摄论释》(卷四)所说:"转依是解脱(身,约二乘说),及法身(约大乘说),即是灭谛,故应以种子灭为转依。"一切戏论所摄的种子永灭,即转虚妄而显现真实,如梁《摄论》(下)所说:"于凡夫覆真,于彼显虚妄;于菩萨一向,舍虚显真实。不显现显现,虚妄及真实,是菩萨转依,解脱如意故。"

《决定藏论》的阿摩罗识——转依,是与阿黎耶识性质相反的,二乘,八地以上菩萨所证得的。然据真谛的译籍来说,由于转依的地位,高下不等;阿摩罗识也可通于前后,实为如如智证的别名。今列《摄论》(下)、《成唯识论》(卷一〇)的六转依,《三无性论》(下)的五转依于下:

《摄论》(《成唯识论》名同)	《三无性论》
1 损力益能转	
2 通达转	3 有动转依
3 修习转	4 有用转依
4 果圆满转	5 究竟转依
5 下劣转	1 一分转依
6 广大转	2 具分转依

损力益能转,仅是阿黎耶识中的染种力减,净种力胜,与智证如如,舍灭二障种子的转依不合。这可说是"相似转依",不

能称为阿摩罗识，所以《三无性论》略而不说。下劣转与广大转（三无性略异），即是二乘转依与大乘转依。果圆满转，为究竟的佛果。此外，通达转与修习转，三说不同。《成唯识论》约见修二道说：初地见道位，名通达转；初地到十地的修道位，名修习转。《摄论》约有相无相说：初地到六地，是有相的，名通达转；七地以上无相，名修习转。《三无性论》约有动有用说：七地以前，有入观出观的转动，名有动转依；八地以上有功用行，名有用转依。而大乘的具分转依，《三无性论》约见道位说。虽三说不同，总之，大乘初地以上可称为转依，而究竟转依在佛地。

三　阿摩罗识（转依）的意义

说到阿摩罗识的，还有《转识论》、《三无性论》、《十八空论》。除《十八空论》的一则外，都明显地说明了，阿摩罗识就是转依，就是无漏界，是境智无差别的如如智证。关于这，还得先从转依说起。在声闻乘法中，但说涅槃；大乘唯识学特说转依，这有非常的意义。转依体，是灭谛——真如离染的现证，如梁《摄论》（卷四）说："对治是道谛；转依是解脱及法身，即是灭谛，故应以种子灭为转依。"《成唯识论》（卷九）释"便证得转依"时说："颂意但显转唯识性，二乘满位名解脱身，在大牟尼名法身故"，大体一致。但由于摄论宗及唯识宗的看法不同，达到不同的结论。这问题在：对有漏与无漏、如与智、性与相，唯识宗始终取着差别论的说明。而摄论宗是：在一般的说明上，也作差别说明；而在无漏智证的显现上，却重于转有漏成无漏，如智无差别、泯相即性的说明。所以性相、如智,尽管可以作差别说明,而决非对立物。如转依,《成唯识论》说:“此(转依)即无漏界,不思议善常,安乐解脱身,大牟尼名法”;《转识论》也说:“是名无流界……是名解脱身,于三身中即法身。”这决不但是如如,而是如如如如智的平等平等,无漏德行的一切。真谛译中,以如智无差别为转依、为阿摩罗识,应从这点去了解。

再来分别地说明。一、阿摩罗识是境识并泯、境智无别的实性,如说:

“第五(非执著)相唯为真实性所摄者,此不执著名义二相,即是境智无差别阿摩罗识。”(《三无性论》下)

“此境识俱泯,即是实性,实性即是阿摩罗识。”(《转识论》)

“由修观熟,乱执(识)尽,是名无所得,非心非境,是智名出世无分别智,即是境智无差别,名如如智,亦名转依。”(《转识论》)

“二、明正观唯识,遣荡生死虚妄识心,及以境界,一切皆净尽,唯有阿摩罗清净心也。”(《十八空论》)

“先以唯一乱识遣于外境,次阿摩罗识遣于乱识,故究竟唯一净识也。”(《三无性论》上)

从上面所引的论文来考察,可见阿摩罗识是:约有漏的心境来说,这不但离于“乱相”的“似尘”,也遣于“乱识”。阿摩罗识——转依是心境俱泯的,没有能取所取的。约无漏现证来说,这是“境智无差别”的。境是无分别法性,是无二无别的。智是无分别智，与法性也不可说有差别相。虽方便安立而称之为智、为如，而实如智不二（不要想像为一体）。所以《华严经》说："无有如外智，能证于如；亦无智外如，为智所入。"

二、阿摩罗识是分别性与依他性并泯的实性，如说：

> "此乱识，即是分别依他似尘识所显。由分别性永无故，依他性亦不有；此二无所有，即是阿摩罗识。惟有此识，独无变异，故称如如。……惟阿摩罗识是无颠倒，是无变异，是真如如。"（《三无性论》上）

这里所说的分别性与依他性并遣，与上面所说的境识并泯有关。真谛所说的三性，主要是依《摄论》及《中边论》，说分别性（遍计所执性）是似尘、是外境，依他起性是乱识、是妄分别心——根本是一切种子阿黎耶识。所以，如约三性说，没有分别性，依他性也不得生（境无故识无）；二性不现，就是真实性（圆成实性）的显现。如约心境说，境没有了，识也没有，心境都不可得，那就是无分别智现前。对于这，唯识学者始终从能所、性相差别论的立场说：遣遍计执性，泯依他起性，而显的圆成实性，是"唯识性"；是唯识的性，并不就是识。但在真谛的译典看来，佛说唯识，无非为了使我们由解悟到证入。如隋译《摄论》说："信解行地中，见道中，修道中，究竟道中，一切法唯识，随闻信解故，如理通达故，对治一切障故，无障碍故。"佛说的一切法唯有识，学者是这样的去信解、去通达，到究竟圆满。这一切法唯有识的圣教，魏译、梁译都相同，而奘译却说"唯有识性"，这就是差别的所在。依真谛的论意，佛说唯识，为了悟证；那到了无漏智证，才是真正的唯识了。这如《转识论》说：

“立唯识义，意本为遣境遣心。今境界既无，唯识又泯，即是说唯识义成。……问：遣境存识，乃可称唯识义；既境识俱遣，何识可成？答：立唯识乃一往遣境留心，卒终为论，遣境为欲空心，是其正意。是故境识俱泯，是其（唯识）义成。此境识俱泯，即是实性，实性即是阿摩罗识。亦可卒终为论，是阿摩罗识也。”

三、阿摩罗识是究竟的净心：真谛在《决定藏论》说转依为阿摩罗识；这与阿黎耶识相对的，指无学声闻，缘觉，八地菩萨以上的，如智无差别而说。但阿摩罗识，并不局限于阿罗汉位的。智证如如的转依，彻始（初地见道位），彻终（佛果），如上文所引的，都适用于初地见道位（通达转）。见道以上的证入唯识——无分别智现证如如，当真实性显现时，虽远离一般（七识）的乱识、乱相，而约妄识的根本说，一切种子阿黎耶识，还是照样的存在。就是到了阿罗汉位，约烦恼障的种习净尽说，已舍阿黎耶识，而有漏杂染种习，如所知障种习等，也还是没有清净。所以，智证如如的究竟清净，一切杂染种子究竟灭尽，那只有佛地；佛地才被称为：“最清净法界”，“无垢识”——阿摩罗识，如《十八空论》说：

“明唯识真实，辨一切诸法唯有净识。……唯识义有两：一者方便，谓先观唯有阿梨耶识，无余境界，现得境智（识？）两空，除妄识已尽，名为方便唯识也。二明正观唯识，遣荡生死虚妄识心，及以境界，一切皆净尽，唯有阿摩罗清净心也。”

论文的分辨两类唯识,主意在说明“一切诸法唯有净识”。所以可这样去理解本文:一、方便唯识,是以阿黎耶识为种子性(杂染),为一切法依止而成立一切唯识的。一切依阿黎耶识种子而现起,修唯识观,达到境空、心空,也就是妄分别识不起(无分别智显现)。这登地以前(贤位)的唯识教观,是方便唯识。二、无分别智现证如如(转识成智),也就是以阿摩罗识为依而成立唯识,名正观唯识,如梁《摄论》(卷三)说:“舍凡夫依,作圣人依。圣人依者,闻熏习与解性和合,以此为依,一切圣道皆依此生。”《决定藏论》(上)也说:“断阿罗耶识,即转凡夫性,舍凡夫法……证阿摩罗识……为圣道得道而作根本。”依此进修到究竟清净,圆成佛果,也就是从闻熏习依法界性,而到达出障圆明的“无漏界”,一切惟一阿摩罗识的真实唯识。如经说:“如来无垢识,是净无漏界。”

总之,真谛重视了凡夫性与圣人性、凡夫依与圣人依。境智无差别,即是圣性;依此摄持清净闻熏习,而为圣依,依此现起一切无漏。这圣性与圣依,如凡夫的杂染性,杂染依的阿黎耶识一样。转阿黎耶识,得阿摩罗识,即无分别智证,境智无差别性。这在八地,舍阿黎耶识的阿罗汉位,充分地显现出来;究竟圆满在佛位。唯识学者,专依佛位说阿摩罗识;然约转阿黎耶证阿摩罗识说,不但八地,初地见道就可以说的。初地以上称为阿罗汉,舍阿黎耶识,这本为西方的旧义,如《成唯识论》(卷三)说:“有义:初地以上菩萨,已证二空所显理故,已得二种殊胜智故,已断分别二重障故,……由斯亦舍阿赖耶名,故说不成阿赖耶识，此亦说彼名阿罗汉。"这虽不是玄奘所传，护法一系的唯识学所赞同，但真谛所传的唯识学，却就是这样。

四　阿摩罗识是自性清净心

真谛所传的阿摩罗识，依《决定藏论》九识义，是转阿赖耶识所得的，位在八地。如依《三无性论》及《转识论》等，下通初地，上通佛果，而指如智现证无差别性。这如上文所说，都是约修行所证说的。但《十八空论》，别有一文，约法界本净说。这样，阿摩罗识就是自性清净心，也就是如来藏的别名。《十八空论》是这样说的：

> "阿摩罗识，是自性清净心。但为客尘所污，故名不净。为客尘尽，故立为净。何故不说定净定不净，而言或净或不净耶？答：为显法界（即阿摩罗识）与五入及禅定等义异。"

《十八空论》，是《中边分别论》注释的一部分。一分释《相品》的空义，一分释《真实品》的分破真实（七真如），及胜智真实。上面所引述的文句，是释《中边论》颂："不染非不染，非净非不净；心本清净故，烦恼客尘故。"《中边论》以五门分别空义，在第五"成立义"中，说此一颂。意思说：空（心性）本清净，所以无所谓染与不染。由于客尘烦恼，所以又非净非不净。这是说：在客尘烦恼覆染时，空性的净相不现，可以说非净。到了客尘除尽，又显现了空性清净，那又是非不净了。论文本是说明空性，说空性有真如、实际、无相、胜义、法界等别名。但在说非净不净、非染不染时，不说“空性本净”、“法性本净”，而说“心本清净”。这里的心本清净，就是一切经所说的“心性本净”，真谛的《中边分别论》也说“心本自性清净故”。对于“心性本净”或“心本性净”，奘传的唯识学解说为：心的法性本净，并非说心本清净。因为心是有为的心识，或染或净，或有漏或无漏，怎可说本来清净呢？这是站在“性相差别论”的立场。真谛所传的，指“空本性净”为“心本自性清净”，而解说空性本净为“阿摩罗识是自性清净心”，显然是从“真如无差别”、心与空性无二的立场而说。

弥勒《中边论颂》的“心本清净”，在《十八空论》中，解说为“自性清净心”，这应该与《胜鬘经》的如来藏说有关。如经说：

> “如来藏者，是法界藏，法身藏，出世间上上藏，自性清净藏。此自性清净如来藏，而客尘烦恼上烦恼所染，不思议如来境界。”
>
> “自性清净心而有染污，难可了知。有二法难可了知：谓自性清净心难可了知，彼心为烦恼所染，亦难可了知。”

如来藏说的成立，着重在众生的因位中，点出本具如来的德相。依《如来藏经》的：“一切众生贪欲恚痴烦恼中，有如来智、如来眼、如来身，结加趺坐，俨然不动。……德相备足，如我无异”；及《楞伽》所引经：“如来藏自性清净，转三十二相，入于一切众生身中”：使人易于想像为神我型的存在。然依《胜鬘经》、《楞伽经》的抉择开示，如来藏，不外乎真如——法界、法性、空性、实际等别名。无著的《庄严论》也说:“一切无别故,得如清净故,故说诸众生,名为如来藏。”坚慧的《宝性论》(或说世亲造)也说:“佛法身遍满,真如无差别,皆实有佛性;是故说众生,常有如来藏。”“见实者说言:凡夫圣人佛,众生如来藏,真如无差别。”原来,无边德相庄严的佛法身,只是真如(法界等)离垢所显。真如是绝诸戏论的,无二无别的(所以不容拟议),所以在见实者——现证法性者的证境来说,这是没有凡夫、菩萨、佛的差别。在真如遍满无差别中,可说众生有如来藏了。

如来藏,在众生身中,或说在蕴处界(“阴界六入”)中;或说不即六法(五蕴与假我),不离六法。这本是一切法的胜义空性,并非局限在众生的心中。但一切法性本净,当然心也本性清净;法性净与心性净,是无二无别的,那就是说在心中,也没有什么不可以。特别是在缘起法(依他起性)中,心为迷悟的枢纽,心为一切法的依止。当被称为“所知依”的阿赖耶识,成立万法唯识(心)时,如来藏也就从一切法性,一切心性,而为阿赖耶识的本净性了。如来藏与藏识,就这样的结合起来。《胜鬘经》揭开了这一要义,如说:“六识及心法智(依《楞伽经》,就是前七识),此七法刹那不住”,所以不能依此而成立生死与涅槃。作生死涅槃依止的,是如来藏;如来藏被称为“自性清净心”。这还是七妄一真说,到《楞伽经》,处处说到:“如来藏藏识心、意、意识。”这是在意与意识等七识而外,有“如来藏藏识心”。如来藏与藏识的关系,大概地说:阿赖耶识为真相(心性净)业相(种子习气)的和合。阿赖耶识的自真相,就是如来藏的别名。从妄染的心识而探究到心性清净,是赖耶的自真相。心性本净而为客尘所染，名如来藏。阿赖耶识着重于妄染，但与本净心性，并非截然差别。所以一般所说的阿赖耶识缘起、如来藏缘起，在真谛译中统一起来。这本是同一意义，只是说明的重点（阿赖耶缘起，以生灭妄心为所依。如来藏缘起，以不生灭的自性清净为所依）不同而已。

《阿毗达磨大乘经》中，有这么一颂：

> “无始时来界，一切法等依。
> 由此有诸趣，及涅槃证得。”

《阿毗达磨大乘经》，是以“界”为一切法依止，成立生死与涅槃。但“界”是什么呢？无著的《摄大乘论》引证此颂，证有阿赖耶识。隋笈多等译的世亲释论；唐玄奘译的世亲释论、无性释论，都把“界”解说为杂染种子。传说为坚慧（或说世亲）所造的《究竟一乘宝性论》，也引用此颂，但说“界”为如来藏，如说：“无始时来性（即是“界”的异译）者，如经说言：诸佛如来依如来藏，说诸众生无始本际不可得知。”此下，即引《胜鬘经》的如来藏说：依如来藏而有生死，依如来藏而有涅槃。同样的经颂，同一“界”字，而或依阿赖耶识说，或依如来藏说。都有印度大论师的权威说明，而立说却似乎不同。这点，在真谛译的《摄大乘论（世亲）释论》，综合这两种说明而为一，如说：

> “此，即此阿黎耶识。界以解为性。此界有五义：（约《胜鬘经》五藏义释）……。约此界，佛世尊说：比丘！众生初际不可了达，无明为盖（依此而有生死）……。如经言：若如来藏非有，于苦无厌恶，于涅槃无欲乐愿，故言及有得

涅槃(依此而有涅槃)。”

“复次,此界无始时者,即是显因。”

梁《摄论》对于经颂的“界”字,有两番解说。第二说,与玄奘、笈多等一样,是解说为阿赖耶识界——杂染种子的。第一说,是玄奘、笈多译所没有的,但与《宝性论释》一致。论说“界以解为性”,接着引《胜鬘经》的如来藏——五藏说,那无疑是法界、如来界了。这是把二种所依说——依阿赖耶说、依如来藏说,统合于同一的“界”。这可说是真谛译的特色,也许就是《阿毗达磨大乘经》的特色!因为在真谛译传看来:杂染种子,是阿赖耶识界(第二说);而如来藏,也还是“即此阿黎耶识界”,不过是自性清净心——法界而已。

无论是真谛的译传,玄奘、笈多的译传,《摄大乘论》的阿赖耶识说,是着重于杂染种子识的。但无论是真谛译,玄奘、笈多译,《摄大乘论》的本义都与玄奘唯识学有距离的(当然《成唯识论》自有解说)。所以,不妨依《摄大乘论》的本义,去理解真谛所译,在同一“界”字中,含容二说的是否合理。阿赖耶识,是以虚妄分别为自性的;种子是熏习所成的。赖耶识与杂染种习,混融为一——这样的种子阿赖耶识,为生死杂染法的所依止,由此而生死相续(依如来藏说,依如来藏,才能说有生死)。说到出世无漏心,以“最清净法界等流正闻熏习为种子”的。在众生有漏位,闻熏习虽与阿赖耶识水乳般和合,却不属于阿赖耶识性,反而是能对治阿赖耶识的。所以闻熏习非阿赖耶所摄,而属于法身或解脱身摄。这些,都是众译一致的解说。

法身所摄的闻熏习,在唯识学中,该是不易理解的问题。唯识，是以识为所依而成立一切法的。有漏杂染法，以阿赖耶识为种子而成立一切。种子依识，种子也是虚妄分别为性的；以此为依而起一切有漏法，是名符其实的唯识论。无漏清净法呢？修证到出障圆明的佛果，阿赖耶识转，名阿摩罗识，为一切清净法所依止，如有漏法依阿赖耶一样。这样的依无漏识而立一切，也符合于唯识的原则。但有漏没有尽净，无漏的种现（圣位），依于什么？或有了闻熏习，还没有现起无漏种现以前（凡位），那有漏的闻熏习种，又依于什么？《摄大乘论》说：虽与阿赖耶识和合俱转，而实是法身所摄，也可说依于法身。究竟法身在佛地；约识说，名阿摩罗识；约界说，是无漏界（或说"净无漏界"，或说"究竟无漏界"）；是究竟的圆满转依。地上菩萨，无漏智现证，是分证法身；可以称为"得阿耨多罗三藐三菩提"，也可说得转依（通达转等），也就是分证阿摩罗识（经说如来无垢识，这等于说如来法身，何必局限于佛地）。《决定藏论》称此如如智证无差别性为阿摩罗识，"作圣道依因"；也就是法界为一切圣道依止因。在没有现证以前呢？闻熏习也还是法身所摄，也可说依于法界。弥勒《中边论颂》，说空性、法界时，说心本清净。真谛在所译《十八空论》，即称之为"阿摩罗识即自性清净心"。这样，倒是贯彻一切依心识的唯识论立场。如在奘传的唯识学中，把法身、法界，作无漏无为性去解说，那有漏闻熏依法身，不等于有漏有为依无漏无为吗？严密的唯识学，在这个问题上，显得矛盾而混乱！

《摄大乘论》说：闻熏习是法身所摄，这是摄属于法界、法性的。梁《摄论》已说："由本识功能渐减，闻熏习等次第渐增，舍凡夫依，作圣人依。圣人依者，闻熏习与解性和合，以此为依，一切圣道皆依此生。”上面曾说到：梁《摄论》在解说《阿毗达磨大乘经》颂时，说“即此阿黎耶识界，以解为性”。这可见解性即是法界（如来藏，法身藏），是含摄得闻熏习而为圣道作依止的，一切清净法由此而现起。此界是阿黎耶识净界——自性清净心，阿摩罗识。这样，清净法也以心为所依，才是思想一贯的唯识学。

这样，圆测所引的，误传为真谛而可能为昙迁所作的《九识章》，依真谛学来说，有着很大的错误。一、《九识章》断定阿摩罗识为本觉，并非真谛论意。真谛译传的阿摩罗识，是自性清净心，也是初地以上，直到佛果，所有智证如如的无差别性。说众生有如来藏——自性清净心，也是见实者约真如无差别说。二、如来藏——净界，就是闻熏习与解性和合；这也是“阿黎耶识界”。所以，如别立“解性黎耶”，就不应别立看作本觉的阿摩罗识。立第九识，就不应立阿黎耶识有解性。说黎耶有“解性”，又立第九阿摩罗识，不免重复！

五　心界通二分说

真谛的阿摩罗识说，从究竟佛地的净识，而说到众生的心性清净，与如来藏说同一意趣。对同一“界”字，而作杂染识种、清净心界二说，把二说统一于阿赖耶识，是真谛学的独到立场！这应该是《阿毗达磨大乘经》的深义。于同一依他起性，而作染净两方的说明，《摄论》是引述《阿毗达磨大乘经》，而普遍应用的。

主要的教证,如说:

“阿毗达磨修多罗中,佛世尊说:法有三种:一染污分,二清净分,三染污清净分。依何义说此三分?于依他性中,分别性为染污分,真实性为清净分,依他性为染污清净分。”

“譬如于金藏(矿,也就是界)土中,见有三法:一地界,二金,三土。于地界中,土非有而显现,金实有不显现。此土若以火烧炼,土则不现,金相自现,……是故地界有二分。如此,本识未为无分别智火所烧炼时,此识由虚妄分别性显现。若为无分别智火所烧炼时,此识由成就真实性显现。是故虚妄分别性识,即依他性有二分,譬如金藏土中所有地界。”

金土藏的譬喻,说明了矿物的实质是地界(地极微,就是坚性的物质因素)。土一样的矿物,是地界所成的现实形态。如加以冶炼,就不再像泥土,而现为纯金了。这如一切法——依他起性,依他起的根本,是阿赖耶识界(这是唯心论的立场),如地界一样。现在,无始以来,就现为生死杂染的分别性。如以般若熏修,赖耶识界,不再是妄染,而是清净圆成实性了。地界有二分,依他起性识,也一样的有二分。这样的三性说,是摄论宗的立场,与奘传唯识学的三性说不同。说到通二分,从显现的事实来说,是不能说同时有二分的。或可推论为,含有二种成分。这是不妨如此说,而并非《阿毗达磨大乘经》与《摄论》的本意。《摄论》解说三性时,曾说:

"依他性有几种，若略说有二种：一系属熏习种子，二系属净品不净品性不成就。"

"依他种子熏习而生起"，所以叫做依他起，这是一般的意义；也就是奘传唯识学的依他起说。"依他杂染清净性不成"，所以叫依他起，就是《阿毗达磨大乘经》依他有二分的见解。"不成就"，是说他没有一成不变性，所以可随缘而如此如彼的。这二项解说，并不矛盾。无论是杂染的、清净的，都是从因缘而生起的（第一说）。都是没有一成不变的定性，所以不是性自成就（第二说）。没有定性，所以从缘起；从缘起的，当然自性不成就。这与中观者的缘起无自性；由于无自性，所以从缘起的意义一样。从依他起——识的有二分，说无始时来的识界有二分，是毫无不合的。"界"的通二分，不妨看作杂染识界、清净心界的同时存在；清净心界，就是解性——阿摩罗识。但从"杂染清净性不成"来说，这是"非染非不染，非净非不净"，不可以定说为是染是净的。如地界是地极微，可土可金而不定是土是金，那么心界也随缘而可染可净，而不就是染是净的。此"心界"，宁可看作缘起无性的中容性。然而，它是顺于清净性，而又一向是杂染性的。从心说，这是心无心相，而毕竟清净的。如《般若经》说："是心非心，本性净故"；净是空寂的同义词。从空性说，这是性本空寂而心相宛然的。心空不二的无差别性，是没有一切相可说的。无始以来，就为客尘所覆染，形成杂染识种——阿赖耶识界；如虚空本净，而一向为云雾所蒙昧一样。但尽管随染而成生死、杂染、分别性，而平等不二的心界，还是那样的毕竟空寂（或对染而称为清净）。这就是四清净法中的"自性清净"。如有闻熏习，般若熏修，随净缘而成涅槃、清净、真实性。平等心界，还是那样的平等空寂，但已离染，这就是四清净中的“离垢清净”，是“净无漏界”，是阿摩罗识。但这决不说佛果一切功德，什么都早已成就，而只是随顺这平等心性的是善、是净，能转杂染而成为无边功德所庄严的法界。那顺于法性的法界等流的正闻熏习，以及定慧等清净功德，就是四清净中的“生此境清净”，“得此道清净”。虽在平等法界的体证中，一切无二无别，然在凡位而点出如来藏性，或点出解性，阿摩罗识，都只能约“自性清净”说。如梁《摄论》说：

> “一此法本来自性清净，谓如如、空、实际、无相、真实、法界。释曰：由是法自性本来清净，此清净名如如，于一切众生平等有，以是通相故。由此法是有故，说一切法名如来藏。”

在佛法中，为了“摄计我外道”、“畏无我”的众生，说有如来藏。似乎神我一样；其实，是约空、如、法界说。如把这看作觉体的本来成就，不但非奘传唯识学所能认可，也非真谛摄论宗意所认可的。所以，真谛的阿摩罗识，《九识章》率直地解说为“本觉”，不但与真谛如智无差别性（现证圣者所得的）不合，就是说为“自性清净心”，也与本觉义不合。《九识章》的解说，只是《起信论》师的见地，与真谛摄论宗义无关。

十　如来藏之研究

一　序　说

如来藏教义，在中国佛教界，是最熟悉的一种教说，特别是中国盛行的《楞严经》与《起信论》，可说完全是这一思想的代表经论。中国佛教徒，一说到如来藏，便想到一切众生有佛性，可以成佛，如来藏成了佛教的核心教义。可以说，离开如来藏，即不能显示佛法的深广圆妙。这一点，中国佛教可说继承了印度后期佛教的此一特色。太虚大师说，如来藏、佛性，为大乘不共小乘的特质。佛法中通常所讲到的业、轮回、性空、缘起，都还是小乘中所共有的，唯有如来藏这一教说，为小乘所没有的大乘特义。后期的真常大乘，特别着重发挥此义。

中国大乘各宗，对如来藏特别重视，如天台、贤首、禅宗。依天台智者大师说，如来藏即即空即假即中的实相，是约俗谛的妙有说。后来，如来藏解说为空如来藏、不空如来藏、空不空如来藏三者，以配合天台学的三谛。空如来藏即是真谛，不空如来藏即是俗谛，空不空如来藏即是中谛。天台虽为弘扬龙树的中观学,但已融摄了发扬了如来藏的教说。禅宗在弘扬如来藏的各宗中,可说它将如来藏思想发挥到最高的顶点,也更与如来藏相契应。后代的禅师们虽然竭力倡导祖师禅,但在初期的禅宗,却是宗本如来禅的。就初期禅宗传授心印的《楞伽经》说,魏译《楞伽》即将(宋译的)如来禅译作如来藏禅,以体悟如来藏为修证的法门。如《信心铭》说:"恒沙功德,尽在心源",也无非是如来藏说,可说在禅宗已充分地表达出来了。贤首宗的贤首国师,对如来藏教义也曾努力加以发挥,他给《楞伽经》、《起信论》作过玄义与注疏。贤首宗判五教,也可以分作三类:小教及始教一分有教是法相宗,始教一分空教是破相宗,终顿圆三教是法性宗,都是以如来藏心具德为根本的。终教,如《起信论》的如来藏缘起说。贤首宗的顿教,即是禅宗。从后代(圆)教(顿)禅一致的思想上,不难看出后三教同以如来藏说为本的。

自民国以来,讲唯识的"南欧北韩"——南方的欧阳竟无,北方的韩清净,均不以如来藏说为中心。唯识学与台、贤、禅宗的如来藏说,多少不调和,不相契应;而中观的缘起性空,亦与专重如来藏思想的有距离。所以在传统的中国佛教(指天台、贤首)向以如来藏为中心的这一体系中,对唯识与中观不无误会。其实,在中观与唯识中,也都说到如来藏,不过彼此所持的立场与解说不同,为中国一般学者所未能通达罢了。现在修学佛法,不能一味以中国的为是,因为佛法是从印度来的,佛法的根本是在印度,应该从印度佛教去作更深切的了解。但中国佛教,对中国文化思想有深切关系的,中国佛教的内容,我们也非了解不成的。如来藏说是印度传来的,应该了解如来藏在印度本来的意义，这才更能了解中国以如来藏为中心的佛法。

二　说如来藏之意趣

对佛法的理解，是与一般世学多少不同的。经里的法义，不一定可依照字面上去理解。依佛法说，佛菩萨的说法，目的在化度一切众生，所以佛菩萨的说法，只要达到这一目标，有时可能将没有的说成有。如《法华经》说，房子外面有许多华丽珍贵的牛车、羊车、鹿车，可是等到走出房子一看，外面只有牛车，并没有羊车与鹿车。这是佛经中将没有的而说成有的例证。无的可以说为有，此的可以说为彼，所以对佛法不能望文生义，听说什么就执有一真实的什么，而应了解佛法说它的根本意趣何在。这样，听到如来藏这名词，不要先执著有一真实的如来藏，而应探讨为什么说如来藏，如来藏究竟是什么意义，由此始能了解经说如来藏的真义。

佛法有二大问题：一是生死轮回问题，二是涅槃解脱（成佛）问题。一切佛法，可说都是在这二大问题上作反复说明。如佛法而不讲这二大问题，那就是变了质的佛法。生死轮回与涅槃解脱，并非佛教特创的教义，印度其他一般宗教中，十之八九也都讲到这个问题。但佛教与印度一般宗教所讲的有所不同，那便是三法印。三法印的诸行无常、诸法无我、涅槃寂静，是用来印定佛法的准绳，凡与这三法印相契合的，才是佛法。所以生死轮回与涅槃解脱，均须与三法印相合，这样的生死轮回才是佛法的生死轮回，涅槃还灭才是佛法的涅槃还灭。如果与这三法印不相契应，则所谓生死轮回与涅槃还灭，都是外道的，非佛法的。由三法印而开显出来的一切法空性，即大乘所说的一实相印。因为一切法的自性空，所以一切法是无常、无我、寂静的。三法印，即就一切法空的理性，作顺俗的多方面的显示说明。依无常、无我的法则，说明生死轮回；依此生死而说到涅槃还灭的寂灭，这是佛教不共外道的特质。不过这无常的与无我的生死轮回（也就是本性空的生死轮回），是甚深的，不容易使一般人理解的，所以印度一般宗教甚至一分佛教学者，对此曾加以诘难。如《俱舍·破我品》说，若说无我，则谁去受生死轮回？谁去证涅槃还灭？依照一般人的想法，人生的升天界、堕地狱、此死彼生，必须有一主体的"自我"。如现在有烦恼，将来烦恼断了，生死也了了，这断却烦恼与了脱生死的当体，是解脱自在的我。如说无我，则不但生死轮回不能建立，涅槃解脱也不能成立。无常无我的生死观、涅槃论，确是太深了，为一般人所不易了解，所以印度一般宗教都认为要有一真实的我，才能成立一切。佛法中，也有一分的有我说，依他们说：佛法说无我是对的，不过这是否定常人所计执的邪我，而另有一胜妙我存在。这如犊子部及其所分出的法上、贤胄、正量、密林山部四派，建立不可说我。据说，我是在五蕴之内抑在五蕴之外，我是常住抑属无常，都是不可说的。犊子部他们建立不可说我，认为佛法的生死轮回与涅槃还灭等一切问题，才能依之而建立起来。这是佛法中最初说我的一派。佛法一向是说无我的，所以这种不可说我的论调出现之后，在佛教界初听起来，有些惊怪，因此被人评为附佛法的外道。小乘中，除犊子系的不可说我之外，经量部也讲胜义我。大乘中也有说我的，如禅宗的《心灯录》说，禅宗体悟的，即是我，即通常所说的主人翁。他引“天上天下，唯我独尊”，及“赤肉团上有一无位真人”等来说明。不过这种我是不可思议的，不像一般人所计执的粗显的我。又佛法所讲的无常，一切法刹那生灭，在一般宗教及一分佛教学者间，也认为不能建立生死轮回与涅槃解脱。比如由业而感生死之果，假如生死是无常的，刹那生灭的，则业灭后谁感生死？无常的也即是无我的，所以不能成立生死轮回与涅槃还灭。如佛弟子以为无我不能成立生死与涅槃，无常也不能成立生死与涅槃。这种见地，与世俗的见解极为相似。因为一般众生的根性如此，对无常无我的甚深义理不能信受，佛陀为了随顺众生的心境，使其接受佛法，次第引导，令得佛法的功德，因此方便说如来藏。一般听到如来藏，即认为是佛性，只记得成佛涅槃的一面，而忽视生死轮回的一面。其实，如来藏不仅为成立成佛涅槃，也是成立生死轮回的。在了解如来藏之前，必须先了解佛陀说如来藏的这一根本意趣。如来藏为众生不能了解一切法空的甚深真义，佛陀所开示的另一方便教说。从外型上看，虽然近似外道所说的，是常是我，但其真正内容，却与外道迥异。《楞伽经》说：“开引计我诸外道故，说如来藏。”“为断愚夫畏无我句，故说……如来藏。”“阴界入生灭，彼无有我，谁生谁灭？……如来之藏，是善不善因。”依《楞伽经》佛说如来藏的意趣，是对主张有我而恐惧无我的外道说的，也是对不能在无常生灭中成立轮回的众生说的。现在作一简单结论：一般人的看法，涅槃解脱，是从生死轮回而得解脱的，这比如人从牢狱里放出获得自由一样。因为有这么一个人,才说有牢狱与自由,如无此人,则根本无牢狱与自由可说。所以,如把生死与涅槃的二问题联系起来,而贯摄这二个问题的,似乎非是常是我不可。佛说如来藏的目的,也即适应这一类众生,解决这一问题。《胜鬘经》说:"生死者,依如来藏……有如来藏故,说生死。"这是说明因有如来藏,才能说有生死的,若没有如来藏,则生死无可安立。反过来说,如来藏在众生烦恼藏中,如离开烦恼藏,即成佛法身。如来藏一面为生死轮回所依,一面又为涅槃还灭所依,所以没有如来藏,则不能说明众生从生死到成佛的经过。佛说如来藏的意趣,主要使不信无常无我的人来信受佛法,达到佛法化度众生的目的,使之踏上正路,进入佛法的甚深处。

三　如来藏说之安立

如来藏一名,不见于小乘典籍中,而为大乘所特有。在未讲如来藏之前,先对"如来"作一解说。"如来",为大小乘共有语,含摄极复杂的意义。如来,为梵文"多陀阿伽陀"的译语,可以译作"如来",也可译为"如去"。依照一般的解说,如为如如不动,无变异,显示其真常不变平等无差别的特性。此种特性,即佛所体悟的真如法性。在佛法中,通常将所证悟的诸法实相,称之为"如",或者名之为"真如"。但在印度一般宗教中,如却有另一解说,如即是我。《智论》说:如即神我(阿特曼)之异名。印度一般宗教所说生死轮回的主体,以及从生死轮回而证入涅槃解脱的当体,即是我,我也就是如,所以我是常住不变如是如是的。依印度一般宗教说，要有一真常不变的我体，才能成立生死与涅槃。佛法是讲无我的，由生死而证入涅槃的，不是我，而称为如或法性。佛法与印度宗教的根本差别点、争论的中心点，可说就在这里。印度宗教以为见(真)我才得解脱，而佛法却以见如或法性得解脱，经中说佛弟子证悟时，“但见于法，不见于我”。这说明佛弟子所证悟的是如如法性，而不是如如的神我。这如法性，即是诸法实相，也就是宇宙的绝对真理。这绝待法性，是常恒的、真实的、清净的……但并不附有精神与意志的特性。而印度宗教所说的我，却是含有知觉(当然是真觉)性、意志性的。因此，在不说如来藏，但说真如或法性的经论，虽说佛弟子证悟如或法性时，如智不二，心境一如，而现觉的如如法性，是一切法的实性，超越一切戏论，而并不能指为是心是智的，也就无知觉性与意志性可说。近代的耶稣教徒，每以宇宙我的耶和华上帝，常住不变，究竟真实，无始无终，不可思议，清净(圣洁)自在，无处而不在等特性，牵扯为即是佛法的真如。实则他与印度宗教所说的梵天、自在天一样。他们一方面把它看作普遍常住的宇宙本体，一方面，拟人的性格，给与(大)智慧、慈悲、无所不能的意志自由，所以也就是创造主宰一切，要怎样就能怎样的神我。佛法见如如法性，不见于我，将我与法性二者分开，佛法的法性、体证法性的圣者，才不会落入创造神型的窠臼，显出佛法的真义。来，即活动，如来，即依如而成的一切大慈大悲等功德业用。依《金刚经》说：“如来者，即诸法如义。”这说明如来即是真如，真如即是如来。《大般若经》中，也作如此说。在一般佛弟子的心目中，如来是有超人的佛格，大智大悲，伟大不可思议的圣者,为何说如来即是诸法如义?这是说如来是“乘如实道”,“体如而来”,说如来是真如法性的体现者。真如法性是永恒遍在的,并没有离开吾人,但为吾人所不知。圆满地体现证悟出来,所以名为如来。就这一意义看,如来以如为性,如即是法界法性,所以如来也与法界法性,有不二义。

另一方面,如来是出现世间以及成道转法轮的。如来未涅槃前,日常显示于弟子面前,一切不成问题。如来涅槃以后,如来到底是怎么样的存在?这是一个重大的问题。如说如来涅槃以后,还是生前一样的存在,这便成了常见;若说如来涅槃后,什么也没有,这就成了断见。这本是十四不可记中,不作答复的问题。但为了众生的信受,也就不能不说明这一问题。在小乘学派中,约有三派解说不同:一、依有部与经部说:如来涅槃后是灰身泯智的。涅槃是解脱了生死轮回的苦痛,而不再受生的,不再起此身心作用。如将树根截断,从此再也不会发芽生叶。如来证入涅槃,灭去有漏的身相,当然没有三十二相八十种好的存在了。依他们说,智慧是身心和合而发生的,身心既然没有了,智慧当然也是泯灭不起了的。但这不是否定了如来证入涅槃,执著什么都没有,而是说涅槃无为是不可思议不可分别的,不能说它有这样那样的。在圣典中,有很多经论,对如来的涅槃,作这一意义的解说。不过这一解说,是不容易为一般世俗知见所信受的。二、依上座部说:如来涅槃后是灰身而不泯智的。如来涅槃后的身相,虽然没有了,但如来的功德智慧,是经多劫而修成的,不能说与身相也同样的泯没了,如来的智慧德,证入涅槃,是存在的。这说明了如来涅槃后,没有身相的物质作用,而如来的无漏心力依然是存在的。这虽然存在,但对于有漏三界,似不再起作用,也不再来人间度生,只是自己圆成了究竟的功德。三、依大众部说:如来的寿命、身相、神通威力,都是无量无边遍一切处的。释尊的双树入涅槃,只是舍弃了人间的应化身,如来的真身,是永恒常在庄严圆满的。这种说法,与大乘经的思想非常一致。大乘经,特别是开示如来真常不变的经典,针对如来涅槃无色的见解,而一再说到有色。如来涅槃的相好庄严,属于清净的微细的物质,不同于一般的有漏色相。如《央掘魔罗经》说:"解脱色是佛,非色是二乘。"这说明大乘涅槃,不同于小乘涅槃的灰身。小乘是以涅槃为无色(无智)的。《大涅槃经》也说:"舍无常色,获得常色。"如来虽然舍弃了五蕴假合的无常之身,而获得了常住不变的清净色身。这在真常妙有的大乘经中,处处都如此说。现在进而要论究的,如来的身相,何以会遍一切处?佛寿何以是无量的?这便要结归到"如"与"如来"的意义上来。如来所证悟的法性即是如,如如不动,无二无别;在契证如如中,可说都不离真如法性之中,而为真如法性所统一。这样,菩提从过去到未来,也是永恒不变的,是超越三世时空的。超越时间性,也就是竖穷三世;超越空间性,也就是横遍十方。如来是如如的证悟者,为真如法性的体现者;与法性为平等无差别的,没有大小、多少、先后、长短的差异,因此如来的神通威力、寿命、色相、智慧,遍一切时,遍一切处,无量无边,无穷无尽。龙树曾说:如布施是有为的,有穷尽的,无论布施多大,布施的福德受完了,一切功德也就尽了;因为有为是有生灭变化的,终归灭尽的。如布施能与般若相应,则布施的功德也就成为无尽。般若是证悟真如法性的，与法性相应，无量无边；与般若实相相应的布施功德，也就无量无尽。这如我们收藏东西，时间久了就会坏，如将东西放在不坏的金刚器具里，即使经历多久，也就不会朽坏了。真如法性是遍一切处的，证悟真如法性后的如来，也遍一切处。从证说，真是无时间性的，也是无空间性的。因此，如来常住不变，遍满一切。约这一意义说，所以一、否定小乘的灰身泯智，以及无身而有智的解说，而肯定如来是有色有智的。二、佛身是无穷无尽，常住不变。

这就要说到如来藏：众生体证佛果，如来是常住遍一切处，但未成佛前，这常住遍满的如来，是否也如此的常遍？如到成佛才能如此，则不能说如来是常住不变的、遍满一切的。一切时都是如此，未成佛也如此，才能说是常住不变，那么一切众生都有如来了。依佛法说，体现而成如来的如如法性，是在圣不增、在凡不减，常住不变，但众生何以不是如来？经中说，这因为无量烦恼所覆藏，为蕴处界生死所缠裹，所以如来常在众生中，而没有显发出来，因此名为如来藏。虽然有显现与潜藏，但众生位上与佛果位上的如来，无二无别，常住不变。众生位上的如来，是潜在着，而如来所具有的无量智慧功德，无量相好庄严，与佛果如来还是平等的。所以《华严经》说：“奇哉！奇哉！一切众生皆具如来智慧德相。”又《楞伽经》说：“如来藏自性清净，具足三十二相，转入众生身中。”《央掘魔罗经》说：“如来心于众生身中，具足无量相好，清净庄严。”佛果的一切功德智慧，为众生的烦恼杂染所覆藏，所以如来藏是约众生位说的。成佛只是将这烦恼拂去，而不是新的产生。《如来藏经》等举种种譬喻来说明如来藏，最常说的，如摩尼宝珠落在污物之中，为知者取出，洗净污垢，光洁无比，神用无方。但这并不是因取出而有宝珠的，而是本具的，即在摩尼宝珠为污垢覆藏之时，其光洁无比与神用无方，也还是这样的。从这点来理解如来藏，佛与众生间可以达到平等。《无上依经》说明如来藏，而建立众生界、菩萨界、如来界三名，界即是藏义。众生本具的如来德性，在众生位名众生界；如经修行到菩萨位，即名菩萨界；由菩萨将它圆满显发出来，即名如来界——三界是完全平等的。《华严经》也说："心佛众生，三无差别。"这不特说明了众生与佛平等，而且说明众生心与佛心也是平等的，众生心即是佛心，众生也即是佛。中国佛教流行的"众生即佛，佛即众生"，即是根源于此。依据这一教说，才能理解一切众生本来是佛的意义。

再说到如来藏我与如来藏心。如来藏是从众生因位，点出本具如来，就这一意义说，如来藏与我义有相契合处。在真常经典中，以常住、不变、清凉来形容如来果德，或众生本具的真如。《大涅槃经》特结合为常、乐、我、净四种佛德。我的意义为自在，自己作得主，这与佛法所讲，由修持而得自由自在，不为烦恼所污，不为境界所转，同一意趣，这是大乘所共认的。但印度宗教将阿特曼——我，解说为生命的本体，有自在义，佛法为了否定这生命实体的我，才说无我。如来藏为众生生死流转的根本，离去烦恼，如来藏即是如来法身，这与印度宗教所说生死涅槃主体的我相近。印度宗教所说的我，与如来藏为生死涅槃所依，极为相似，颇感困惑，不易区别。如来藏是就众生位说，因众生的颠倒，未能显发如来藏本具的清净无漏功德智慧，所以成为众生。切实说来，如来才是真众生。众生也即是我的异名，非蕴处界的聚合体，而在生死流转中永恒不变的，才是众生。这在大乘经中，也有说得非常清楚的，如《不增不减经》说："即此法身，过于恒沙无边烦恼所缠，无始世来，随顺世间，波浪漂流，往来生死，名为众生。"法身即众生，因此众生非他，即是如来。如来自无始世来即流转生死，始名众生。《央掘魔罗经》也说："一切众生，皆有如来藏我。"众生即如来藏，佛在迷即成众生，众生在悟即是如来。因此，如来藏与我义一致。如来藏为烦恼所盖覆时，近于小我，如离去烦恼，即成为大我，大我与小我的本体是无差别的。也就因为这样，佛说如来藏，才能摄引"畏无我句"的计我外道归信佛法。

如来藏不但与我有密切的关系，而且与众生心也有密切联系。如来藏是在众生中，但它究竟在众生身中，还是心中？虽可说遍在，或说无在无不在，但又每说它在众生心中（此如如来藏在蕴界处中，即阴界六入中；或说在六处中，有的就索性说在第六意处中）。依古来一般的解说，我们生命的开发，是以肉团心为始的；最初结成这肉团心（生命体）的，是父母精血的凝聚，而心识即托于其中。因此，佛法说修行，观佛，观心中有佛，即观（心如）大红莲花。虽然，心是精神体，而不是肉团心、缘虑心、集起心等精神现象，但仍有不离此肉团心的意义，所以经说"无身寐于窟"。因为如来藏在众生中：身心中，心中，与众生心的心识活动有着不可分离的关系。如来藏的本性是清净的，众生心还在虚妄颠倒的不清净中，为了区别二者的不同，有人将如来藏叫做真心，或称如来藏心，或自性清净心，这也就是众生颠倒妄想心中的本净觉性。由如来藏与阿赖耶识不相离,《楞伽》与《密严经》便说"如来藏藏识"。虽然,如来藏与阿赖耶识,有不同的意义,但也有不异性,用以安立众生的生死与涅槃。

以上是从如来的德性而说如来藏,因为有如来藏,所以即有如来藏我与如来藏心,基于这一意义,成为一分大乘经的核心思想。

四 如来藏之抉择

关于如来藏的意义,依据《楞伽经》,如来是有所抉择的。在未说《楞伽经》之前,如来藏容易被误解为与印度宗教的我一样。如《楞伽经》中大慧问佛:"如来藏自性清净,转三十二相,入于一切众生身中。……如来之藏,常住不变……云何世尊同外道说我,言有如来藏耶?世尊!外道亦说有常作者,离于求那,周遍不灭。世尊!彼说有我。"从大慧的这段问语中,可以看出如来藏与我,一般人是看作一样的。如来藏既然与我一样,而为众生所具有,则印度宗教所说的我,也应该是正确的了。关于这一问题,如来的解答说:"我说如来藏,不同外道所说之我。大慧!有时说空、无相、无愿、如、实际、法性、法身、涅槃、离自性、不生不灭……说如来藏已,如来应供等正觉,为断愚夫畏无我句,故说离妄想无所有境界如来藏门。"从这一解说中,可知如来藏的表面,虽然酷似印度宗教的我,而实质上,是与我迥异的。因为,如来藏即是一切法空性——法无我性的异名。释尊为了化度一般执常执我的众生,使其信受佛法,进而趣向一切法空的真义，因此方便说如来藏。如来对如来藏的抉择，《楞伽经》说得非常明确。从前有些经中，将如来藏解说为我为众生，是方便说；经《楞伽经》的抉择，明确地指出，一切法无我性为如来藏，因此如来藏的真意就显了而不混滥外道的邪我了。

现依《楞伽经》为准，以一切法空性为如来藏说，则如来藏始能与性空无我的一切教说相契合。如来藏与法性、空性、法无我性，可说是一样的，不过法性、空性、无我性，遍一切法说，而如来藏专约众生的身心上说。这如虚空，在方的器物里成方的虚空，在圆的器物里即成圆的虚空，虽然形成各种不同的状态，但它的体性仍然与太虚空是同一的。现在根据《楞伽经》，对佛说如来藏的先后不同，作一结论：一、释尊未说《楞伽经》之前，如来藏易被人误解为印度宗教的我，这是不能了解佛说如来藏的意趣。二、经《楞伽经》对如来藏加以抉择之后，如来藏与佛法的无我空性一致，即与一切空无我的大乘契经相融和。

五　流转还灭之因依

上面说到如来藏为涅槃所依，有如来藏，众生方能得涅槃解脱。同时，如来藏也为生死所依，因此众生也才有生死轮回。为说明如来藏确为生死涅槃的所依体，所以先泛说此流转还灭的因依。佛教对于生死涅槃的二大问题，大家是绝对确认的。而现在问题在：众生怎样会有生死？又怎样会得涅槃？生死与涅槃，这总得有个原因的。这一原因，说来非常简单，也无人反对，不管是大乘或小乘，都是以“无明”为生死流转之因，以“般若”

为涅槃还灭之因的。说到生死轮回，分为惑、业、苦的三类来说明，众生由惑造业，由业感(苦)果，由果而再起惑，如是相续不息，而成生死流转。这惑、业、苦三事，如详细地分析起来，即是十二因缘；而成为众生生死根本的，主要即是无明，烦恼的根本。一切法皆从缘起而有，众生生死根本的无明，也可说有其原因的。但从有情招感生死苦果的立场说，无明实为主要因素，无明的生起，即是由众生的情意颠倒错乱，对于宇宙真理分辨不清，而在一切如幻的现象上起虚妄分别，执有执常，迷于事理，所以无明的特性，即是不明了。说到涅槃解脱，依一般的解说，是由般若慧而成就的。真正的说来，涅槃并非只依于般若慧的，如归依三宝，持戒修定，由戒定的熏修，发生智慧，由慧断烦恼而证涅槃，有着次第的相依关系。但在断烦恼证涅槃的要因来说，不能不说是慧的功用。般若意译为明，与无明相反。所以经中说："无明为一切不善法根本，明为一切善法根本。"这样，可以了解"无明为生死流转的因依，般若为涅槃还灭的因依"了。

然据一般大乘经论的阐释，生死流转与涅槃还灭，又有二个基因的：一、从无明而说到心识；二、从般若而说到空性。在佛法中，无明只是一种心所法——附属于心识的心理作用，它并不能单独发生作用；无明的发生作用，必先有心识与之相依，因此可以说，有心识才有无明，无明是以心识为所依的。心识与无明相应，无明才能成为生死流转之因。依一分学者说：有情生死流转的原因，即是心识活动，而这即是所谓的"有取之识"，是有烦恼、有杂染的识。我们一生下来，即有精神活动——识，因为有此识，所以无明烦恼——心所法也即跟着而来。《八识规矩颂》

说:“去后来先作主公”,也即是指的此识。如将无明烦恼灭掉,则杂染的有取之识不能成立。所以,识不是生死之因,而只是生死的所依;而为生死之因的还是无明。无明既然以心识为所依,则能得涅槃成佛的般若,当然也是有所依的,般若的所依,即是空性。般若是证悟诸法如性的智慧,有般若智才能证悟真如法性,有真如法性才能发生般若智。因此,般若智与真如法性有关。如无真如法性,则般若不能发生,没有般若,便不能得涅槃、成佛。然依唯识家说:心识为清净杂染法的所依,如心识与无明相应,即成杂染的生死流转;如心识与般若相应,即成清净的涅槃还灭。所以说:识是染净依。再说到空性,众生的生死流转,是因不能了解一切法的本性空寂,而在一切法的本性空寂上起分别执著,为无明所迷。圣者的涅槃解脱,因为了知一切法的如幻如化,不在一切法的本性空寂上起虚妄分别,执常执我,而由般若现证空性。所以,空性为迷悟依。由此看来,心识不但与生死,也与涅槃有间接关系;而空性不但与涅槃,与生死也有间接关系了。

在一般人所承认的“无明”与“般若”中,抉择出“心识”与“空性”的二所依性。这在大乘佛教中,可说是共通的。不过,大乘中有一部分经论的见解,主张杂染法有杂染法的因,清净法有清净法的因。比如说,杂染法从哪里来?依通常说由无明而来,但无明并非一切杂染法的亲因,而只是它的助因。同样的,般若也不是一切清净法的亲因,而只是它的助因。依唯识家说,无漏清净法的生起,是从无漏种子来的,无漏种子具足一切诸法,所以一切法是各有其因的,不能说都由般若而来。般若的无漏种子，只能生清净的般若，并不能生其他的无漏清净法。杂染法的生起，是由有漏的杂染种子所引生，所以一切杂染法，也各有其种子的，如贪嗔痴等不善法，各各有其种子，并非都由无明而有。比如农夫种谷，必要有生长谷子的种——亲因，如无亲因的谷种，尽管客观条件如何具备，也无谷子可收获。这样，一切的不清净法，一定有其不清净的种子，而这便是惑业苦——三杂染法的亲因缘，无明只是助它发生作用而已。众生的得涅槃成佛，也当然有其无漏清净种子；一切无漏种子，便是一切无漏功德的亲因。从佛法的这一意义去说明，非常容易明了。所以，要安立生死涅槃，必须先说明杂染因与清净因。杂染法，一切众生是现成的；推究起来，是从无始以来就有的。但般若等清净法，我们从未证悟过真如，从来不曾有过无漏现行，那般若等净法，到底从何而有？说到这个问题，便要谈到如来藏的清净因了。

如上面所说，空性与心识，对生死涅槃，都可说有着关系的，这是诸宗共许的。但对清净与杂染因，就各有不同的解说。依一般说，杂染因是依心识，清净因是依空性的。但在唯识家说，杂染因与清净因，都是依心识的。而真常学者说，杂染因与清净因，都是依空性（如来藏）的。从这些不同的主张中，彼此自然有不同的见解。因此，对生死涅槃问题，在解说的理论上，也有根本而显著的不同，这便形成了分宗分派的起源。其实，如厨师煮菜，将菜配成各式各样，但其真正材料，不过只有几样而已。生死涅槃的依因，也是如此，由于学者的所见不同，而形成各种不同的解说，其实问题还是这些。

六　如来藏说之三系不同解说

现依大乘三系，对（生死涅槃的因依）如来藏作一分别解说。

真常学者对于如来藏的看法，是肯定如来藏为真实圆满的究竟教说。如来藏，是空性与心识的融成一片。所以从空性方面说，名为心性；从心的方面说，说为真心、自性清净心等。我们的心识，虽然有虚妄颠倒分别，有烦恼杂染，但这心识与真如并非二物，是无二无别的。真常者的这种解说，是以证悟为根据的。从证悟真如时的境界说，心与真如无二无别，并不能去分别它的能证与所证。这在真常学者看来，认为心体即是真如。但因众生心为烦恼所覆，从未证悟真如，所以对此本具的觉性——真如没有发见罢了。而这众生本具的觉性，并非过去没有而现在才有的，是超越过现未三世时空永恒而常在的。如《华严经》说："无有如外智，能证于如；亦无智外如，为智所入。"这说明真如与智的合一，离开真如另无智可求，离开智也另无真如可得。在吾人证悟真如或未证悟时，真如仍然如此，常住不变，所以真常学者，将真如（与如如智不二）说为一切法的根本，而与唯识学者所说完全不同。至于说到什么是如来藏的清净因，即是空性——心性上所具足的无漏的清净功德，亦即《起信论》所说的"称性功德"。由心（法）性的统一上，具足一切无漏圣功德性。所谓清净因，亦即真如功德性的异名。因此，真如又名"法界"。法界为三乘圣法之因——一切清净圣功德因，即圣果位上的无漏功德，无一不在真如法性中本来具足。其次说到如来藏为杂染依；杂染因即有漏烦恼习气，吾人无始以来的烦恼习气，是不离真如的，但这烦恼习气，并非为如来藏所有的，而是寄附在如来藏的。真常经中，将它称为“客尘”烦恼。所以真常学者，讲一如来藏，而一切生死涅槃问题都得安立。众生无始以来的一切清净功德与烦恼杂染，都依如来藏而存在，一切问题可说都由如来藏而获致解决。在真常系的《胜鬘经》与《起信论》中，因此将如来藏说为空如来藏与不空如来藏（天台演变成三种）。不空如来藏，是因真如法体上具足一切无量清净功德，所以名不空如来藏。空如来藏，是说明真如法性不为杂染烦恼所污，故名空如来藏。《胜鬘经》说：“如来藏是依是持是建立，世尊！不离不断不脱不异不思议佛法。世尊！断脱离异，外有为法依持建立者，是如来藏。”这说明清净因，即佛果的一切清净功德，是与如来藏分不开的；而能与如来藏分开的，便是一切杂染法。又经中说：“依如来藏故有生死，依如来藏故证涅槃。”这说明如来藏即是一切生死涅槃法的所依处，没有如来藏，则一切生死涅槃法便无从说起，这即是如来藏的根本思想。所以，《华严经》中，称如来藏法门为“性起”法门。据《华严经》的《性起品》说：佛的一切无边功德，都是由真如法性而起的，因此如来藏为一切清净法的根本，依之而建立空不空如来藏。如来藏的清净法即是性具，杂染法是外砾，这说明了杂染法与如来藏本身并无关系，而一切的清净法，才是如来藏所本具的。由此可知，般若智是由如来藏的不思议佛法中来的，无明是由依附如来藏无始以来的杂染法而有的。

再依唯识宗来说如来藏:唯识学者,在初期的无著、世亲时代,本来还多少说到如来藏,但到了护法他们,几乎没有谈它,所以如来藏与阿赖耶识的关系,在一般唯识学者中似乎不甚熟悉。唯识与真常的根本不同,即在空性与心识的关系上。真常学者认为:心识与真如的关系,是不一不异的,然而着重在不异,所以从心性不二的立场,在众生心中,说有真心或清净心、法性心等。依唯识学者说,真如与心识的不一不异,是对的,因为法性遍一切处,阿赖耶识等一切法,是不离真如的。虽然一切法不离真如,但也不能说心识与真如即是不异的。因此,真如与心识有其不同:真如是不生不灭的、常住的、无变化的,而心识是有生有灭的、无常的、有变化的。唯识学者在说明一切法时,从未说到真如的如何如何,因为真如法性的平等、无二无别,我们不能从真如说明千差万别的现象;世间的无限差别,有凡有圣,有业有果,有此有彼,这一切应在有为的生灭法上说明,不能在真如法性上说,这就与真常论者完全不同了。依唯识学者说,有漏的杂染法,是阿赖耶识中无始以来的有漏习气,在阿赖耶识中不断地展转熏生,从种子生现行,现行熏种子,而成为有情的生死流转。真如是不生不灭的清净法性,不能从真如法性中说明有漏的杂染差别,也即不依如来藏有生死了。至于阿罗汉、辟支佛、菩萨、佛的慈悲、智慧、大定等一切无漏法,不像真常学者所说,是如来藏心中本来具足的。唯识学者说,这无漏法是由阿赖耶识中的无漏种子而来的。因阿赖耶识中有这无漏种子,所以由此才现起戒定慧等一切无漏功德。这无漏种子,并非常住不变的,而是有生灭的;因为有生灭,才能生一切功德。如无漏种子无生无灭，则就不会生起现行，不会有无漏功德了。所以无漏功德现行，也不能从真如去说明。不过，唯识学者所说的无漏种子，也有其不圆满处。阿赖耶识是有漏的，有漏的阿赖耶识中有无漏种子，性质各别，这似乎非常费解。这与真常论者，将有漏的杂染种子寄附在如来藏中，一样的不圆满。唯识宗以阿赖耶识为依处，统摄了一切有漏无漏种子，所以不要如来藏为依止。中国的真常学者，批评唯识说的不圆满，没有知道如来藏性中具足无量功德。依唯识者说，无量功德，是由修行而有，由无漏种子所生，因此才能说明得涅槃与成佛。所以不是不知道，而是不以如来藏为建立因。有人因此而称唯识为阿赖耶缘起，真常者为如来藏缘起。唯识宗对有为生灭与无为不生灭，分得最清楚；有漏无漏种子的现行，都在有为生灭法上说。中国的《起信论》与《楞严经》学者，天台、贤首宗等，听到有为与生灭，均认为是不圆满的、不究竟的。但在唯识宗说，不但众生是有为的，即佛果上的一切功德现行，也还是有为的、生灭的。这一解说，很难为中国佛教的传统（真常）学者所谅解，其实只是学派的解说不同。真如与识，唯识宗着重在不一，真常者却偏重在不异，由此唯识是侧重在差别的现象，真常是侧重在统一的本性。至于如来藏究竟是什么？唯识宗说，如来藏即是真如，即是圆成实性、法性、法空性、法无我性。因为众生未能证悟真如，真如为烦恼所遮蔽，不能显发出来，所以名如来藏。一切法依阿赖耶识而现起，所以如来藏即阿赖耶识性——心性。约这一意义说，唯识与真常所解说的并无多大差别，所不同的，真常说真如具足无量称性功德，而唯识却将此清净功德，说为有为的无漏种子。

现在来说明一些诤论。真常学者说,如来藏既然不是心,经中为何说如来藏即是真心、自性清净心、法性心呢?唯识学者的解答说,这些,都是就心(法)的性而说的。如阿赖耶识是有为的生灭法相,而阿赖耶识的识性,即是真如,所以就名为真心与自性清净心。这真心与清净心,并非有为有生灭的心,而是约心的不生不灭性说的,并非众生已有无漏清净的心。至于说如来藏即是法性,而不是心,这是有经教根据的,如《楞伽经》中说(如上引文)。又《解深密经》的《胜义谛相品》,说胜义谛有无二相,离言相,超过寻思相,超过一异相,遍一切一味相的五相。《无上依经》说如来界也有五相,与《解深密经》五相一样。所以说如来藏即是真如,在经教中是无异义的。真常学者说,真如又名法界,法界即三乘圣法之因,这是因如来藏具足无量称性功德。如如来藏不具足此等功德,又怎么可以称为法界?唯识学者说,界是依义,并非因义,一切圣者,均以证悟真如断却烦恼而成圣者的,三乘圣法是依真如法性而成就的,所以名为法界。如《金刚经》说:"一切贤圣皆以无为法而有差别。"真常学者又说:《胜鬘经》中有空如来藏与不空如来藏,这不空如来藏,即是不离不脱不异不思议佛法,具足无量清净功德。若如来藏不具足这些功德,何以经中称为不空如来藏?唯识学者说:所谓功德,有有为与无为的二种,如来成就的,是有为与无为的一切功德。但如来的大智、大悲、大定,以及十力、四无所畏、十八不共法等,这些都是有为功德,是有作用的;无为功德,即是真如法性本身所具有的功德,如真如的不生不灭、常住不变、(胜义)善的、清净的、光明的,这些都是真如法性自身所具足的,并非有为功德。

有为的圣法，是从无漏种子而生起的无漏现行，所以真如的不离不脱不异不思议佛法，是约无为功德说的。若如真常学者所说，那佛陀只有无为功德，而无有为功德了。最后说到，唯识学者否定如来藏为缘起的问题，这也是真常与唯识所诤论的一个中心问题。依真常学者说，如来藏缘起，是依据论典(《起信论》)而说的。唯识学者说，释尊的经教，我们还可以分别它的了义与不了义，论典根本不足以为据的。《无上依经》说："一切众生有阴入界，胜相种类，内外所现，无始时节相续流来，法尔所得至明妙善。此处若心意识不能缘起，觉观分别不能缘起，不正思惟不能缘起。若与不正思惟相离，是法不起无明，若不起无明，是法非十二有分缘起。"这说明如来藏不能为生死之缘起的。一般所谓生死，是由惑起业，由业感果，从惑业苦的流转不息，而有生死。约这一意义说，只能说生死没有离开真如法性，或说迷于真如法性而有生死，不能说真如法性为生死的缘起。因为杂染法根本不能以清净法为缘起，也不能从无漏的清净心生起，所以《无上依经》说，真如非无明所能缘起。一般说如来藏的，都以为真心为染法所污，从真心而起妄心，由妄心再起颠倒，熏习真如，形成生死流转。如灭去颠倒的妄心，则真心即能显发出来，而成涅槃解脱。地论宗学者举喻来说明这一意义：如我们做梦时的颠倒梦心，是由梦中意识而来，而梦中意识又是来自明了心的。因我们明了时所见的一切现象，等到睡梦时，心起模糊，而生颠倒。所以虚妄心是依真实心而起无明烦恼的。但依唯识学者说，梦中是梦中意识，平时为明了意识。梦中意识是有梦中意识的种子，明了意识是有明了意识的种子，是各各不同的。无漏心，我们根本从未有过，我们向来即只有虚妄杂染心，怎能说虚妄心从无漏清净心生起？所以唯识学者不承认有一清净心为虚妄心之根本，更不承认如来藏为生死法之缘起，只能说生死是依如来藏的。这样，《起信论》中的真如熏无明、无明熏真如，唯识学者也是不承认了。因为不生不灭的真如法体，是不可以（也不能）熏无明及为无明所熏的。依唯识学者说：经中说如来藏是对的，而一般所说的如来藏缘起是错误的。由于这一根本见地的不同，所以唯识与真常系的天台、贤首、禅宗，另有很多诤论。如一切众生皆有佛性，有如来藏，可以成佛。这在唯识学者看来，认为应该有所分别，因为佛性有二种：一、理佛性：这是就真如法性而言的。真如——又名法界，此理佛性的圆满清净，故又名法身。二、行佛性：成佛与否，须视有无无漏种子而决定。因为众生的根性各各不一，有人是具有声闻乘无漏种子的，有人是具足独觉乘无漏种子的，有人具备成佛无漏种子的，也有人圆具三乘圣法无漏种子的；也有人没有三乘圣法无漏种子，而只有人天乘种子的，这便是所谓无性众生，不能成佛的。从这一解说中，否认了一切众生皆有佛性可以成佛的教说。唯识学者认为，就有无无漏种子的立场言，确有一分众生没有佛性，不能成佛的。具二乘种子，不具成佛无漏种子的，还是不能成佛的，这是唯识与如来藏学者的诤论处。如来藏学者，是以"一乘为究竟，三乘为方便"的，因为一切众生有如来藏，具足无量清净功德，个个都可成佛。而唯识学者与此相反，以"三乘为究竟，一乘为方便"，因为佛说一乘，只是一种方便教说，有些众生根本不能成佛，怎能说一乘是究竟的？在唯识学者的眼中，《法华经》因此也成为不了义的。

再就中观学者的见解来说如来藏：唯识与真常论二家，就其讲唯心的这一立场言，二者是共通的。中观学者，对此有一不大同的见地：一、如来藏为佛所说，是对的，但是不了义教。如佛在《楞伽经》中明白地说过：我本说空、无相、无愿、无我等法，但因一般印度宗教学者惊畏于无我句，不能信受，以为无我不能建立生死涅槃，因此而说空性为如来藏，使他们觉得有一似我的如来藏，这才信受佛法。其实，这如来藏即是法空性、法无我性的方便教说，所以说如来藏为依是不了义的。二、唯识的阿赖耶识也是不了义的。因为这又是如来藏的别名，如《密严经》中说："佛说如来藏，以为阿赖耶，恶慧不能知，藏即赖耶识。"佛陀虽以法性、法空性等方便说为如来藏，但有的众生，不能信受这常住不变的如来藏为所依。但不能深契无我无常，所以不能不称如来藏为阿赖耶，说为相续不断的心识为所依。如来藏既是佛陀的方便教说，则依此而立阿赖耶，更是方便教说了。

依中观学者说：一切法性本来是空寂的。众生的生死轮回，是由无始以来的无明、业、生死，形成一个一个的个性，由无明起业，业感生死，造成一个前后相续不断的个体。这如幻如化的生死，形成一个统一的体系，如五蕴的和合，成为生命的统一体；前生后生，构成生死轮回的统一性。众生的烦恼业果，以及一切精神与物质现象，都是无常无我本性空寂的。这一切，虽然是无常的，但因前后生的相续不断，而又成为相似的统一；虽然是无我的，但由五蕴的聚合，也成为统一的相似的我（假我）。众生即在这相似的假我上，而执常执我，其实这常我的当体，即是无常无我,当体空寂。在这无常无我的缘起法上,有些人引生出一个问题:一切法既然本性空寂的(他以为没有)、无常的(他以为间断),为何会有生死连续的现象?一切法既是无我的,为何又有生命个体(我体)的现象?对于他们,无常无我的深义,完全不能理解,因此不能信受佛法,佛陀这才就本性空寂的法性,方便说为如来藏,说有一常住不变的(似我)体性,所以众生有业有果,有生死轮回。这样,引他们信受入佛法,再次第引导,使了解如来藏即是法性空寂无我的别名。佛说阿赖耶识,也是如此。唯识学者,信受无常无我,所以不同意依常住不变的(我体)安立生死轮回,而在无常生灭法上安立生死轮回。但对无常生灭的生死延续,认为是刹那刹那不能间断的。在唯识学者研究起来,眼等六识是不能安立生死轮回的,因它有时会间断,必须要一从未间断的恒转相续如瀑流的识,才能成立生死轮回。如众生所造的善恶业种子,在相续识中,才会保藏不失。我们见了东西会忆念,造了业会感果,这一切都是由相续如流的识而成立。佛陀因这类众生虽然信解无我无常,而对无常无我的深义,还有隔碍,所以不得不将不变常的如来藏,说为相续常的阿赖耶识了。而这阿赖耶识,一般人还是容易认为是我的。如《解深密经》说:"阿陀那识甚深细,一切种子如瀑流,我于凡愚不开演,恐彼分别执为我。"一般人听到阿赖耶、阿陀那,即以为是从前生延续到后生的生命主体,与常我相似。其实佛说的阿赖耶识,是指即本性空的生死延续中所表现的统一性;随顺众生以心为我的见解,说此为识。此识即是本性空寂的,空性即是如来藏,也就称此如来藏为阿赖耶。唯识学者的这种生灭相续论,中观学者是不能赞同的。如造业，是刹那灭的，业灭过去，并非没有，而是存在的。如从过去到现在，从现在到未来，业是存在的，有用的，不过这种存在，只是过去有，非现在有，因为有此业存在，才能感受生死苦果。法性空中无碍，过去虽然过去，或者很久了，仍然可起用，不必要相续才能成立因果，所以中观者不必立阿赖耶识。如释尊在《阿含经》中以及极多的大乘经中，并未说到阿赖耶识，难道就不能安立生死轮回吗？只要真正理解缘起性空的真义，无常无我而能成立生死与涅槃，何必再说如来藏与阿赖耶识？只因众生根钝，所以为说如来藏或阿赖耶识法门，使其确立生死轮回与涅槃还灭的信念，能在佛法中前进，这是极好的妙方便了。所以，中观学者从不如唯识学者那样反对《起信》与《楞严》，也不说唯识非佛法，只说是方便说而已。如对佛法——法性空寂而缘起宛然的认识进步了，知道什么是如来藏，什么是阿赖耶识，自然会进入佛法的究竟法门。所以佛说各种法门，都是有用的，并非说六识的不圆满，说八识才圆满；也不是说如来藏不空才究竟，说真如空就不究竟。中观学者依于性空缘起的深义，所以是确信一乘的，一切众生皆可成佛的。但不像真常学者一样，说如来藏本具一切无量称性功德；也不像唯识学者，说阿赖耶本有一切无漏种子。因为中观者信解因果如幻的三世观，染净无实的随缘观，不会落入非先有自性不可的见地。

七　如来藏为涅槃因

如来藏虽有各家的解说，但如来藏毕竟为真常唯心论者的核心论题,所以现在依如来藏学派的根本立场来解说。如来藏为清净涅槃因,如来藏又为杂染生死因。然从如来藏的主要意义看,如来藏是特重于涅槃因的。所以中国的传统佛教,特重于说如来藏即是佛性,为一切众生成佛的因依。

如来藏为涅槃因,这在经的方面,如《胜鬘经》、《不增不减经》、《无上依经》、《法鼓经》、《央掘魔罗经》、《涅槃经》等。在论的方面,如坚慧的《法界无差别论》,及(一说为无著所造的)《究竟一乘宝性论》,以及真谛译的《佛性论》(传说为世亲所造)。这三论,对如来藏为清净涅槃因的意义,加以有体系的说明,与真谛译的《无上依经》几乎同一形态。这些经论,虽内容的组织相近,但在论说的主题却有所不同。《法界无差别论》,是以菩提心为主而说明的。《究竟一乘宝性论》,是以三宝的宝性为主,这宝性亦即通常所说的一体三宝与常住三宝。《佛性论》,是以佛性为主。《无上依经》,是以如来界(即如来藏)为主而说明一切的。

依据这些经论,来说明如来藏为涅槃因,分作四部分来说明:一、如来藏(佛性、宝性、如来界等),二、菩提,三、功德,四、业。依如来藏学说,要将这四部分说到,才能圆满地说明如来藏为涅槃因的所以。因为一切众生本具"如来藏",依之修行成就,即是"菩提",佛果菩提,是有种种"功德"相应,才能发挥利益众生的广大"业"用。菩提、功德、业,也即等于如来藏出缠所有的体、相、用三者。如来藏是一切法的本依,有情的成佛,以及种种功德妙用,都依如来藏而有的,所以如来藏也即成为众生成佛及涅槃的清净因了。在《法界无差别论》中,以菩提心为清净法本,有情以菩提心为因,才能达到成佛之果。菩提心有二种:一、世俗菩提心:如对大乘佛法有深切信解,发起上求佛道下化众生的四弘誓愿,这是属于世俗的菩提心。二、胜义菩提心:这不但是上求下化的信愿,而要能够体悟到本性清净的佛性——如来藏性。如《大日经》说:"菩提心为本",而说菩提心为:"如实知自心",即对自己的自性清净心能如实觉知。此亦近于禅宗所说的"明心见性"。大藏中有《发菩提心论》,说明在五蕴身心中,体解性空,而悟到本性清净,不生不灭的,即是发菩提心——胜义菩提心。如实了知此心性本净,才能向佛果位迈进,才是真实发菩提心。所以,如来藏又名菩提心、佛性。一分大乘经,对发菩提心特别重视,如《华严经》等。由初地至十地的阶位,即是发菩提心的一步步的增进,而获得一分一分的清净。可以说,凡是开示发菩提心的经论,大都与如来藏说相近。

根据上面所说的几种经论,对四义中的第一——如来藏作一综合简要的解说。如《佛性论》、《究竟一乘宝性论》、《无上依经》,均用十义来解说的。一、自性:如来藏究竟是什么?如来藏的自体,即是如来,也就是诸法如义——真如法(如)性,为一切众生本来所具足的。这在真常学派,觉得如来即如如如如智。如如如如智,故名法身。《华严经》也说:"无有如外智,能证于如;亦无智外如,为智所入。"基于这一意义,不论说如来藏或佛性,都是从众生位上点出清净的因性。虽然众生位上的五蕴、十二处、十八界,以及贪嗔痴等,是一切不清净法,但在这不清净的众生心性,各各具足了清净性,这并不因众生的杂染颠倒而颠倒。所以《胜鬘经》说:众生自性清净,而有染污,为客尘所染,就是自性清净。虽为烦恼杂染所染污，而众生本具的如性，仍然不失其自性清净。关于这一意义，是难以理解的。所以经说很多的比喻，如摩尼宝珠落在污物之中，为尘垢所蔽，不能见其清净的自体；如虚空为云层所蔽，不清不明；如水为泥土所混浊，污秽不堪。但它们的清净本体依然是存在的，如将摩尼宝珠的污垢洗掉，现出它的本相，清净光明，无比珍贵。如风将云层吹散，现出蔚蓝色的天空，极目万里，多么清净。如将水沉淀以后，或以蒸气蒸溜一过，清净无比，可照万物。但这些清净的自体，并非现在才有，而是本具的。所以，如来藏即如摩尼宝珠、虚空、水一样，看起来虽不清净，而在这不清净的现象中，它的清净的本体，本来如此。在如来藏的自性中，不特具足了清净性，而且还具足不思议佛法——称性功德。如只就它的本性清净来说，也许还不足以代表如来藏的特质。二、因缘：如来藏本性清净的自体，应以何种方法才能使它显发出来，这有四种因缘：（一）信乐大乘：此即通常所说之发菩提心，对大乘佛法起深切的信愿，激发至诚的要求，期能获证大乘佛法，上求佛道，下化众生。如来藏性的显发，首先便有赖于发菩提心。菩提心如种子一样，如人的出生，不但要有父母精血的和合（种子），而且还要有心识。所以发世俗菩提心，还只是显发如来藏性的外缘，而真正的主因，还是本净心性——如来藏。（二）三昧：这如胎藏一样，人的身体由父母的结合以后，必须在胎藏中慢慢地成长。（三）智慧：这如母亲，经十月怀孕成熟，而将孩子生下来。（四）大悲：这如乳母，孩子出生以后，要有乳汁来资生长养，才能成人。如来藏性，以发菩提心为先；具足了菩提心后，在大乘佛法之中，修习禅定，由定水的滋润，使他成长；启发智慧，由智慧体证而显发如来藏性；更要成就大悲功德，化度众生，才能成佛（如成人）。所以，从如来藏而能成佛，须具有这四种因缘。三、得果：修习上面的四种因缘，才能将如来藏显现，到达成佛的究竟果位。如来藏的果德有四：即四种波罗蜜多——常波罗蜜多，乐波罗蜜多，我波罗蜜多，净波罗蜜多。常是无生老病死的，不变不异的；乐是没有一切忧愁苦厄；我即大自在；净是没有烦恼染污，离垢清净。如《大涅槃经》说：涅槃具常、乐、我、净四德。《胜鬘经》中，也隐约说到如来藏是常、乐、我、净。这三者，是说明如来藏自性，以什么为因才能显发？而显发后的情形又是怎样？四、业能（即功用）：如来藏究竟有什么妙用？依一般说，如来藏有成佛的妙用。在众生位上，如来藏又具足什么业用，即对吾人生活在世间，能有一种引导向上——真、善、美的功能。如吾人遇到苦痛时，有一种自发的厌苦的情绪，同时也有一种向乐的情绪，希望自己能够得到安乐、究竟。为何会有此种厌离生死趣向涅槃的厌苦求乐的心理，这即是如来藏的业能，也即是如来藏在众生位上的妙用。虽然在众生位，如来藏还不能显发出来，但却能发生一种无比的影响。如每人都具有一种希求光明、向上进取、求自由、求安乐的心理，即因为有如来藏在。五、相应（或名相摄）：这说明如来藏有种种功德与之相应的。如不空如来藏，有不离不脱不异不思议佛法与之相应。这在经论中，也有三种比喻说明：如大海、摩尼宝珠、水。大海，喻如来藏本具的法身功德性，是遍满而无差别的，如辽阔的海洋一样。在与如来藏相应的功德中，是具有佛的智慧德性的，这如摩尼宝珠，能引发种种的珍宝来。水比喻如来藏中,有悲心的德性。水的特性是能润泽,如枯旱了的树木经水灌泽后,而能发出嫩芽,繁荣茂盛。如来慈悲利益众生之心,与如来藏相应,而产生种种不思议佛法。所以无论是如来的智德或悲德,都是遍满一切法性的。而这法性,为无始以来本来具足的。以上五义,是就如来藏因位而说的。六、分别:这说明如来藏性有清净的、究竟清净的、颠倒不清净的三类。七、阶位:如来藏的三种分别,亦即三种阶位。在众生位上的颠倒不清净,即名众生位;大地菩萨,对如来藏的功德性,虽能如实了知,但还未到达究竟清净,即名菩萨位;到如来藏成为究竟最胜清净法界时,即名如来位。这众生、菩萨、如来三位,即说明如来藏,在众生位名众生,在菩萨位名菩萨,在如来位名如来。所以,经中说如来藏即是众生,或名众生界。八、遍满:如来藏虽有这三位的不同,而如来藏性,确如虚空而遍满一切的。如来藏在众生位是如此,在菩萨位与如来位也是如此。如进一步说,在众生位上的如来藏,是遍满菩萨位与如来位的;在如来位上的如来藏,也是遍满一切菩萨的身心,遍满一切众生的身心的。因它遍凡遍圣,遍满一切,所以《无上依经》喻之如虚空。九、无变异:这说明如来藏在凡圣位上是无变异的。如最初是凡夫,而后成佛,看起来,这中间是有凡有圣的,但就如来藏在凡圣位上都是如此说,也确无凡圣变异的。从凡夫经十地修行成佛,这中间似有先后之次第,然就如来藏说,并无先后之变异。如众生是杂染的,成佛是清净的,就如来藏说,这染净也无变异的。所以如来藏是无凡圣、先后、染净变异的。如来藏在众生位中名本性清净,在如来位上名离垢清净,这本性清净与离垢清净,仍然是一样的,无二无别。所以《法界无差别论》说:“法性遍无差。”这从如来藏法性无差别的特殊体验中,说明如来藏是超越一切时空的。十、一性:如来藏是融贯一切的。如来藏有时名法身、胜义谛、涅槃、如来,这些名字虽然各各差异,其实都是同一如来藏性。天台学者讲经,先要出体,即将各种不同的名字而说成一样。如约果上说,名菩提、涅槃、法身等;约因上说,名三昧、般若等;约境上说,名真如、法性、胜义谛等。各式各样的名字,其实即是同一如来藏的不同说明。

四义中第二——菩提,即佛果。经论的解说,共有八义,即:自性、因缘、得果、业能、相应、分别、行、常。这八义,前六种与如来藏十义中之前六种名字完全相同。此八义中,除了因缘、业能、分别、行、常五义,与如来藏有不同解说外,其他三义(自性、得果、相应)与如来藏完全一致。现将此不同解说之五义,略述于下。因缘:不单是显发如来藏的自体,而是就菩提心——如来藏的由因缘而渐显清净,即经十地而修习十波罗蜜,广积种种功德,为圆成菩提的因缘。业能:这是说,如来有后得智与根本智,以及自利利他的功德。分别、行、常:这三者,是说明从如来藏性到成佛时,如来现出法、报、化三身(这也可说分别),而这佛果的三身,是常恒而不思议的。四义中的第三——功德:即如来有十力、四无所畏、十八不共法、三十二相、八十种好等一切功德。第四义——业:这是一切大乘所共通的,可以“无思普应,随机应现”来说明。如来的一切业用,不与常人相同,毋须先作准备,说法是出乎自然而然,“无思普应”的,有如“天鼓自鸣”。另一方面,如来化度众生,是“随机应现”的,对高级的众生,而示现高级的身相说法，对低级的众生，即现低级的身相说法。所以佛身是常住遍在的，于一切时说一切法。众生内心清净，而能见到如来；众生内心不清净，即见不到如来。众生见佛与否，全依众生内心的净与不净而定。以上诸义，是从成佛之因，以至佛果、功德、业用，都归结于如来藏中。如来藏为一切清净因，在这些经论中，说得非常有条理。

现在，说到佛为何要说如来藏性（或佛性）。这在上面“说如来藏之意趣”中已经说过，即是要在众生位上点出如来藏的本净因来。佛说如来藏，是为对治五种众生的：一、怯弱心：有些众生，感到自己的业力深厚，无有成佛的希望与信心，而生起怯弱的退堕心。佛陀对之说如来藏佛性为人人本具、个个圆成的，只要自己能将如来藏佛性显发，当下即是佛。这与禅宗的“直下担当，自心即佛”一样，消除众生的怯弱退堕心。二、憍慢心：这特别是学佛的人，每有我是发菩提心的，持戒的，了解佛法的，有修行的，而对他人的一切，生起轻视的憍慢心来。这在学佛来说，根本与佛法不相应。佛对之说：人人都有如来藏、菩提心，现在虽不及你，将来一旦他的菩提心发起来，也许会超过你的。三、虚诳（妄）心：因为有类众生，专在一切虚妄的世间法上起执见，穷追不舍，佛对其说如来藏，说明在这虚妄法中有一真实的佛性，如棉花中藏有黄金而不自知，现在只要将黄金取出，即可成佛的。四、谤真实：有些人是不信真实的，这特别是对真理，每起误会，认为口里说的真理，不能有具体的事相见到。其实，真理即是一切事物的本来真相，是不能离开事物本身而见到的。佛对其说如来藏，说明真实不是从外面求的，不是最初没有而后求得的。真实是人人都有,本来具足的,只要能静心反观,就可得到。特别是对学空的人,说一切法如幻如化,虚妄不实,都是空的;佛说这话本来是对的,但一般人即以为什么都没有,执著空见,而不知佛说缘起无自性的空义,是显示法的本性空寂。说真实,空性即是真实。说实相,空性即是实相。五、执我:这如《楞伽经》说:有类众生"畏无我句"的,认为无我不能安立生死涅槃,不能归向佛法,佛为他说如来藏为生死涅槃所依,消除其内心的恐惧,而归信佛法。

佛说如来藏,具有以上五种因缘的。这五种因缘,依现世一般众生的心境来说,对于引导趋入佛法,如来藏是有其独到妙用的。

八　如来藏为生死依

再说如来藏为生死依:由于各家的解说不同,彼此的差别很大,问题也最难解说。如说如来藏是空性、法性,生死是不离法性的,则唯识与中观也都是作如此解说的。生死不离真如法性,依之而说生死,但仅说不离,还未能说明这一问题的核心。从大乘经看来,如来藏佛性,为一切众生本有的清净心,在佛是如来,在众生是众生,都不需要说阿赖耶识的。此如《华严》、《涅槃经》等,均只说如来藏而不说阿赖耶的。如说到如来藏为生死依,则如来藏便与阿赖耶发生了关系,因为说明生死世间的一切,要从阿赖耶说起。这在《胜鬘经》中,虽还未明显地表露出来,但到了《楞伽》、《密严》、《楞严》、《起信论》等经论中,如来藏与阿赖耶识的联系,确已明显地说出了。

如来、如来藏、如来藏我,与阿赖耶识的教义,本没有必然关系。后期大乘经以唯心思想为中心,建立"三界唯心,万法唯识"的宗义,所以如来藏心与阿赖耶识非常密切起来。基于唯心的立场来说,如来藏与阿赖耶,是当然相结合了。

唯心思想,有一基本见解:即宇宙的一切现象,都不外乎吾人心识的变现。可以说,一切的现象界,即吾人内心所现起的相状,也即是心之一分。所以唯识学者,称外在的一切为心之相分,内在的心识为见分。一切法不离自心,随心幻现;阿赖耶识为一切心识中的微细心识,相续不断,成为一切众生的生死依。如来藏是在众生身中(或蕴处界中,或贪嗔痴中),而众生的身心一切,即是阿赖耶种识所幻现,所以如来藏也即在阿赖耶识的底里。一切心识的根本真实,也即是如来藏了。基于这一意义,如来藏是内在的心性;阿赖耶识是承内启外的动力。玄奘系的唯识学者,说明生死轮回,是不说如来藏的,只说种子生现行、现行熏种子。至于阿赖耶识性,因它是不生不灭的无为法,所以不去论说它与生死的关系。说明生死世间的一切,都在生灭相续的阿赖耶识中去解说,这是唯心大乘的一派。重视如来藏的学者,对现象界的说明,是推论到不生不灭本性清净的心源——如来藏,是现象界的根源。从这一意义来说,阿赖耶识与如来藏心,虽本是不甚相同的,却与阿赖耶识的变现一切有关,而形成不即不离的关系。但对阿赖耶识,也还有不同的解说。一、地论师(后来发展为华严宗)依《十地经论》说,阿赖耶识即是第一义心、真心、如来藏,这说明了阿赖耶识与如来藏是一体的。这在现行的经论中，是有其根据的。如《楞严经》中，将阿赖耶识视为如来藏。赵宋译的大乘经（经名记不得），也有说"阿赖耶净识"；《密严经》中，说"佛说如来藏，以为阿赖耶"，又说阿赖耶是佛性、是我，当然也是如来藏了。所以，《楞严》、《密严经》等，与地论师一派的思想极为相近。二、依摄论师的唯识学者说，阿赖耶识是着重在不清净的、杂染的、虚妄的、生灭的、有漏种子的，一切不清净的法体，均归诸阿赖耶识中，阿赖耶识成为"过失聚"，为一切烦恼、业苦——三杂染种的聚合处。所以，阿赖耶识是以虚妄分别为自性的。这在玄奘译的圣典中，对此也有充分的说明。但梁译《摄论》又说阿赖耶识有"解性"，是成佛而不失的觉性，这显然说阿赖耶有此染净二分；净分的解性，就是如来藏了。三、依《起信论》说，阿赖耶是真妄和合的，是善与恶、真与妄的统一体。它的立场，是真妄平等的。至于真妄和合的统一体究竟是什么，也难以明了。由于对阿赖耶识的看法不同，所以对如来藏为生死依的论题，也有不同的解说。不过，真心论者虽然说阿赖耶识是真心，但古代的十地论师——慧远，即说明偏真不生，但妄不起，而必须真妄和合，一切法始能建立。所以在说明时，可以有所偏重，而真正的说明生死依，确有和合的意义。如《摄论》是着重阿赖耶杂染的，又点出"解性"。十地论师是着重真净的，从慧远的解说中，可知真心也不能不说和合。《起信论》不偏于真妄的统一，更为明显。

依《楞伽经》来看如来藏与阿赖耶的关系，极为明白。如经中说："如来藏常住不变，本性清净，无始以来虚伪恶习所熏，名为藏识。"这一说明中，也含有真妄和合的意味，如来藏无始以来为虚妄种子熏染,如来藏就名为阿赖耶识。如来藏本性清净,本是约众生位说的。凡夫的本性清净,名如来藏。阿赖耶识,也约众生位说,虽然本性清净,但因无始以来虚妄杂染所熏,现起一切虚妄颠倒的妄相,这一妄染的种子心,名为藏识。这一点可举一比喻。摩尼宝珠本来是清净的,如用青黄赤白等色衬托四周,由于色光的反映,摩尼宝珠也即现起青黄赤白等相。从这些现起的色相上看,虽然是不清净的,但它本来清净的体性,依然是不变的。约这一意义说,如来藏在虚妄杂染法中,是不失它本来清净的体性的。但为烦恼杂染所熏,现起种种不清净相,名为阿赖耶识,这就如摩尼宝珠的现起青黄等相了。《楞伽经》中,关于如来藏与阿赖耶识的解说,还有说得更清楚的,如"去除如来藏中藏识名",这说明去除阿赖耶识的杂染种子心,只是如来藏去掉阿赖耶识的名字,并非灭掉阿赖耶识自体。如摩尼宝珠去掉青黄赤白等,并非去除现青现黄的宝珠。又经中说:"若无识藏名,如来藏者则无生灭。"换句话说,如来藏中现起的种种生灭虚妄颠倒相,即由阿赖耶识的虚妄习气(种子)而有,如将阿赖耶识中的虚妄习气灭掉,就不称为阿赖耶识,那如来藏也即本性如是,不再有生灭相了。所以,灭阿赖耶识的虚妄习气,只是灭阿赖耶识的名字。实是灭去业相,而不是灭去阿赖耶识的自体。基于此一意义,阿赖耶自体与如来藏还是一样的。所以说:"佛说如来藏,以为阿赖耶";有些经中说阿赖耶是真心。《摄大乘论》世亲释也说:如无虚妄杂染种子,则阿赖耶识即不成生灭。这可见,阿赖耶识的生灭相续,是因有虚妄杂染种子,而不是阿赖耶自体如此。《楞伽经》又说:有漏习气(种子)是刹那生灭的,无漏习气是非刹那生灭的。所以如来藏的称性功德,是无漏习气,与如来藏是相应而统一的。如来藏如为有漏习气所熏,则阿赖耶识便现起一切生灭的虚妄相,如将这虚妄相灭去,则阿赖耶识也不称为阿赖耶识了,此即是如来藏出缠,而称之为法身了。

说到如来藏可否为杂染法的缘起,这是一个重要的大问题。如来藏是不生灭的,真实清净的,不与杂染法相应,怎么可为生死杂染的缘起?如来藏是本性清净的,怎么会因此而有虚妄杂染法生起?这杂染法是否从如来藏中流出的?依通常所说的"迷真起妄","从真起妄",当然可说是从如来藏中流出的。但从清净法派生虚妄杂染法,这在理论上发生了严重的问题。如来藏不与杂染法相应,依《无上依经》所说(见上引文),烦恼、业、苦,这一切,不能说以如来藏为缘起的,这等于说真净与妄染是二本的。如来藏是不生不灭的、清净的,在这清净真实的法体中,不能为缘而生起妄法。关于这一问题,最近《海潮音》中,刊有《复礼和尚的真妄偈》一文,曾有所说到。如来藏中,如真是真、妄是妄,则真妄成为二体。如妄从真生,则问题更多了。我们批评耶和华的一元论不能成立,如说魔鬼是从哪里来的?是否为耶和华所创造?若非耶和华所创造,则魔鬼是另有来源的,耶和华并不是绝对的。如说魔鬼是上帝所创造,则上帝便成为一切罪恶的渊源。同样的理由,若说一切唯是真实相,不生不灭,则虚妄杂染法从何而来?若说从如来藏实相中来,则如来藏成为不清净的因素了。将来成佛后,也可能有虚妄法生起。若说虚妄法不从如来藏实相中来,此则是另有其本源的,如来藏当然不能说为缘起一切法。如来藏本性清净,常住不变,侧重在真(清净)的一面,所以不能为生死法的缘起;要说明生死法的缘起,须以阿赖耶识为主体。然阿赖耶识与如来藏法性,有一贯摄处,此即阿赖耶识的本质,即是如来藏;妄心归根结底,即是真净心,但不能说一切染法的生起,以如来藏为缘。

大体上说,大乘佛法,都建立教与证二者的。在教义的说明中,说真如实相,又说虚妄杂染相,从这二者去说明一切。《楞严经》说有二根本——一真一妄,也就是此义。如果只说一方,不论是妄染或真净,就不能说明一切——有凡有圣,有迷有悟,以及世间一切差别。依有真有妄去说明时,不论这无明与真如,妄心与真心,究竟是一还是异? 总之,说明生死还灭的理论,要从这相对的二本去说明。然而大乘佛法,往往批评小乘为厌恶生死世间的消极者,将一切杂染的烦恼、生死苦果、世间舍离,始能出世间,获致常住清净的安乐,是真妄不相融的。而大乘,认为世间即是出世间,烦恼即是菩提,生死即是涅槃,这才建立不离生死、不离世间的法门。大乘宣说一切法是本来不生灭的,实为立足于行证的法门。但从这一意义去看一切法时,如《楞严经》说,五蕴、十二处、十八界、六大、根、识,皆如来藏妙真如性。天台说法性中具足一切(善恶)法。这等于以如来藏而说明生死杂染的一切;与依阿赖耶识而说明杂染,有所不同。中国佛教,似乎要到天台的性具思想,才能圆满地说明这一问题。但这与只说如来藏的常住不变,清净本然,说一切虚妄杂染法,不依如来藏缘起,而要依阿赖耶杂染种子心,就大大不同。天台学者评如来藏学者为不免“缘理断九”,也就是不同意二种根本——

别有妄原。单说如来藏本性清净，常住不变，而一切虚妄杂染法从赖耶起，不免有二元的倾向。如依藏性而缘起生死妄染，又近于一元。总之，这是如来藏的一个根本难以解答的问题。

中国的如来藏学者，常以水即波、波即水的公式，来说明如来藏即生死即涅槃的意义。其实，水为何会成为波？这并非水的本身即会起波，而是因风的鼓动。所以说明世界的一切，似乎不能不从二方面去说明。如《楞严经》中富楼那问佛："一切根尘阴处界等，皆如来藏清净本然，云何忽生山河大地？"如来对此问题，举示很好的比喻来解说，但比喻到底是比喻。经以为一切本明；而说"明"时，即有"不明"相对而起，在这明与不明的相对存在中，而演出一切的事相来。这近于黑格尔的辩证法。但不论如何，总要说明迷悟的差别存在。如演若达多，头本来没有掉，而自以为无头，奔走若狂，待人向其解说清楚，始知本来不是此事。有头无头，虽并无不同，而到底有迷悟的存在。据此而说，迷悟并无不同，但为什么有迷悟，有凡圣，有众生与佛的差别存在？归根结底，还是要承认无始来的无明颠倒。所以一切唯是清净平等的，就难以说明种种世间的差别现象。在安立教相的说明上，如只说一切唯真唯净，是无法安立的。《胜鬘经》中说得好："一切众生自性清净，而有染污义难知；无始以来为杂染所染，本性清净义难知。"这说明了本性清净与杂染的理论，不是一般世间理论所能通达的。因为，倾向于一元或二元，多有可议论的余地。如《胜鬘经》说："如来为胜鬘夫人，为大地菩萨之所建立。"也许众生要完全了解此一理论，并不容易。如贤首宗的"随缘不变，不变随缘"等理论，听惯了，说来似乎易懂，其实是不易了解的。总之,印度传来的一般经论,就是宣说如来藏,也还是采取相对的二本说,从杂染熏习的一切种子识去说明一切。我国的台、贤等学派,要归之一元,从法性本净中去成立一切,生起一切。但到底应该怎样才算究竟呢!

(幻生记)

十一　阿陀那与末那

菩提流支与真谛，并以阿陀那为第七识。玄奘师资始辞而辟之，谓第七但可名末那，阿陀那为第八本识异名，是执持非执著也。以余观之，此实学说之歧异，不关义理之臧否。若论无著学，则真谛之说为当。何者？流支译《深密解脱经》，真谛译《摄论》引《解节经》，谓阿陀那为本识异名，初与玄奘译之《解深密经》无所异。故真谛、流支非不知阿陀那之为本识异名，但谓阿陀那亦即末那异名耳。阿陀那得为末那之异名，请以《解深密经》为证。

《解深密经·心意识相品》，以一切种子心识为本识，阿陀那、阿赖耶、心，为其异名。以"阿陀那为依止为建立故，六识身转"。若于阿陀那等不得不见，则于心意识秘密善巧。题标心意识，而文中但明本识及六识，何耶？圆测谓准前（本识）后（六识）可知，故略不说。结城令闻著《关于心意识之唯识思想史》，谓《深密经》无末那。此皆囿于奘基之学，未能深见经意。遁伦、文备稍得之，而意亦未尽。须知末那译曰意，是思量义；常谈之恒审思量，乃玄奘增饰，非梵文本义，亦无著世亲学所不谈。末那之作用，在为六识生起之所依。上寻《阿含》，则意处、意界，通为六识，别为意识之所依。一切有系之婆沙师、譬喻师等，不知有细意，乃立识无间灭为意。上座分别说系，则于六识外别立同时意界。龙树立现在意（真谛有此义）。大众系之根本识及意界是常等，虽立名不同，而辨其为六识生起所依之意界则一。若见此义，则《解深密经》之阿陀那识为依止，确指末那（意），无犹豫余地。《解深密经》，本识一而转识六，本末合论唯七心。以阿陀那识执持身根故，能起六识，故阿陀那复当末那之名。后之学者，偏据奘传之八识差别论，偏据恒审思量之末那，乃于《心意识相品》中不复能得末那。或者不忍《解深密经》无末那，乃欲离此品而别求。宗派意识不除，经论之真义难明，此岂偏激之谈哉！

或谓此乃依止意，非染污之恒审思量意；约染意为言，则《解深密经》无之。此亦不然，离本识及转识（古义但指六识），而立别体可通染净之末那，自《抉择分》、《显扬圣教论》始。此应后于《庄严》、《摄论》等。它论之立末那，即依本识之某种作用而别立，非别体也。且如《摄论》立二种意（末那），盖综合无间灭意与染污意二者。虽云六识"由第一依生，由第二杂染"，似染意非依。然染污意以五为同法喻，亦即第六意识之（别）所依也。末那之所以为末那，不在其为恒审思量与否！而在为六识生起之心理源泉，无著《摄论》之本意，盖如此。《摄论》之明本识，侧重于能为诸法之自性缘起（因相），侧重于业感之生命依持（果相）。其细意现行之为转识（六）依止者，亦即从赖耶种子所生起者，决不如《摄抉择分》等视为第八识现行。此转识之现行依止识，于十一识中为身者识及受者识（意界为体），世亲以染污意及无间灭意释之。安立赖耶为义识段，意识及依止为见识；十种分别之显识分别，即眼等识及所依识；此所依识，即二种末那是。赖耶详缘起义，六识及所依识——末那详缘所生法，辨见相分。《摄论》之宗要若此，与《庄严》、《中边》（世亲释异）同。取此以对读《解深密经》，则染污意之为识依止者，非阿陀那识而何？此一般学者之所以唯除别有阿赖耶识，而无别体末那也。末那即依本识之取性现行而立，实无别体。以阿陀那为第七末那识，盖唯识古义，非真谛学谬。

然此犹非奘传唯识学者之所能解，彼谓阿陀那是执持，非执著，如何可为染意别名？不知此特奘基所说，无当古义。且置真谛训阿陀那为"无解"于不论。阿陀那之本义为"执取"，有摄取而得之之意。何得谓毫无摄取执著之义？然或者仍将有疑，阿陀那本识为无覆无记性，染末那是有覆无记，哪得是一体义别？独不思安慧许本识是无覆无记，又许第八有法执；在唯识古义，异熟性与细执，非截然隔别，显与后期唯识学不同。自《抉择分》出，等视本识与转识，而后赖耶现行与七识俱转，而后赖耶种现别别为七识所依，而后阿陀那与染意被视为别物。奘传之学，盖继此绪余而发扬者，宜其与《摄论》、《庄严》之学格格不入也！真谛之学，多存古义，然亦间采《摄抉择分》（《决定藏论》）、《显扬论》（《三无性论》）及无性、坚慧之说，驳杂不纯，思有以融贯之而力不足，致多自相矛盾。后之学者，或宗玄奘而弹真谛，或宗真谛以难奘学，迄亦莫得定论。吾谓欲通无著师资之学，自《庄严》、《摄论》与《瑜伽·摄抉择分》分宗始，自撤除摄论宗与唯识宗之宗派成见始。

十二　欲与离欲

一　“欲”是什么

“欲”是什么，一般佛教界（通俗的佛教），缺乏明确的界说。有说是欲望；有解说为难填的“欲”壑。不问欲是什么，总之是都把欲看作可咒诅的、应厌离的。当然，“离欲”、“断欲”、“呵弃诸欲”等，是佛所一再开示的，毫无疑问。但如无简别地解说为断绝欲望，这就难怪——世间学者要把佛法的人生态度看作向后剿绝；佛教徒自身，也流于消极而奄奄无生气了！对于“欲”，无论是为了自修、为了佛教，佛教界是应该认清而有一正确态度的！

佛法中，本有“善法欲”，为信修趣证的重要因素。然“善法欲”一词，非常生疏，而大家只是着重于染欲的厌离。这也许受有中国文化的影响吧！在中国古典中，欲是偏重于秽染的。如说：“欲不可纵”；“惩忿窒欲”；“不见可欲，使心不乱”等。这点，姑附记于此。

现在，先从杂染的欲来说。说到“欲”，便应留意到“离欲”。

欲与离欲,佛法中有广狭二义。一、广义是:如经上说:“能离欲界欲,及离色界欲;入真谛现观,能离一切欲。”这是通称三界修所断烦恼(思惑)为欲;离欲,即断尽一切修惑而究竟解脱。所以圣弥勒说:“离欲者,谓于修道离欲究竟”;“修道所断一切行断,名离欲界”。二、狭义是指欲界修惑而说,如修得初禅,必须“离欲及恶不善法”。从“欲”的字义去考究,相信欲的本义,确是约欲界而说。欲界,无疑是染欲最强的,尤其是男女欲,所以称为欲界。佛经中,凡与上界烦恼相对的欲界烦恼,每以欲立名。如三爱中,对“有爱”而立“欲爱”;七随眠中,对“有贪”而立“欲贪”;三漏中有“欲漏”;四瀑流中有“欲瀑流”。可是,这虽说是欲的本义,也可说是欲的浅义。在印度旧有的宗教思想中,人间、(欲)天上、魔宫,都是有男女欲的,都是生死而无常的。超过了这,便到达常恒自在喜乐的梵界。但依佛陀的如实知见,认为离此人、天、魔——欲界而到达的梵界,还没有出离生死,并非究竟。这种系缚生死的(梵天以上的)惑力,也就叫做欲,所以立为三界欲。要断尽三界的修惑,才是究竟的无欲界,才是究竟的解脱。

在三界中,欲是侧重于欲界的。但在烦恼中,欲是侧重于“爱行”的。这是说:佛说的生死根本,不外乎无明与爱。如约三界来说,从来的小乘、大乘,都一致地分为二类:见道所断的,见行的认识错误;修道所断的,爱行的情意倒乱。如就欲界人类,发展得明显来说(余界,余趣,或由于定力所伏,或由于知识蒙昧,都不显了),那便是见与欲了。佛说:以欲为本,所以民民共诤，王王共诤。以见为本，所以宗教师也彼此相诤。欲是爱行的，有时与贪爱并无多大差别，如说："贪异名者，……亦名为欲。""彼爱，亦名希求，亦名欣欲。"不过从其特性而说：欲是"于彼彼境界随趣希乐"，有着向外（实也通于向内）希求的特性。而爱是更重于希求自体的存在。贪，是"于受用喜乐坚著"，现出染著而恋恋不舍的情形。总之，约染欲来说，欲与贪及爱，大致是相同的，不过欲特重于欲界的物欲（向外希乐）。

二 事欲的分析

从欲界人类的欲来说，一般都分为"五欲"，即眼、耳、鼻、舌、身识，由于触对妙色（色彩，形态，动作）、声、香、味、触——五种可意的境界，所引起喜乐希求、耽著不舍的欲。还有男女淫欲，是触欲所摄，也通于色声香欲。这是欲界所特有的，但欲天的淫欲极轻，旁生等也不因此引起过重的忧苦；而人类的男女欲，显然地成为社会一大问题，有着无边欢笑，而实在是包含着无数眼泪。爱欲的"味"最深，"过患"也最重，所以"出离"的道，最为佛法所重视。五欲及淫欲，为欲界的特征，实也就是人类最主要的欲事。

如随事分类，经论所说极多，最扼要的，是"三种受欲者圆满差别"。三种是："一、资产圆满；二、自体圆满；三、广大殊胜有情供养圆满。"人类有了自体——身心的存在，即对于自体有圆满欲。有自体，不能没有物资的生活，所以有资产的圆满欲。生就不能没有父母，有家庭，有社会，自然会引发广大的眷属圆满欲。这是以自体为本，而对于自身、社会、物资所起的爱欲。这三种受欲圆满，也是互相关涉的，如饮食欲，属于物资欲，然“乐受欲者，为受诸欲，食于所食”。诸欲，即为了“倡荡”（淫欲），为了“憍逸”（少壮、无病、长寿），为了“饰好”、“端严”（姿色的美好）。其中除了淫欲，都与自体有关；自体圆满，就是保持青春，体力勇健，形色端严，寿命延长，以及未来生命的永续。

与自体相对的有情与资产，即境界欲，略有摄受与资用二门。摄受，是摄属为自己的，是占有欲。资用是成为身心所受用的，是享受欲、支配欲。摄受的，可以成为资用的；但如荒郊的野花，你并不摄受它，并没有把它看作自己的私有物，却可以受用它的美色与芳香。又如存在银行的存款，是属于你的，可是在这生中，你不一定能使用它。积谷千仓的食物，也如此。经论中，有七摄受事，六种所摄受事，十种身资具，四资具，六种别欲，十种贪事等种种分类，总括地列如下表：

约法假说（五阴世间）——
- 色
- 声
- 香
- 味
- 触
- （法）

- 约受假说（有情世间）（器世间）
  - 眷属
  - 资产
    - 摄受
      - 父母
      - 夫妻
      - 儿女
      - 仆使
      - 亲友—兄弟·师生·僚属……
      - 牛·马……
      - 土地—山·水·田·园
      - 房舍
      - 库藏—金银·珠宝·谷物……
      - 邸肆
      - 作业—经商·从政·力农……
      - 福业—社会福利·弘通佛教……
    - 资用
      - 饮食
      - 车乘
      - 衣服
      - 严饰具
      - 歌舞·戏乐·博奕……
      - 华鬘·涂末……
      - 杂物—家具·玩具……
      - 光明
      - 宅舍·床榻……（憩息）
      - 男女受行—淫欲·承事·侍卫……
      - 滋长—运动·按摩……
      - 清净—澡浴·洁净……
  - 自体———色·力·健·寿·生命永续

三　欲与离欲

上来所说，是偏于欲界的，尤其是偏于物欲的，还不曾总摄一切。现在来论究这些物欲：饮食、男女、房舍、田园，这些真的是欲吗？如这些是欲，那么离欲的，就不应该见色闻声，不应该穿衣吃饭了！如果不是的，那经论中为什么要称之为欲？这些，佛确是称之为欲的，尤其是男女的淫欲。然“诸欲自性，略有二种，一者事欲，二者烦恼欲”。上面所说的是事欲，是依此而起欲的，是欲所耽著希求的，是“欲具”而假名为欲，不是真欲。真正的欲，是“欲贪、欲爱、欲藏（阿赖耶）、欲护、欲著”——喜乐耽著贪染相应欲。所以说：“世诸妙境非真欲，真欲谓人分别贪。”又说：“欲，我知汝本，意以思想生；我不思想汝，则汝而不有。”烦恼欲，才是真正的欲体；离烦恼欲才是究竟的离欲。

对于染欲，可以这样说：人天乘是节欲的，小乘是离欲的，大乘是化欲的。其实，小乘以离烦恼欲为本，而相当重视外界的事欲；大乘是特重于离烦恼欲的。以智慧而做到究竟离欲，在原则上，大小乘并无差别。

说到佛法对欲的态度，应先说到印度当时的情况。一分是在家的乐行人，是纵欲的。一分是（外道）出家的苦行人，是禁欲的。苦行者，不但绝男女欲，而且对饮食（有的日食一麻一麦，服水吸气）、衣服（有的索性裸体）、住处（有的卧在荆棘上），都以最刻苦的生活来磨炼自己。释尊出世时，苦行正风行于恒河两岸，受到民众的尊敬。佛的根本立场，是宣告远离“苦行”与“乐行”的二边，而遵行中道的态度。这就是确认事欲的不可纵，也无法脱离，而惟有以智化情，而离烦恼欲。在对于外物的态度上，出家的比丘生活，适应当时的出家制，“少欲知足”，多少引用苦行的一分长处，但决与苦行外道不同。除了男女淫欲，佛说“是障道法”，绝无通融而外，远离资具欲，但衣食住处，都不过分的菲薄。远离眷属欲，也不妨大众和合而住。佛与一般比丘,就是这样的。不过,出家弟子中,有自以为独觉种性的,遵行刻苦的头陀生活。更有自以为是佛的提婆达多(末了叛教),宣称“五法是道”,采取绝端的苦行生涯。

声闻佛教,虽不以苦行为道(有的以四圣种为道,而立四十一道品,但不为一般所公认),着重于出离“烦恼欲”,但对于“事欲”,确是相当重视的。出家的特色,便是远离男女、眷属、资财的事欲,过着“少欲知足”的恬淡生活。就是在家佛弟子,对侨奢的欲行,也不会赞同的。艳丽的色相、美妙的音乐、醉人的芳香等五欲,诱惑力极强。就是丰富的利养(生活资具)、崇高的名闻,也每使人荡情失志,沉没于欲海之中。

关于这些欲事,不能不赞同一分古德的见解。因为这些五欲——男女、饮食、名誉等,虽不是真欲,但对于人类的根识(感官经验),却有一种客观的相对的清净性(美),能引发相对的(不永久、不彻底)喜乐,使一般人不自主地为它而迷醉。对于这些,根本的对策,当然是远离烦恼欲,“定动慧拔”,不受它的诱惑。然在没有离烦恼欲以前,对于这些事欲,不能不提高警觉,严加防范,以减轻、抑低烦恼欲的冲动;佛法的戒学,便是着重于此的。例如匪患,根治的方法,当然是思想感化,生活安定。但在生活艰困、思想混乱时期,镇压、围堵等,都不能说是无用的。否则,泛滥横决,弄到国破家亡,又从哪里去作思想感化、安定生活的工作。所以,佛法对于五欲——利养、名闻等,所取少欲知足(这其实是没有标准的,依人的欲爱而定)的态度,目的在此,并非为了苦行而苦行,或者认为非受苦不可。

种种事欲中,对于衣食住等资财,出家是完全放弃了。出家后的理想生活，是随缘乞化，一身以外无长物（“长物”，是规定以外的多余物资）。但属于佛教公有的，公开于大众前的“净施”物，出家人也容许保有。出家时，远离了父母眷属，但在出家僧团中，同参道友、亲教近住，还是和合得如一大家庭。对于眷属、资财的出家生活，在家众是做不到的，而在家众也能同样的离烦恼欲。

不过，男女和合欲事，出家是绝对不许的。虽然，淫欲并非生死根本，色界以上，地狱以内，都没有淫欲事，而照样的还在生死海中。但由于欲界诸欲中，淫欲力是最强的，缚人最深的。经中喻如绳索，从破皮、穿肉而一直到断髓。非法的邪淫，固然是纠纷、苦痛的根源；就是夫妇正淫，也是缠绵牵系，欲染深彻骨髓。为了家庭，为了经济，每不能不牵就事实，而使自己的信念、德行、学业，受到惨重的毁灭。“淫欲是障道法”，不问你反对也好，怀疑批评也好，佛是这样绝对的宣说（四无畏之一）。那么在家佛弟子，怎么也一样的可以远离烦恼欲呢？要知道，系缚生死的根源是爱（不单是淫欲），而出离烦恼，解脱的主力是智慧。在家佛弟子，一期的精勤修持，暂离淫欲，可能达到见道悟入的地位。见道，只是断除见行的烦恼，彻了法性；不再会犯重戒，如非法行淫等。而淫欲是爱行烦恼，见道的也还不能断，所以初二果的在家圣者，淫欲还是可以现行的。以此彻悟法性的智慧，数数修习，以智化情，断尽了欲界修惑，证不还果，才不会再以染污心行淫。不过生理关系，到究竟离一切欲的阿罗汉，还可能有“不净”呢！

声闻佛教，与大乘一样的着重于出离烦恼欲，而不是专在事欲上节制、断绝。所以,有比丘为了淫欲太强,自己将淫具割去了。佛严厉地呵责他:应该断的(烦恼)不断,不应该断的倒断了。我曾逢到自割淫具的出家人,受到许多人尊敬,其实是要不得。黄门与不男不女的,虽不能举行欲事,而由于性生理的变态,性欲却特别强,离欲是没有可能的。佛制黄门等不许出家,原因就在此。又如离眷属的"独住",有初学比丘,想到静处去专修,佛劝他不要去,他还是去了。可是不久他又回来,原来内心的烦恼动得厉害,环境的安静并无用处。这都可以看出,离欲决不是专在事欲上着力。又如释尊在世,与比丘过着同样的生活。他住树下,也住高楼大厦;吃马麦,也吃百味丸;穿粪扫衣,也穿价值巨万的金镂衣;独处,也与千百比丘俱在一处。然而人人赞佛少欲知足,因为佛是究竟离欲的,一切随缘而住,都是离欲的生活。所以离欲,并非离去资具或眷属,虽然这些曾被称为事欲(事实也是不能完全离去的)。以佛教通用的术语说,问题在"心能转物,不为物转"。从前,外道以目不见色、耳不闻声为离欲(重定的,以事欲为欲的),佛要批评他。离了烦恼欲,境相还是照样的境相,具有惑人的力量,而再不能扰动澄静的慧心,不会再因之而起欲爱了,这就是离欲。

从上面的叙述中,可以看出佛法的重心,在乎以智化情而离烦恼欲。对于事欲,资具、眷属,与男女欲,处理得并不相同。这当然是:声闻佛教相当的重视事欲,而淫欲的染著力又最强的缘故。